Rudolf Taschner

GERECHTIGKEIT SIEGT –
ABER NUR IM FILM

Rudolf Taschner

GERECHTIGKEIT SIEGT – ABER NUR IM FILM

ecoWIN

Rudolf Taschner
Gerechtigkeit siegt – aber nur im Film

FSC
Mix

Produktgruppe aus vorbildlich bewirtschafteten Wäldern
und anderen kontrollierten Herkünften

Zert.-Nr. SGS-COC-004295
www.fsc.org
© 1996 Forest Stewardship Council

Das für dieses Buch verwendete FSC-zertifizierte Papier
EOS lieferte Salzer, St. Pölten

Umschlagidee und -gestaltung: **kratkys.net**

1. Auflage
© 2011 Ecowin Verlag, Salzburg
Lektorat: Mag. Josef Rabl
Gesamtherstellung: www.theiss.at
Gesetzt aus der Sabon
Printed in Austria
ISBN 978-3-7110-0004-0

1 2 3 4 5 6 7 8 / 13 12 11

www.ecowin.at

Inhaltsverzeichnis

Prolog

Gerechtigkeit: ein Wieselwort
(Friedrich August von Hayek, 1899–1992,
Nobelpreisträger für Wirtschaftswissenschaften)

„Früher hieß es: Die kleinen Diebe hängt man, die großen lässt man laufen. Jetzt aber: Die kleinen Diebe hängt man, den großen läuft man nach." Pointierter und treffender als Daniel Spitzer, Jurist, Journalist, Aphoristiker und Satiriker der österreichischen Monarchie, konnte zu seiner Zeit wohl niemand die Ernüchterung derer beschreiben, die auf Gerechtigkeit setzten. Und verprellt wurden.

Was Daniel Spitzer einst erkannte, ist bis heute gang und gäbe.

Wir stolpern von einer Verwerfung des Vertrauens auf Gerechtigkeit in die nächste. Erinnern wir uns, was die Krisen der letzten Jahre bescherten: Das Platzen der Dotcom-Blase Anfang des Jahrtausends, bei der viele Kleinanleger im blinden Glauben an den ungebremsten Anstieg der Technologie-Kurse ihr Vermögen verloren. Die Subprime-Krise als Folge eines spekulativ aufgeblähten Wirtschaftswachstums in den USA und einer global kreditfinanzierten Massenspekulation, in der Lehman Brothers in die Brüche ging, nicht aber andere ähnlich pleitegefährdete Institute. Die Krise der überschuldeten europäischen Staaten, bei der die hehre Ankündigung, Griechenland, das erste der vom Bankrott bedrohten Länder, „retten" zu wollen, sich als Schonung von Bankinstituten in Frankreich, in Deutschland und in anderen Staaten entpuppte, die um den Wert ihrer griechischen Wertpapiere bangten. Bei all den fatalen Auswirkungen dieser

Schlamassel ist die fatalste wohl jene, dass der Schaden in den seltensten Fällen den trifft, der ihn angerichtet hat.

Bernard Madoff, Milliardenbetrüger einsamster Klasse, hatte so brutal über die Stränge geschlagen und so perfide Tausende in den blanken Ruin getrieben, dass er schließlich der Justiz in die Fänge geriet. Ein Sieg der Gerechtigkeit? Manch andere Gauner, die wie die Hollywood-Figur Gordon Gekko, von Gier und Geiz getrieben, vor keiner üblen Machenschaft zurückschrecken, haben ihre Schäfchen ins Trockene gebracht und lachen sich ins Fäustchen. Nur Hollywood verheißt, dass letztendlich das Gute triumphiert. Dem Abspann des Films folgt die Ernüchterung.

Denn es gibt sie, die Matadore der Finanzkrisen, die Profiteure des Unglücks. Nicht selten sind es jene, die zu den Verursachern von Krisen zählen. Wer auf einen totalen Kursverfall mit anschließendem Börsencrash setzt, die Macht und den Einfluss hat, den Eintritt des Debakels zu forcieren und mit dem gerissenen Instrument des Leerverkaufs darauf wettet, kann mit dem Unglück und der Not anderer Milliarden verdienen.

Und es gibt sie, die Verlierer. Es mögen jene unter ihnen nicht frei von Schuld sein, die ihre Ersparnisse dank schlechter Beratung und mangelnder Kenntnis in Schrottpapiere investiert haben. Aber waren ihre fehlende Umsicht und ihr mangelndes Risikobewusstsein so schlimm, dass der bittere Verlust des einst ehrlich erworbenen Vermögens, der komplette Wegfall der Pensionsvorsorge einen dafür angemessenen Schicksalsschlag bedeuten? Und welches Fehlverhalten haben sich die vielen Angestellten in der Finanzbranche vorzuhalten, die nun vor dem Nichts stehen, nachdem ihre einstigen Chefs, die damaligen „Masters of the Universe", den totalen Kollaps angerichtet haben?

Den Krisen auf den Finanzmärkten folgten unmittelbar die Krisen der überschuldeten Staaten. Kaum jemand weiß, wie sie zu überwinden sind, wenn man Grundsätze der Gerechtigkeit nicht über Bord werfen möchte. Wie weit, so stellt sich die Frage, kann man die Solidarität in einer Staatengemeinschaft beanspruchen, bis es von der Bevölkerung eines Landes mit solider Volkswirtschaft als bitter ungerecht empfunden wird, Pleitestaaten unter die Arme zu greifen? Ein Leserbrief zum Artikel „Das letzte Gefecht. Wie Europa seine Währung ruiniert" des „Spiegel" vom Dezember 2010 verdeutlicht den Aberwitz: „Zunächst bemühen sich einige Staaten unter großer Anstrengung, ihre Wettbewerbsfähigkeit zu verbessern – was nichts anderes heißt, als zu Lasten der eigenen Arbeitnehmer und der gesamten Binnenkonjunktur die Löhne zu drücken. Ist dadurch dann schließlich ein Exportvorteil gegenüber anderen Ländern entstanden, werden diese mit gigantischen Finanzmitteln ‚aufgepeppt': Der errungene Wettbewerbsvorteil wird bewusst wieder zunichte gemacht ... und zu diesem Zweck werden auch noch zig Milliarden an Steuergeldern gezahlt. Absurder geht es kaum."

Unschuldig kommen Arbeiter und Angestellte auch solider Unternehmen der Realwirtschaft zum Handkuss, wenn infolge von Staatskrisen der Konsum abebbt, Investitionen zurückgesteckt werden, der Export an Schwung verliert, die Produktion gedrosselt wird. Selbst jene, die glauben, in krisensicheren Sektoren tätig zu sein, sollten sich hüten zu frohlocken: Schlägt die Krise massiv durch, geht der Kelch auch an ihnen nicht vorüber. Denn die Bereitschaft und die Möglichkeiten der Banken, Kredite zu vergeben, sinken. Die Bonitätsanforderungen steigen, ebenso die Zinsen für Autos, für Möbel und für vieles mehr. Und Unternehmen, die weniger Gewinn machen, können sich keine nennenswerten Lohn- oder Gehaltssteigerungen leisten. Am allerwenigsten der Staat, der hochverschuldet glücklich sein darf, wenn er zumindest die Zinsen bedienen kann. Und künftige Generationen, die nur sehr wenige dauerhafte Errungenschaften, dafür im Gegenzug eine nicht zu bewältigende Flut von Schulden erben werden, dürfen jene, die dies alles angerichtet haben, mit Fug und Recht der Ungerechtigkeit zeihen.

„Zeit für Gerechtigkeit", so lautet die Losung des österreichischen Bundeskanzlers angesichts der von der größten Krise seit fast 80 Jahren angerichteten finanziellen, ökonomischen, sozialen und politischen Zerwürfnisse. „Gerechtigkeit beginnt mit Ehrlichkeit", sekundiert der Vizekanzler und Finanzminister im Kampf gegen das Budgetdefizit, gegen Sozial- und Steuerbetrug. „Zeit für Gerechtigkeit", „Gerechtigkeit beginnt mit Ehrlichkeit": große Worte. Denn alle sehnen sich, so scheint es, nach Gerechtigkeit. Aber wissen wir, was Gerechtigkeit bedeutet? Ob Gerechtigkeit ein letztes Ziel darstellt? Gar ob es Gerechtigkeit gibt?

Es gibt keine Gerechtigkeit, zumindest nicht auf Erden.

Dieses Buch beleuchtet den Begriff „Gerechtigkeit" aus den verschiedensten Blickwinkeln. Dabei stellt sich heraus: Man scheitert, wenn man sich um eine konzise und unumstößliche allgemeingültige Beschreibung dessen bemüht, worauf Gerechtigkeit gründet, worin Gerechtigkeit besteht, wonach Gerechtigkeit zielt. Denn Gerechtigkeit ist ein allzu flüchtiges Wort, ein der scharfen Definition unzugänglicher, ein opaker Begriff. Darum ist dieses Buch im Stil des Feuilletons verfasst. Es ist keine wissenschaftliche Abhandlung. Es geht nicht systematisch vor. Es erhebt keinen Anspruch auf Vollständigkeit. Manches, das in ihm gesucht wird, mag ungeschrieben bleiben. Manches andere, das man in ihm findet, mag überflüssig scheinen.

Die zentrale Botschaft hingegen, die aus dem im Buch vollzogenen Kreisen um den Begriff „Gerechtigkeit" in vielfältigster Weise hervordringt, soll gleich hier zu Beginn ohne Umschweife klipp und klar ausgesprochen werden:

Es gibt sie nicht auf Erden: die Gerechtigkeit.

Sehr wohl aber gibt es die Sehnsucht nach ihr. Denn wir alle fühlen: Diese Welt ist nicht das Paradies, von dem wir träumen. Die Menschen werden an den verschiedensten Plätzen geboren:

Manche sind vom Glück bevorzugt und wachsen im Überfluss auf. Andere sind vom Schicksal geschlagen, sie kommen in einem von Armut und Drangsal beherrschten Flecken der Erde zur Welt, sie werden, selbst wenn sie bis zu den Grenzen der wohlhabenden Länder gelangen, bürokratisch kalt abgewiesen. In dieser Welt klafft ein Abgrund zwischen Reich und Arm: Manchen ist Fortuna hold und sie werden unversehens, fast ohne Zutun Millionäre. Andere rackern sich zeit ihres Lebens ab und entrinnen doch nicht der Schuldenfalle, in die sie ohne eigenes Versagen geraten sind. In dieser Welt sind wir dem Zufall hilflos ausgeliefert: Manchen ist ein langes sorgenfreies Leben beschieden und sie sterben friedlich und – wie die Bibel sagt – „lebenssatt" im Kreis ihrer Kinder und Kindeskinder. Andere werden von einer teuflischen Krankheit gepeinigt, die sie bitterem Leid aussetzt, allzu früh dem irdischen Dasein entreißt. In dieser Welt garantiert der Anstand nicht den Erfolg: Manche entdecken gerissen Gesetzeslücken, die ihnen zugute kommen, beanspruchen unverfroren Privilegien, ohne sich dafür rechtfertigen zu müssen. Andere hoffen auf die Verlässlichkeit und Ehrlichkeit ihrer Partner, werden betrogen und getäuscht, haben nicht die geringste Chance, sich dagegen zu wehren.

Doch selbst wenn man das Träumen vom Paradies auf Erden aufgegeben hat, bleibt die Sehnsucht danach, sich dem Ungemach überall dort zu widersetzen, wo dies nur möglich ist. Unüberhörbar erschallt der Ruf nach Gerechtigkeit.

In den ersten sechs Kapiteln wird beschrieben, wie man versuchte und versucht, der Gerechtigkeit in den verschiedensten Sphären des öffentlichen Lebens zum Durchbruch zu verhelfen. Viele Beispiele, ein Großteil davon aus dem Fundus der Geschichte, begleiten diese Betrachtung. Selbst wenn man bis in die Antike zurückblickt: Bereits damals beherrschte die Sehnsucht nach Gerechtigkeit die Menschen so wie heute. Die Probleme von einst sind so aktuell, so brennend, so widerspenstig wie die gegenwärtigen. Fast alle großen Erzählungen und Schauspiele, mit den „Persern" des Aischylos beginnend bis hin zu „Les Justes" („Die Gerechten") von Albert Camus, erfahren ihre Dramatik im vergeblichen Ringen um Gerechtigkeit. Alle mit großer Geste vorgetragenen politischen Programme, alle mit dem Pathos der Weltverbesserung verbundenen Vorhaben und Maßnahmen der Mächtigen sind – zumindest nach außen hin – vom Ziel geleitet, für Gerechtigkeit zu sorgen. Wie ehrenwert diese Versuche auch sein mögen: Sie werden immer Stückwerk bleiben.

Es gibt sie nicht auf Erden: die Gerechtigkeit.

Doch dies ist kein Grund zur Resignation.

Denn im vorletzten Kapitel wird gezeigt: Wenn man die Verantwortung des Einzelnen in den Blick nimmt, verankert man die Gerechtigkeit in der Seele und verleiht der Gerechtigkeit eine auf den Einzelnen zugeschnittene, unverwechselbare Kontur. Gerechtigkeit verwandelt sich zur Lauterkeit, zur Redlichkeit, zum Anstand. Im Zuge dieser Verwandlung verliert sie die ihr sonst eigene beklemmende Flüchtigkeit.

Und im letzten Kapitel kommt zur Sprache: Wenn es schon keine Gerechtigkeit auf Erden gibt, mag man auf eine letzte, eine absolute, eine nicht mehr irdische Gerechtigkeit zählen, mit dieser rechnen, auf diese seine Sehnsucht und seine Träume setzen. Doch auch hierbei ist man nicht vor Überraschungen gefeit.

Gerechtigkeit und Gleichheit

... that all men are created equal ...
... dass alle Menschen gleich erschaffen sind ...
(Aus der Präambel der Unabhängigkeitserklärung
der Vereinigten Staaten vom 4. Juli 1776)

Jeder ist davon betroffen, keinem bleibt ein Ausweg offen: Ob Mann oder Frau, ob arm oder reich, im Tod sind alle gleich.

Im Mittelalter fand diese Erkenntnis im Bild des Totentanzes seinen Ausdruck: Mit dem Sensenmann müssen der Papst und der Kaiser ebenso ihren letzten Walzer drehen wie der Bürger, wie der Bauer, wie der Bettler. Denn mit der Sense wird der hohe Halm genauso geschnitten wie das zarte Gras.

Es gibt Schrullige, die gern auf Friedhöfen lustwandeln. Sie genießen beim Anblick der Tausenden Gräber den Gedanken, dass schließlich eine unabänderliche Gerechtigkeit herrschen wird. Denn wir alle werden vom Tod hingerafft. Mögen die Grüfte noch so prunkvoll, die Hügel noch so kümmerlich sein, im Inneren ereignet sich bei allen das Gleiche: Verwesung und Vergehen.

Für nicht so Kauzige, für unverzagt Lebensbejahende bietet die Vorstellung einer solch morbiden, allein den Verfall in den Blick nehmenden Gerechtigkeit weder Ansporn noch Trost. Gerechtigkeit sollte sich, so hoffen jene, die auf das Leben setzen – und dies tun wir in unseren guten Stunden allzumal –, doch hier und jetzt ereignen. Nur Lebende erstreben Gerechtigkeit. Für die Toten kommt sie zu spät.

Tatsächlich scheint sie ganz am Anfang des Lebens gewahrt: Nicht nur im Tod, auch in der Geburt sind alle gleich. Alle

Menschen sind gleich erschaffen. So jedenfalls wollen wir es glauben.

Allein, es stimmt nicht.

Warum Mozart nichts anderes übrigblieb, als Musiker zu werden.

Es stimmte nicht in den alten Zeiten. Damals gab es Privilegien der Geburt. Königskinder, Prinzessinnen und Prinzen kamen auf Rosen gebettet zur Welt. Die Kinder von Leuten niederen Standes, die Kinder der Armen gar, konnten nur in den seltensten Fällen des unerwartet glücklichen Zufalls die Gelegenheit am Schopf packen, ihrem vorgezeichneten Schicksal zu entkommen. Der Kinderreim

> Kaiser, König, Edelmann
> Bürger, Bauer, Bettelmann

erinnert daran: Der Bürger wird nicht Graf, und der Bauer als Millionär ist nur ein Zaubermärchen. Auch die englische Version dieses Reims

> Tinker, tailor
> soldier, sailor
> rich man, poor man
> beggar man, thief

teilt die gleiche Botschaft mit: Ein *tinker* ist und bleibt für immer ein Kesselflicker, ein *tailor* für immer ein Schneider, ein *soldier* für immer ein Soldat, ein *sailor* für immer ein Seemann. Die zwei Folgezeilen künden schließlich davon, dass dies nicht nur bei diesen Berufen, sondern bei allen Menschen der Fall ist: Der Reiche bleibt reich, der Arme bleibt arm, auch der Bettler, sogar der Dieb ist zu seinem Los verdammt. Die Frage, ob dies gerecht sei, stellte sich nicht. Denn man konnte sich damals nichts anderes vorstellen.

Mozart, den Wolfgang Hildesheimer in seiner epochalen Biographie das wohl größte Genie nannte, das auf Erden wandelte, wurde in eine Musikerfamilie hineingeboren. Niemand kann ermessen, ob sein musikalisches Talent je zur Geltung gekommen wäre, hätte er nicht seinen Vater Leopold, Vizekapellmeister im Dienst des Fürsterzbischofs von Salzburg, als Lehrer und Förderer gehabt.

Auch Johann Sebastian Bach entstammt einer weitverzweigten Musikerfamilie, deren bis in das 16. Jahrhundert zurückverfolgbare Vorfahren als Kantoren, Organisten, Stadtpfeifer, Mitglieder von Hofkapellen oder als Clavichord-, Cembalo- und Lautenbauer tätig waren. Vivaldis Vater war wie der Mozarts Violinist, nachdem er seine Laufbahn als Barbier aufgegeben hatte. Und schon der Großvater Beethovens, der ebenfalls Ludwig van Beethoven hieß, war in Bonn kurkölnischer Kapellmeister.

Was hier beispielhaft für die Musik skizziert wurde, galt bis ins 19. Jahrhundert hinein weithin: Man lebte in einer Ständegesellschaft, in abgeschlossenen sozialen Gruppen. Einzelne konnten nicht leicht von Stand zu Stand wechseln, sie wurden in ihr klar vorgezeichnetes Geschick hineingeboren, ob sie es wollten oder nicht. Das Schicksal war bereits mit der Geburt geprägt. Die Talente, die Neigungen, die jemand vielleicht hätte entwickeln können, kamen nicht zum Vorschein, wenn diese im geplanten Lebensentwurf keine Rolle spielten.

So war zum Beispiel Mozart mit großer Sicherheit mathematisch außerordentlich begabt. Er besaß stupende kombinatorische Fähigkeiten. Es sei erwähnt, dass er – und dies eigentlich nur zum Scherz – eine sogenannte Würfelkomposition schuf: Für jeden der 16 Takte eines Walzers schrieb er elf Auswahlmöglichkeiten. Damit, erklärte Mozart, sei es möglich, einen 16-taktigen Walzer zu komponieren, ohne auch nur die geringste Ahnung von Musik oder gar vom Notenlesen zu haben. Man braucht nur zwei Würfel 16-mal zu werfen und dabei immer die Summe der Augenzahlen zu notieren. Die Summe des ersten Wurfes teilt mit, welcher der elf Takte aus seiner Liste für den ersten Takt zu nehmen sei, die Summe des zweiten Wurfes, welcher für den zweiten Takt, und dies so weiter bis zum 16. Takt. Egal wie man kombiniert, immer erhält man einen, wenn auch nicht überwältigend klingenden, so doch angenehm ertönenden Walzer. Zwar hat Mozart einige der 16 × 11 = 176 Takte gleich geschrieben, aber dennoch verbleibt für die daraus zu bildenden Walzer die gigantische Zahl von mehr als einer dreiviertel Billiarde Kombinationsmöglichkeiten. Deshalb darf man sicher sein, dass nach jedem 16-fachen Wurf des Würfelpaars eine völlig neue Walzerkomposition geschaffen wird.

Aber nie in seinem Leben wäre Mozart der Gedanke gekommen, sich eher der Mathematik als der Musik zu widmen. Sein Werdegang als Musiker war ab seiner Geburt vorherbestimmt.

Es sei nebenbei bemerkt, dass derartige Würfelkompositionen in der Barockzeit recht beliebt waren. Johann Philipp Kirnberger hat viele derartige „Würfelspiele" entwickelt – auch er, wie Mozart mathematisch hochbegabt, stammte aus einer Musikerfamilie und ergriff daher ebenfalls den Beruf des Komponisten und Musiktheoretikers.

Standesgrenzen werden überwunden, und die Schule ist daran schuld.

Bezeichnenderweise war es die Zeit, als nach Friedrich II. in Preußen, nach Maria Theresia im Habsburgerreich, nach der bürgerlichen Revolution von 1789 sowie nach Napoleon in Frankreich die Schulpflicht in Europa weite Verbreitung fand, ab der Kinder nicht mehr unbedingt auf den von ihren Vorfahren ausgetretenen

Pfaden wandeln mussten. Auch wurden die Schulen nach und nach dem Klerus aus der Hand genommen, der sie zuvor als Lateinschulen wie ein Monopol geführt hatte – naturgemäß mit dem Ziel, auf diese Weise den geistlichen Nachwuchs zu rekrutieren.

Beispielhaft für diese Umwälzung ist die Geschichte des jungen Carl Friedrich Gauß, das einzige, 1777 in Braunschweig geborene Kind der Eheleute Gerhard Dietrich und Dorothea Gauß. Die Mutter, eine nahezu analphabetische, jedoch in hohem Grad intelligente Tochter eines armen Steinmetzen, arbeitete als Dienstmädchen, bevor sie die zweite Frau von Gerhard Dietrich Gauß wurde. Dieser hatte viele Berufe, war unter anderem Gärtner, Schlachter, Maurer. Wäre Carl Friedrich Gauß um zwei oder drei Generationen früher geboren worden, seine Laufbahn als biederer Handwerker – ausgenommen, man hätte ihn, das hochtalentierte Kind, für einen geistlichen Beruf abwerben können – wäre absehbar gewesen. So aber besuchte er wie alle anderen Kinder aus dem ärmlichen Bezirk von Braunschweig die dortige Volksschule. Sein Lehrer Johann Georg Büttner erkannte, dass er außerordentlich begabt war: In Sekundenschnelle gelang es ihm, keine neun Jahre alt, alle Zahlen zwischen eins und hundert zu addieren. Büttner selbst fühlte sich überfordert, dem Kind noch etwas in Mathematik beizubringen. Er besorgte ein Rechenbuch aus Hamburg, engagierte für Gauß einen Hauslehrer und arrangierte – gegen den Widerstand des Vaters, der sich nicht vorstellen konnte, dass der Bub nicht später in seine Fußstapfen als Handwerksmann treten sollte – ein Stipendium für Gauß ans Martino-Katharineum-Gymnasium. Schließlich sorgte er, nach Fürsprache des Herzogs von Braunschweig, für einen Studienplatz am Collegium Carolinum, dem Vorläufer der heutigen Technischen Universität Braunschweig.

Wäre Büttner nicht ein so engagierter und weitsichtiger Lehrer gewesen, das Talent von Gauß wäre verschüttet geblieben. Wobei anzumerken ist, dass sich Gauß bis zu seinem 19. Lebensjahr nicht sicher war, ob er eher Mathematik oder aber die alten

Sprachen und Philosophie studieren solle, denn auch in diesen Disziplinen war er außerordentlich begabt.

Gauß ist gerade zur rechten Zeit zur Welt gekommen. Seit der Aufklärung wurde der einzelne Mensch als autonomes Wesen wahrgenommen. Nicht nur Privilegierte, vom Schicksal auserkorene Herrscher oder ganz wenige, durch ein glückliches Los aus der gesichtslosen Masse Herausragende, sondern jeder einzelne von einer Mutter geborene Mensch darf sich seither als souveräne Person fühlen. Dieser Mensch ist nicht eines unter vielen gesichtslosen Wesen. Nicht seine Sippe bestimmt über ihn. Nicht sein Stand legt sein Schicksal fest. Er ist nicht der bloße Untertan des einen über ihn herrschenden Staates. Jeder Mensch ist eine einzigartige Persönlichkeit.

Thomas Jefferson
plant einen Staat ohne König.

Die Präambel der Unabhängigkeitserklärung der Vereinigten Staaten von Amerika, die von der Unantastbarkeit der Rechte des Einzelnen schwärmt, wurde im Geist ebendieser Aufklärung verfasst. In der etwas altertümlichen Sprache der deutschen Fassung im „Pennsylvanischen Staatsboten", worin sie zum ersten Mal veröffentlicht wurde, lesen wir die folgenden markanten Sätze:

„Wir halten diese Wahrheiten für ausgemacht, dass alle Menschen gleich erschaffen wurden, dass sie von ihrem Schöpfer mit gewissen unveräußerlichen Rechten begabt wurden, worunter Leben, Freiheit und das Streben nach Glückseligkeit sind. Dass zur Versicherung dieser Rechte Regierungen unter den Menschen eingeführt worden sind, welche ihre gerechte Gewalt von der Einwilligung der Regierten herleiten; dass sobald eine Regierungsform diesen Endzwecken verderblich wird, es das Recht des Volkes ist, sie zu verändern oder abzuschaffen, und eine neue

Regierung einzusetzen, die auf solche Grundsätze gegründet, und deren Macht und Gewalt solchergestalt gebildet wird, als ihnen zur Erhaltung ihrer Sicherheit und Glückseligkeit am schicklichsten zu seyn dünket."

Thomas Jefferson, der große Staatstheoretiker, hatte den Text dieser Präambel maßgeblich gestaltet. Aus ihm spricht die Überzeugung Jeffersons, dass der Schöpfer selbst dafür Sorge getragen habe, alle Menschen mit gleichen Rechten auszustatten. Dabei ist das Wort vom Schöpfer eher als eine in der damaligen Zeit gängige Redewendung zu verstehen denn als Ausdruck religiösen Glaubens. Die Väter der Unabhängigkeitserklärung hätten ihre Präambel auch ohne Bezug zu einem Schöpfer formulieren können. Denn worauf es ihnen ankam, war die auf den britischen Philosophen John Locke zurückreichende Überzeugung: Allen Menschen stehen *von Natur aus* unantastbare Rechte zu.

Die Gründerväter der Vereinigten Staaten von Amerika konnten es aufgrund des von ihnen vertretenen Standpunkts nicht zulassen, dass ein Monarch über sie herrschen sollte. Denn die Kinder einer Herrscherdynastie hätten kraft ihrer Herkunft höhere Rechte als andere Menschenkinder. Dies widerspricht dem Grundsatz, dass alle Menschen *von Natur aus* gleich zur Welt kommen. Darum beschlossen sie, als Staatsoberhaupt einen Präsidenten für eine bestimmte Amtszeit wählen zu lassen. Und niemand sollte vom Zugang zu diesem Amt ausgeschlossen sein.

Dieser Entschluss war derart unkonventionell, dass sofort die Frage auftauchte, wie angesichts der überall sonst üblichen Monarchien, angesichts der mit Titeln überhäuften Majestäten, der im neu gegründeten amerikanischen Staat als einfacher Mensch aus dem Volk gewählte Präsident anzusprechen sei. Im ersten Kongress im Frühjahr und Sommer 1789 votierten Vizepräsident John Adams sowie eine Mehrheit der Senatoren für die Einführung von formellen Anreden wie zum Beispiel „His Highness the President of the United States of America, and Protector of their Liberties", also für einen regelrechten Hoheitstitel. Die

19

Mehrheit des Repräsentantenhauses weigerte sich jedoch aus guten Gründen, jegliche Titel einzuführen, weil sie nämlich von der *von Natur aus* bestehenden Gleichheit aller Menschen überzeugt war. Deshalb stellt bis heute das einfache „Mister President" die einzig korrekte Anrede dar.

Man kann zwar argumentieren, dass auch die katholische Kirche keine Erblichkeit der hohen Ämter, vor allem des Amtes des Nachfolgers Petri, kennt. Prinzipiell kann jeder gläubige männliche – männlich muss er immer noch sein! – Katholik zum Papst gewählt werden. Aber als solcher ist er – ganz im Unterschied zum Amt des Präsidenten der Vereinigten Staaten – Monarch und wird nicht mehr als ein Mensch unter Gleichen betrachtet. Denn es geziemt sich, vor ihm in die Knie zu sinken, den Ring an seinem Finger zu küssen und ihn mit „Eure Heiligkeit" anzusprechen.

Deshalb stellt tatsächlich die Unabhängigkeitserklärung der Vereinigten Staaten von Amerika das erste und entscheidende Ereignis dar, das die Botschaft der *von Natur aus* gegebenen Ebenbürtigkeit aller Menschen, die unbesehen ihres Standes mit gleichen Rechten ausgestattet sind, eindrucksvoll dokumentiert.

Alte Standesdünkel vergehen – neue entstehen.

Nun darf man aber nicht glauben, die Gründung der Vereinigten Staaten von Amerika stünde mit der Entwicklung des Schulsystems in Europa, insbesondere mit der Einführung der allgemeinen Schulpflicht, in direktem Zusammenhang. Maria Theresia hatte zum Beispiel ein völlig anderes, ein viel profaneres Motiv als jenes, ihren Untertanen die ihnen *von Natur aus* gebührenden Rechte der freien, nur nach ihren Eignungen und Neigungen ausgerichteten Persönlichkeitsentwicklung zu gönnen. Sie sah im Krieg mit Preußen um das ihr entrissene schlesische Erbe ihre

Soldaten die Schlachten verlieren. Auf die Frage, woran das liege, gaben die Berater zur Antwort: Die preußischen Soldaten können im Allgemeinen alle lesen, Befehle lassen sich schriftlich erteilen. Die österreichischen Soldaten sind zu einem Großteil des Lesens unkundig, Befehle müssen mündlich weitergegeben werden und erleiden auf diese Weise sehr oft das übliche Schicksal einer Botschaft bei der *Stillen Post*. Also, entschied die Monarchin, müsse man allen das Lesen, Schreiben und Rechnen beibringen.

Und hatte bei der Einrichtung der Schulen sogleich mit dem Widerstand der Eltern zu kämpfen. Denn die Eltern, zumeist Bauern oder Handwerker, brauchten die Kinder zur Arbeit im Familienbetrieb. Nach alter österreichischer Tradition kam es zu einem Kompromiss: am Vormittag Schule, und am Nachmittag können die Kinder arbeiten. Auch die zwei Monate Sommerferien wurden nicht als Entlastung vom Schulalltag zugestanden, sondern weil in dieser Zeit alle Kräfte bei der Ernte benötigt wurden. Schule bedeutete damals wirklich das, was im griechischen Wort *scholé* zum Ausdruck kommt: Befreiung von der Arbeit, nämlich von der aufgezwungenen Arbeit, der Fron im Kampf ums tägliche Brot.

Auch rang man sich nur langsam zur Einsicht durch, dass Schulen mehr leisten können, als mit den Fertigkeiten des Lesens, Schreibens und Rechnens ausgestattete folgsame und fleißige Untergebene zu erziehen, die sich in die seit Jahrhunderten übernommene politische, gesellschaftliche und ökonomische Ordnung bereitwillig einfügen. Vor allem in den deutschsprachigen Ländern entwickelte sich mit der Zeit eine bahnbrechende Idee: *Bildung* – ein Wort, das es bezeichnenderweise im Englischen oder Französischen so nicht gibt, sondern mit Begriffen wie *literacy* oder *éducation* umschrieben wird – schafft die Möglichkeit, die Ungleichheit zwischen den Menschen, je nachdem in welchem Milieu sie geboren sind, zu mildern. Eine Ungleichheit, die es *von Natur aus* gar nicht geben dürfte, die folglich nicht gerecht ist.

Wir haben uns seither so sehr daran gewöhnt, dass uns der Gegensatz zu früheren Zeiten eigenartig fremd geworden ist. Es waren Zeiten, in denen zwischen der Gesellschaft der Adeligen – und selbst unter diesen gab es ein strenges Kastensystem – und jener der Bürgerlichen und „Gemeinen" eine unüberbrückbare Kluft bestand. Tatsächlich beschäftigt der hohe Adel – wenn man diese Menschen nicht um ihrer selbst, sondern nur ihrer Herkunft wegen interessant findet – heute bestenfalls noch die Regenbogenpresse. Mein Freund Georg Prinz zu Fürstenberg deutete einmal in einer Rede an, allein die Last, einen großen Namen zu tragen, sei ihm geblieben. Allein die ihm anerzogene Verantwortung seinen Vorfahren gegenüber, aber gewiss und zu Recht keine Privilegien. Heutzutage würde man es für skurril, wenn nicht gar für abwegig erachten, behauptete jemand, er sei einfach deshalb ein „besserer" Mensch, weil „blaues" Blut in seinen Adern fließe. Unterschiede der Herkunft wurden in der Tat eingeebnet.

Allerdings bildete sich, parallel zum Verschwinden der Privilegien des Adels und des hohen Klerus, eine neue Gesellschaftsschicht. Sobald man der Bildung einen hohen Stellenwert einräumte, entstand, vornehmlich in den deutschsprachigen Ländern, das Bildungsbürgertum: eine einflussreiche Kaste, bestehend aus Professoren und Lehrern, aus Apothekern und Ärzten, aus Rechtsanwälten und Richtern, aus Künstlern und Ingenieuren, aus leitenden Beamten und weltgewandten Kaufleuten. Diesen Menschen gemeinsam war die Idee, sich nicht aufgrund eines geburtsständischen Anrechts, sondern aufgrund eigener geistiger Leistungen von den nicht zu ihnen Gehörenden zu unterscheiden, eine Elite zu bilden.

Somit wiederholte sich das Spiel. In dem Buch „Das wilhelminische Bildungsbürgertum", herausgegeben von Klaus Vondung, wird ausführlich dargelegt, wie sich durch die gemeinsam beschrittenen Bildungswege die Schicht der Bildungsbürger von anderen sozialen Gruppen abzuheben trachtet. Es entstand gleichsam eine Art neuer Aristokratie, die sich durch eine ihr eigene

Arroganz auszeichnete, sich als „kulturelle Elite" empfand, peinlich darauf achtete, die eigenen Nachkommen ja nicht aus der Kaste ausbrechen zu lassen, die wichtigen politischen Positionen zu besetzen oder zumindest auf deren Inhaber Einfluss zu nehmen.

Alle Menschen sind gleich geschaffen, und die das verkünden, sind privilegiert.

In Frankreich entsprach der „Citoyen", jener Begriff, mit dem man im Gefolge der Französischen Revolution von 1789, nachdem alle Adelstitel verworfen waren, einander ansprach, dem deutschen Bildungsbürger. Im Gegensatz zum Bourgeois, dem allein auf sein eigenes Wohlergehen und sein Vermögen bedachten Menschen, ist das Idealbild des Citoyen dadurch gekennzeichnet, dass dieser als gebildeter Mensch der Tradition und dem Geist der Aufklärung und der ab 1789 verkündeten Parole von der Gleichheit, Freiheit und Brüderlichkeit verpflichtet ist. Der Citoyen nimmt am Gemeinwesen teil, gestaltet dieses mit und übernimmt zugleich Verantwortung auch für all jene, die ungebildet geblieben sind und daher dieser Führung bedürfen.

Signifikant davon abweichend, aber ebenfalls die alten Standesgrenzen negierend, bildete sich im zaristischen Russland an der Wende vom 19. zum 20. Jahrhundert immer deutlicher die sogenannte „Intelligentsia" heraus. Der russische Journalist Pjotr Dimitrijewitsch Boborykin beschrieb sie als gesellschaftliche Schicht von Menschen, die „klug, verständnisvoll, wissend, denkend und auf professionellem Niveau kreativ beschäftigt sind und zur Entwicklung und Verbreitung von Kultur beitragen". Nicht so freundlich, eher abschätzig, beurteilt Richard Pipes in seinem Monumentalwerk über die Russische Revolution die Intelligentsia: „Der Begriff wurde nie exakt definiert, und in der vorrevolutionären Literatur wurde immer wieder darum gestritten, was er bedeutete und auf wen er sich bezog. Obgleich tatsächlich die Mehrzahl derer, die in Russland als *intelligenty* bezeichnet wurden, über eine höhere Bildung verfügte, war Bildung an sich noch kein Kriterium: So gehörte ein Geschäftsmann oder ein Bürokrat mit akademischem Abschluss nicht der Intelligentsia an, der Erstere, weil er für seinen eigenen, und der Letztere, weil er für den Nutzen des Zaren arbeitete. Es gehörten nur jene dazu, die dem Gemeinwohl verpflichtet waren, selbst wenn sie nur halbgebildete Arbeiter oder Bauern waren. In der Praxis waren damit die *hommes de lettres* – Journalisten, Akademiker, Schriftsteller – und die Berufsrevolutionäre gemeint. Wer dazugehören wollte, musste zudem bestimmten philosophischen Anschauungen über den Menschen und die Gesellschaft anhängen."

Und an anderer Stelle beschreibt Richard Pipes diesen Eckpfeiler, auf dem die Intelligentsia fußt: „Eine Ideologie, die auf der Überzeugung beruht, dass der Mensch nicht ein besonderes, mit einer unsterblichen Seele ausgestattetes Geschöpf ist, sondern eine stoffliche Masse, die ausschließlich durch ihre Umwelt geformt wird. Aus dieser Prämisse folgt, dass es durch eine Neuordnung der gesellschaftlichen, wirtschaftlichen und politischen Umwelt des Menschen anhand ‚rationaler' Rezepte möglich ist, eine neue Gattung vollkommen rationaler Menschenwesen zu produzieren. Diese Überzeugung erhebt die Intellektuellen als die Träger der Rationalität in den Stand von Sozialtechnikern und rechtfertigt ihren Ehrgeiz, die herrschende Elite von ihrem Platz zu verdrängen."

Damit werden die Ideale eines Thomas Jefferson weit überzogen, ja geradezu ins Gegenteil verkehrt. Forderte die Unabhängigkeitserklärung der Vereinigten Staaten unverzichtbare Rechte der Einzelperson, verlangen die Ideologen der Intelligentsia Verfahren zur Bildung eines gleichsam auf dem Zeichenbrett konstruierten „neuen Menschen". Statt des Rechts, sein persönliches Glück zu erstreben, „The Pursuit of Happyness", wird dem Menschen aufgrund „rational" genannter Maßnahmen ein vorgegebener Lebensentwurf von außen aufgedrängt. Wer sich dagegen wehrt, versündigt sich gegen das zum Fortschritt strebende Gesetz der Geschichte. Doch das Wesentlichste ist, dass die schließlich allein mit Berufsrevolutionären bestückte Intelligentsia die Zügel für den Lauf der Geschichte in der Hand hält. Folgerichtig entstand nach der Machtübernahme der Berufsrevolutionäre die alle übrigen sozialen Schichten übermächtig beherrschende Kaste der Nomenklatura.

Chancengleichheit, Chancengerechtigkeit – hehre Ideale?

Allerdings belegen die geschichtlichen Beispiele keineswegs, dass die Einführung von Schulen und die möglichst breite Vermittlung von Bildung nicht nur die alten Standesgrenzen zum Verschwinden bringen, sondern unbedingt neue privilegierte Gruppen entstehen lassen. Man muss, so lautet jedenfalls die Theorie, für Chancengerechtigkeit beim Zugang zur Bildung sorgen. Es gelte daher, das Elite-Denken zum Verschwinden zu bringen; ein Elite-Denken, das zum Beispiel in den deutschsprachigen Ländern aus der Tradition des Bildungsbürgertums kommt. Dies scheint umso mehr gerechtfertigt, als ebendieses Bildungsbürgertum schmählich versagte, als sich die Hitlerei 1933 Deutschlands und 1938 Österreichs unter dem Jubel und der Begeisterung auch einer Unzahl von Bildungsbürgern bemächtigte.

Eine Erkenntnis, die sich in den Sechzigerjahren des vorigen Jahrhunderts Bahn brach. Zuvor waren die Menschen von den Zerstörungen und Verwerfungen der Nazizeit wie in Agonie versetzt gewesen. Danach hatten sie mit Wiederaufbau und Wirtschaftswunder eine Ausflucht vor der Konfrontation mit den damaligen Geschehnissen gefunden. Doch im Gefolge der sogenannten Achtundsechziger-Bewegung verlangte die nachfolgende Generation mit energischer Bestimmtheit, soziale Strukturen umzustülpen. Jedenfalls jene traditionellen, die ein Unrechtsregime nicht verhindern hatten können: Warum war der Ausritt in die Barbarei möglich gewesen? Das Bildungsbürgertum hatte augenscheinlich versagt. Schulen, so die Forderung, dürfen nicht mehr bevorzugte Klassen schaffen, die ohnehin vor dem politischen Debakel nicht gefeit sind. In den Schulen hat Chancengleichheit zu herrschen. Oder, praktisch im gleichen Sinne proklamiert: Chancengerechtigkeit.

Dieser Ruf tönt bis in die jüngste Gegenwart: „Bildung für alle", fordern Studentinnen und Studenten, die den freien Hochschulzugang gewahrt wissen wollen, den sie in den Siebzigerjahren errungen haben. „Bildung für alle" bedeutet zugleich, dass die Idee des Gymnasiums, der Bildungsstätte künftiger Eliten, der Idee der Gesamtschule oder der gemeinsamen Schule der Zehn- bis Vierzehnjährigen oder der Neuen Mittelschule zu weichen hat – wie immer man diese Lehr- und Bildungsstätten nennen möchte. Jedenfalls sollen sie Kindern aus allen Bevölkerungsschichten, unabhängig von deren Herkunft, aber auch von deren Vorbildung, offenstehen. „Durchmischte Klassen wecken Neugier", argumentiert die österreichische Bildungsexpertin Christa Koenne: „Homogene Klassen sind für Lehrer natürlich einfacher. Als ich als Schülerin begonnen habe, konnte niemand lesen und schreiben. Aber alle konnten Deutsch. In heutigen ersten Klassen gibt es welche, die können lesen und schreiben, andere können nicht einmal Deutsch. Die Heterogenität ist größer geworden. Das muss aber nicht unbedingt schlecht sein. Wir leben in einem globalen Dorf, da müssen wir uns auch mit dem anderen beschäftigen. Und es ist gut, wenn das im Bildungsprozess schon passiert." Und sie warnt davor, auf einem differenzierten Schulsystem zu beharren, bei dem eine Selektion – allein das Wort ist von der Geschichte belastet – der Zehnjährigen in die mindere Hauptschule und in das karriereversprechende Gymnasium stattfindet: „Meine allergrößte Sorge ist im urbanen Bereich, dass wir jene jungen Menschen, die in der Schule keine Erfolge haben, verlieren und dass diese ihre Identitäten dann in ihren Peergroups suchen. Dort geht es um Rituale, die ich unserer Gesellschaft nicht wünschen will."

Wie man mit Spieltheorie ein paradoxes Verhalten verstehen lernt.

Das Eigenartige: Diesen vernünftig klingenden Argumenten wird nicht geglaubt. Ursula Weidenfeld, deutsche Wirtschaftsjournalistin und leitende Redakteurin des „Tagesspiegel", weiß, warum: „Für das eigene Kind nur das Beste. Nach diesem Leitsatz wünschen sich Eltern den schönsten Kindergarten, die beste Schule und die solideste Berufsausbildung für ihr Kind. Nach Lage der Dinge ist das für die Schulzeit das Gymnasium. Es ist nicht weiter erstaunlich, dass bildungsbürgerliche Eltern schulpflichtiger Kinder die erbittertsten Gegner von Schulreformen und die wärmsten Fürsprecher für ein differenziertes Bildungssystem sind. Erstaunlich ist aber, dass sich diese Haltung über alle politischen Präferenzen hinweg findet. So formulieren in Hamburg und Berlin linksbürgerliche Eltern gemeinsam mit eingefleischten Konservativen den lautesten Protest gegen die Gemeinschaftsschule und zu wenig Plätze am Gymnasium. Wenn die Kinder das Abitur gemacht und die Schule verlassen haben, sieht die Sache schnell anders aus.

Dann lassen sich die ehemaligen Schülereltern gern einmal herab, die Gemeinschaftsschule zu loben und einen längeren gemeinsamen Unterricht für alle Kinder zu verlangen. Zum Wohl aller Kinder, wie sie dann betonen. Denn inzwischen zeigen viele Studien, dass ein möglichst langjähriger gemeinsamer Unterricht nicht schaden muss."

Spieltheoretisch gesehen ist diese auf den ersten Blick unaufrichtig empfundene Haltung nur allzu verständlich: Will man für seine Kinder den größten Nutzen erreichen – oder das, was man für den größten Nutzen hält –, hat man nicht nur dafür zu sorgen, dass die eigenen Kinder in jenem Schultyp erzogen werden, der diesen maximalen Nutzen verspricht. Man wird auch daran interessiert sein, das Umfeld so umzugestalten, dass dieser für die eigenen Kinder erzielte Vorteil für die Allgemeinheit verschwindet. Man mag diese Haltung für ungerecht halten, sie unredlich zu nennen, wäre jedoch übertrieben. Denn wer will leugnen, dass jedem das Ziel vorschwebt, ja sogar vorschweben muss, für die eigenen Kinder nur das Beste zu wollen?

Deshalb ist es nicht verwunderlich, wenn hochrangige politische Persönlichkeiten, die das Banner der gemeinsamen Schule für alle vor sich hertragen, die eigenen Kinder in die dem Elite-Denken verpflichteten Privatschulen schicken. Schon in den Siebzigerjahren hatte dies Leopold Gratz, der erste von der sozialdemokratischen Partei Österreichs in der Zweiten Republik gestellte Unterrichtsminister, so getan. Den Vorwurf, gerade er als Proponent einer Partei, die gegen Bestenauslese und Bildungsbürger-Denken auftritt, verstoße damit gegen die parteiinternen Leitlinien, quittierte er mit Achselzucken. Und selbstverständlich hatte er, aus seiner Sicht, vollkommen recht.

John Rawls
macht sich Gedanken über Gerechtigkeit.

Das Beispiel der Gerechtigkeit in Schulsystemen zeigt, dass klug formulierte abstrakte Theorien von Gerechtigkeit am konkreten Einzelfall versagen können. Der wohl geistreichste Vorschlag, wie sich eine gerechte Gesellschaft verwirklichen lasse, stammt von dem amerikanischen Moralphilosophen und Professor an der Harvard University John Rawls. In seinem bahnbrechenden Werk „A Theory of Justice" („Eine Theorie der Gerechtigkeit") aus dem Jahr 1971 entwirft er ein verführerisch klingendes Gedankenexperiment. Rawls fragt: Auf welche sozialen, ökonomischen und politischen Grundregeln für eine Gesellschaft würden sich vernünftige Personen *im Voraus* einigen, wenn sie nicht wüssten, welche Stellung sie selbst in dieser Gesellschaft haben werden. Vor unserer Geburt, so seine Idee, befänden wir uns in einer „original position", einem „Urzustand", in dem gleichsam das Panorama aller gesellschaftlichen Rollen, in die wir schlüpfen könnten, vor uns ausgebreitet sei: vom Reichen bis zum Armen, vom Mächtigen bis zum Machtlosen, von Frau oder Mann. Aber uns umgäbe in diesem Urzustand der „veil of ignorance", der „Schleier des Nichtwissens", denn wir wissen nicht, welche dieser vielen Rollen tatsächlich die unsere sein wird. Gerecht, so argumentiert Rawls, ist eine Gesellschaft dann, wenn wir in ihr mit jeder Rolle, die uns in dieser zugewiesen wird, zufrieden wären und unser Glück finden könnten.

Aufgrund seines Gedankenexperiments fordert Rawls zwei Grundsätze für die Gerechtigkeit.

Erstens: Jede Person soll gleiches Recht auf eine möglichst umfangreiche Mannigfaltigkeit gleicher Grundfreiheiten haben. „Möglichst umfangreich" bedeutet, dass die Freiheit des einen nie und in keinem Fall die Freiheit des anderen einschränkt.

Zweitens, und diesem ersten Grundsatz nachgestellt: Es gibt soziale und wirtschaftliche Ungleichheiten, es wird sie immer geben. Aber man muss sie jeder Person einsichtig machen können. Und sie sind so zu gestalten, dass sie niemanden benachteiligen. Vor allem aber sollen die Positionen und Ämter, die mit Vorteilen gegenüber anderen verbunden sind, jeder Frau und jedem Mann offenstehen. Oder, wie es der Sozial- und Wirtschaftspsychologe Detlef Fetchenhauer knapp formulieren würde: Das Gleichheitsprinzip dominiert. Abweichungen von diesem Prinzip bedürfen einer Rechtfertigung.

Die außerordentlich vernünftig klingenden, sehr feinsinnigen und klug durchdachten Ideen von Rawls wurden selbstverständlich in der Folge der Kritik unterzogen. Die fundamentale Schwachstelle mag wohl am Konzept seines Gedankenexperiments zu orten sein.

Einerseits ist es hochgradig illusorisch. Just die Tatsache, dass wir eben *nicht* vor unserer Geburt Einblick in unsere künftige Stellung in der Gesellschaft bekommen – jedenfalls weiß keiner davon zu berichten –, beweist: Die Welt, in der wir leben, ist eine ganz andere und wird es wohl immer bleiben, als jene, die man sich eingedenk seiner „original position" mit dem „veil of ignorance" wünschen könnte.

Andererseits übersieht Rawls, wie sehr in uns Menschen die Spielernatur angelegt ist. Angesichts eines Gesellschaftsmodells, bei dem es völlig gleichgültig ist, welche Stellung wir nach Verlassen der „original position" beziehen, verschwindet der Reiz des Risikos. Es mag sein, dass eine gerechte Gesellschaft im Sinne von John Rawls den Idealzustand dessen beschreibt, was vernünftig und menschenmöglich ist. Aber sicher ist eine derartige Welt entsetzlich monoton. Und sie würgt die Zukunft, in der alle möglichen Umstürze und Verwerfungen erfolgen könnten, ab. Eine im Sinne von Rawls gerechte Welt wäre statisch, schließlich starr.

Wie ein Römer der Antike John Rawls widerlegen würde.

An einem fiktiven Beispiel verdeutlicht: Würde man Titus Petronius, den zur Zeit Neros in Rom lebenden Inbegriff des reichen römischen Bürgers, dieses Gedankenexperiment vor Augen halten und ihm damit beweisen wollen, dass Sklavenhalterei eine Ungerechtigkeit darstelle, so würde Petronius im Sinne des ersten Einwands lächelnd entgegnen: „Was soll dieses Gedankenexperiment? Ich *bin* Petronius und eben kein Sklave. Ich verbringe den Tag im Schlaf, die Nacht mit Geschäften. Ich liebe die Muße, bin aber kein Verschwender, vielmehr nennt mich der Kaiser den *arbiter elegantiarum*, den gebildeten Kenner feiner Genüsse. Ich kann mir nicht vorstellen, jemals in einem Urzustand gewesen zu sein, in dem ich nicht Titus Petronius war." Aber, so stellen wir ihm die zweite Frage, ist es nicht ungerecht, dass das Schicksal dem einen die Bürde des Daseins als Sklave aufhalst und den anderen Titus Petronius sein lässt? „Selbst wenn", so würde Petronius antworten, „wie in einem Zufallsspiel dem einen sein Leben lang harte Lasten aufgebürdet werden und der andere in Saus und Braus genießen kann – ich bin Anhänger dieses Zufallsspiels. Denn seht mich an: Ich habe gewonnen! Und wer weiß, vielleicht ereilt einmal eine meiner Sklavinnen das Glück, sie wird Herrin dieses Hauses und befehligt die Heerschar der Bediensteten. Dann wird auch sie das Zufallsspiel des Schicksals gutheißen. Sie sollte sogar heute schon dieses Zufallsspiel begrüßen. Jeder sollte es tun, denn die Zukunft eines jeden ist offen."

Und kehren wir wieder zur Chancengerechtigkeit an den Schulen zurück, sehen wir einmal mehr, wie weit Rawls Gedankenexperiment von der Realität entfernt ist: Eltern halten, folgt man den Einsichten von Ursula Weidenfeld, angesichts ihrer eigenen Kinder nichts davon, dass ihnen ein „gerechtes" Modell für Schule vorgelegt wird, bei dem sie mit jeder Klasse, in die ihre Kinder möglicherweise gesteckt werden, wenn schon nicht hocherfreut oder glücklich, so wenigstens zufrieden sind. Im Gegenteil, so behauptet Ursula Weidenfeld: „Linksbürgerliche Eltern gemeinsam mit eingefleischten Konservativen" bevorzugen eine scheinbar ungerechte Differenzierung, bei der mit Glück, vielleicht auch mit Einfluss und List, die Kinder in die erfolgversprechenden Schulen kommen. Denn die Mütter und Väter hoffen, mit ihren eigenen Kindern zu diesen Glücklichen zu gehören.

Verteidiger von Rawls können mit Recht entgegnen, dass seine Theorie für die institutionellen Grundstrukturen einer Gesellschaft formuliert wurde, nicht für das willkürlich scheinende Beispiel „Schule". Aber je weniger eine Theorie der Gerechtigkeit dazu geeignet ist, die konkreten Probleme der Wirklichkeit stimmig zu lösen, je abstrakter sie ist, umso weniger wird sie dem schillernden Begriff der Gerechtigkeit „gerecht".

Die hier zur Theorie von Rawls dargelegten kritischen Bemerkungen sollen die außerordentliche Leistung dieses großen Theoretikers keinesfalls schmälern oder sein ehrgeiziges Unterfangen herabwürdigen, den Begriff der Gerechtigkeit klar zu fassen. Vor allem ist an seinem theoretischen Ansatz bemerkenswert, dass die auf John Locke zurückreichende Annahme, allen Menschen stünden *von Natur aus* unantastbare Rechte zu, bei Rawls nicht mehr vorkommt. Einst war sie bei Thomas Jefferson der Ausgangspunkt der Überlegungen. Bei Rawls ist es das von ihm konstruierte und fiktive Gedankenexperiment. Die rund 200 Jahre, die Jefferson und Rawls voneinander trennen, ließen in der Geistesgeschichte die Skepsis wachsen, ob denn die Natur überhaupt gerecht sei.

Tatsächlich ist die Natur alles andere als gerecht.

Die Natur schafft Ungleichheit – darum müssen wir sie überwinden.

Wie viele Grundbesitzer seiner Zeit, wie auch Benjamin Franklin, James Madison und George Washington, besaß Thomas Jefferson zahlreiche Sklaven. Derselbe Thomas Jefferson, der vom *naturgegebenen* Recht jedes einzelnen Menschen auf Leben, Freiheit und dem Streben nach Glück überzeugt war. Wie konnte er es rechtfertigen, diese Rechte den eigenen Sklaven vorzuenthalten? Möglicherweise deshalb, weil er in seinen Sklaven gar keine Menschen sah? Oder weil er sich vor ihnen fürchtete? Denn einmal behauptete er, bei der Sklaverei zu bleiben sei dasselbe wie einen Wolf an den Ohren zu halten: Man wolle gern loslassen, könne es aber nicht aus Angst, gefressen zu werden.

Wobei als zusätzliche Pikanterie erwähnt sei, dass die Gerüchte nie verstummten, Jefferson hätte mit Sally Hemings, einer Sklavin seiner Frau Martha Wayles Jefferson, eine intime Beziehung gepflogen und sei sogar der Vater ihrer Kinder.

Die Natur schafft den Unterschied, ob wir mit weißer oder gelber, mit roter oder schwarzer Haut zur Welt kommen. Es ist die Kulturleistung des Menschen, eine Leistung *gegen* die Natur, diese Unterschiede der Hautfarbe als unerheblich zu erklären, was die Rechte, Pflichten und Freiheiten der jeweiligen Person anlangt, wie auch ihre Chance, das erhoffte Glück zu erlangen.

Die Natur schafft den Unterschied, ob wir als Frau oder als Mann zur Welt kommen. In der Unabhängigkeitserklärung der Vereinigten Staaten wird der Passus „that all men are created equal" mit „dass alle Menschen gleich erschaffen wurden" übersetzt, obwohl sich streng genommen „men" nur auf „Männer" bezieht. Schon einen Tag nach ihrer Verabschiedung erschien die erste deutschsprachige Fassung, und es war seither unbestritten, dass „all men" „alle Menschen", Frauen wie Männer, bedeutet. Dementsprechend erhielten schon 1776, im Jahr der Unabhängigkeitserklärung, Frauen wie Männer im US-Bundesstaat New Jersey das Wahlrecht. Doch das Rad der Geschichte drehte sich bald darauf wieder in die andere Richtung, und 1807 wurde in New Jersey das Frauenwahlrecht zurückgenommen.

Das gängige Argument gegen das Frauenwahlrecht bestand darin, sich *auf die Natur* zu berufen: Die *natürliche Bestimmung* der Frau prädestiniere sie für die Arbeit im Haus, während die Politik in die Welt der Männer gehöre. Und diese wollten ihren Aufgabenbereich nicht mit Frauen teilen, und schon gar nicht mit ihren Ehefrauen. Daneben führte man ins Treffen, dass Frauen *von Natur aus* nicht unabhängig urteilen könnten. Britische Reformer verhinderten 1867 ein Frauenwahlrecht mit der scheinheiligen Begründung, es könne politische Differenzen zwischen den Ehepartnern verursachen. Aus diesem Grund wurde in Skandinavien und Großbritannien zunächst nur für ledige und verwitwete Frauen das kommunale Wahlrecht eingeführt, denn, so argumentierte man, verheiratete Frauen seien bereits durch ihre Ehemänner vertreten.

Eine mutige Frau und eine Erfindung
bewirken die Gleichstellung der Geschlechter.

Es war eine aus den armen südlichen Provinzen Frankreichs stammende Frau, die den Keim zum Frauenwahlrecht und damit zur Anerkennung der Gleichberechtigung zwischen Mann und Frau gelegt hat. Sie hieß ursprünglich Marie Gouze, nannte sich später Olympe de Gouges, und wuchs in einer Gegend nahe den Pyrenäen auf, wo man nicht Französisch, die Sprache des Königs, sondern das provinzielle Okzitanisch sprach. Ihre Mutter war eine mit einem Fleischer verheiratete Wäscherin, und Marie dürfte aus einer Beziehung mit einem Landadeligen stammen, wobei dieser Marquis Jean-Jacques Lefranc, einst erster Präsident am Obersteuergericht von Pompignan, sich nicht dazu verpflichtet sah, auch nur einen Sous für Mutter oder Tochter auszulegen. Aus eigener Kraft lernte Olympe de Gouges das in den besseren Kreisen gesprochene Französisch, sie studierte Literatur und politische Schriften, besuchte, als sie nach den Mühen einer unerquicklichen Ehe jung verwitwet nach Paris zog, unentwegt das Theater, gelangte in den Kreis des liberalen, „Philippe Égalité" genannten, steinreichen Herzogs von Orléans und verfasste selbst ein Drama über die Sklaverei in den Kolonien. In politischen Schriften wandte sie sich gegen die Scheinmoral ihrer Zeit, sie plädierte für ein Scheidungsrecht und das Recht auf Liebe auch außerhalb der Ehe. Während der Französischen Revolution von 1789 verfocht Olympe de Gouges leidenschaftlich die Rechte der „Citoyennes", der Bürgerinnen. Denn mit Ausnahme des Marquis de Condorcet und nur weniger anderer waren sich die siegreichen Revolutionäre einig: Die Frauen seien von den „Rechten des Mannes und Bürgers" auszuschließen. „Diese Revolution", so schrieb sie in „Les droits de la femme" („Die Rechte der Frau") 1791 an Marie Antoinette, die schon entmachtete Königin, gerichtet, „wird sich erst dann vollziehen, wenn sämtliche Frauen von ihrem beklagenswerten Los durchdrungen und sich des Verlustes ihrer Rechte in dieser Gesellschaft bewusst sind."

Die Revolutionäre hintertrieben ihre Bestrebungen, Frauen bürgerliche Rechte zuzugestehen und sie gleichberechtigt neben Männern zu sehen. Olympe de Gouges wurde 1793 verhaftet und nach einem kurzen Prozess vor dem Revolutionstribunal mit der Guillotine geköpft. In der ihr gewidmeten Biographie schreibt Karl Heinz Burmeister: „Ihre Neigung zu den Girondisten, ihr Bekenntnis zum Föderalismus und zur Monarchie, ihre Gegnerschaft zu den Jakobinern, ihre persönliche Feindschaft zu Robespierre hatten zu ihrer Hinrichtung geführt; sie büßte aber auch für ihren Einsatz für die Rechte der Frau. Man empfand darin eine unerwünschte Einmischung in die den Männern vorbehaltene Politik."

Es klingt heutzutage schon grotesk, dass bis 1977 in Deutschland laut Bürgerlichem Gesetzbuch Frauen ihre Ehemänner um Erlaubnis fragen mussten, wenn sie einer beruflichen Tätigkeit nachgehen wollten. Und dies, obwohl in Österreich und in Deutschland nach dem Ersten Weltkrieg das Wahlrecht für Frauen eingeführt worden war – in der Schweiz wurde das Frauenstimmrecht erst 1971 wirksam, im Kanton Appenzell-Innerrhoden das kantonale Stimmrecht für Frauen gar erst 1990. Bis 1958 konnte in Deutschland ein Ehemann das Dienstverhältnis seiner Frau fristlos kündigen. Er durfte das von seiner Frau in die Ehe eingebrachte Vermögen verwalten und über die aus ihrem Vermögen erwachsenen Zinsen wie auch über das Geld aus einer Erwerbstätigkeit der Ehefrau frei verfügen.

All dies fast 200 Jahre nach Olympe de Gouges.

Tatsächlich wird als eine der bleibenden Errungenschaften der sogenannten Achtundsechziger-Bewegung hochzuhalten sein, dass in ihrem Gefolge die Gleichstellung der Geschlechter in sämtlichen Bereichen der Gesellschaft in unserem Kulturkreis – jedenfalls in Sonntagsreden und in politischen Programmen – selbstverständlich geworden ist. Vielleicht weniger spektakulär, aber weitaus wirksamer war jedoch eine Erfindung, die nach Vorarbeiten des Innsbrucker Physiologen Ludwig Haberlandt dem in Österreich geborenen und nach seiner Vertreibung in Amerika wirkenden Chemiker Carl Djerassi im Jahre 1960 gelang: die Antibabypille. Die Zeitschrift „The Economist" nannte sie *die* Erfindung des 20. Jahrhunderts. Schon fünf Jahre nach ihrer Erstzulassung wurde sie in den Vereinigten Staaten von fast der Hälfte der unter 30-jährigen Frauen benutzt. Ihre wesentliche Bedeutung besteht darin, dass die Entscheidung über Verhütung oder Nichtverhütung ohne Wissen des Partners allein von der Frau getroffen werden kann. Sie schenkt den Frauen ein Maß an Freiheit, das ihnen von der Natur selbst verwehrt war.

Nicht die Natur, der Wille von Menschen zielt auf Gerechtigkeit.

Die Natur ist nicht gerecht. Sie ist aber auch nicht ungerecht. Das wäre sie nur, wenn sie ungerechte Unterschiede schaffen *wollte*. Aber die Natur besitzt keinen zielgerichteten Willen. Sie ist schlicht regellos, chaotisch.

Es ist die Natur, die dafür sorgt, dass ein bedauernswerter Mensch, der nie geraucht und sich sorgsam von Rauchern ferngehalten hat, trotzdem das tödliche Lungenkarzinom in sich trägt. Die Tatsache, dass, statistisch betrachtet, selbstverständlich die Jüngerinnen und Jünger des Glimmstängels ein weitaus höheres Risiko auf sich nehmen, dieser Krankheit zu erliegen, tröstet im Einzelfall nicht. „Auch Nichtraucher müssen sterben", kommentierte dies einst bissig der passionierte Raucher Friedrich Torberg.

Es ist die Natur, die Gaius Julius Caesar, dem vielleicht genialsten politischen Talent des alten Rom, den *morbus sacer*, die damals „heilige Krankheit" genannte Epilepsie in die Wiege legte. Walter Jens hat in einem von ihm verfassten Fernsehspiel die schon bei Sueton gehegte Vermutung aufgegriffen, Caesar hätte angesichts seiner sicher zu einem erniedrigend schrecklichen Tod führenden Krankheit die Initiative gegen die Natur ergriffen und das Komplott zu seinem Tod selbst inszeniert. „Manche hegen den Verdacht", schreibt Sueton, „Caesar habe gar nicht länger leben wollen." Und Walter Jens fügt als weitere Indizien hinzu: „Ist es überhaupt möglich, dass ein Diktator mit einem so vollkommenen Spitzel-System, wie es Caesar besaß, nichts von einer Verschwörung bemerkt haben soll, zu der beinahe hundert Männer gehörten? Und wie viele Abenteurer, wie viele zwielichtige Gestalten waren darunter! Wenn es für Spitzel jemals eine günstige Gelegenheit gab, sich unter die Rebellen zu mischen … hier war sie gegeben." Wenn Caesar es gewollt hätte, argumentiert Jens, hätte er die dilettantische Konspiration locker zerschlagen können. „Warum also tat er es nicht? War er zu alt oder zu krank, hatte er keine Kraft mehr, sich der Verschwörung entgegenzustellen? Oder kam sie ihm am Ende gar gelegen; wollte er sterben; ersehnte er sich, von der Fallsucht gezeichnet, einen raschen, gewaltsamen Tod, so dass er die Revolte förderte? Ja war es nicht sogar denkbar, dass er es war, der die Verschwörung gegen sich selbst erdachte? Eine Revolution – erfunden, um den Tod zu bringen, den er sich wünschte; ein Komplott – ersonnen, um sein Leben durch eine Verschwörung zu krönen, deren Scheitern er vorausberechnete; eine Konspiration – ausgedacht, um der eigenen Unsterblichkeit willen: war das seine letzte und verwegenste Idee?"

Es ist die Natur, die im Körper des Walter Jens die schreckliche, zur geistigen Umnachtung führende Alzheimer-Krankheit wachrief. Einst, als er der brillanteste Rhetoriker Deutschlands war, mit seinem scharfen Intellekt Bewunderung hervorrief, verfügte er, man möge ihm, falls er in den Zustand unrettbarer körperlicher oder geistiger Hilflosigkeit geriete, aktive Sterbehilfe angedeihen lassen. Die Erinnerung daran dürfte, aller Hinfälligkeit zum Trotz, in ihm wach geblieben sein. Aus der Nacht des

Wahns bettelt der Armselige immer wieder wie ein wimmerndes Kleinkind: „Nicht tot machen, nicht tot machen!"

Es ist die Natur, die scheinbar mit den Genen spielt. Und damit Menschen mit den unterschiedlichsten Merkmalen, mit manchmal beneidenswerten Talenten, manchmal aber auch herzzerreißend beklagenswerten Abweichungen von der Norm ausrüstet. Jener Norm, die nichts anderes als den statistischen Durchschnitt darstellt.

Ohne Zweifel stellt die Präambel zur Unabhängigkeitserklärung der Vereinigten Staaten in ihrer Deutlichkeit, Prägnanz und Überzeugungskraft einen Angelpunkt im Bemühen um Gerechtigkeit dar. Aber es ist eine *Kulturleistung des Menschen*, eine Leistung *gegen* die Natur, die Unterschiede nach Herkunft, Hautfarbe, Geschlecht, Geburt oder Stand als unerheblich zu erklären, wenn es um die Rechte auf Leben, Freiheit und das Streben nach Glückseligkeit geht. Nicht *von Natur aus* stehen allen Menschen unantastbare Rechte zu, sondern weil wir dies wollen. Und es lohnt nachzudenken, warum wir dies wollen.

Gerechtigkeit und Generationen

Ein kleiner Bub zu seiner Großmutter:
„Oma, mach die Augen zu!"
„Aber wieso denn, mein Kind?"
„Papa hat gesagt:
Wenn die Oma die Augen schließt,
bekommen wir viel, viel Geld."

(anonym)

„Was du ererbt von deinen Vätern hast, erwirb es, um es zu besitzen" ist eines der beliebten Zitate aus Goethes „Faust". Oft muss es dafür herhalten, damit man gleichsam mit erhobenem Zeigefinger auf all das Wertvolle hinweisen kann, das man nicht selbst geschaffen hat, sondern das einem zugefallen ist.

Die Umwelt: Sie scheint eine schier unerschöpfliche Quelle von Ressourcen zu sein. In mancherlei Hinsicht ist dies der Fall: Die Sonne wird noch viele Millionen Jahre strahlen und die Erde mit Energie versorgen. Es ist Energie, die nicht nur mithilfe von Solarzellen und Windrädern, sondern auch der Wasserkraft gewonnen werden kann. Es ist auch Energie, die das Wetter lenkt und dafür sorgt, dass Pflanzen gedeihen und auf den Feldern der Bauern reiche Ernten eingefahren werden können. In mancherlei Hinsicht ist die Quelle jedoch erschöpflich: Die Menge an Öl und Erzen auf der Erde ist zwar riesig, aber endlich ist sie doch.

Die Errungenschaften von Kultur und Technik: Werden diese bewahrt, in den Schulen und an den Universitäten vermittelt, im Sinne ihrer Schöpfer und Erfinder genützt, oder missbraucht?

Schließlich das angesammelte Vermögen: wobei man darunter einerseits all das verstehen kann, was eine Gemeinschaft, wie zum Beispiel der Staat, als nachhaltiges Erbe geschaffen hat, wie auch andererseits das Vermögen des Einzelnen. All dies wird von einer Generation auf die nächste übertragen. Geht es dabei gerecht zu? Beginnen wir mit dem privaten Vermögen. Es dient als anschauliches Modell für vieles andere, das übernommen oder geschaffen und vererbt wird.

Was bedeutet „reich", und wie wird man es?

Ab wann ist man reich? Warren Buffet, mit einem geschätzten Privatvermögen von mehreren Dutzend Milliarden Dollar sicher nicht arm, gibt aus seiner Sicht die Antwort: Reich ist jemand, dessen Glück und Wohlbefinden sich auch dann nicht vermindern würden, wenn er und seine Familie nur ein Prozent seines Multimilliardenvermögens für sich behielten.

Reich im Sinne von Warren Buffet bedeutet also weit mehr als Reichtum im bescheidenen Sinne. Manche meinen, bereits dann reich zu sein, wenn sie ohne nachdenken zu müssen jederzeit im Geschäft noch weitere drei Krawatten kaufen könnten. Reichtum dieser Art kann man mit Anstrengung und Geschicklichkeit selbst erarbeiten. Die Bibel lehrt, wie dies geht: „Die Faulen bringen es zu nichts, wer fleißig ist, kommt zu Reichtum", steht in der erweiterten griechischen Fassung des Buchs der Sprüche. Und Jesus Sirach bestätigt es: „Mancher wird reich, weil er sich plagt."

Es mögen Bibelstellen wie diese und auch andere aus dem Buch der Sprüche – zum Beispiel: „Der Segen des Herrn macht reich ohne Mühe" – gewesen sein, die Johannes Calvin, den bedeutenden Genfer Rechtsgelehrten und Theologen des 16. Jahrhunderts, auf eine Idee brachten:

Der allmächtige und allwissende Gott hat von Anfang an das Schicksal des Universums und aller Menschen vorherbestimmt.

Wie erfährt nun der Gläubige, ob er für das ewige Leben erwählt ist oder zum ewigen Tod verdammt? Calvin glaubte die Antwort zu kennen: wenn dem Menschen eine Lebensführung gelingt, die Gottes Willen entspricht. Sie ist geprägt durch Ehrlichkeit, Fleiß, Sparsamkeit, Disziplin. Hält man sich daran, gelangt ein Großteil des Gewinns, den man durch Wirtschaften erzielt, in die Erweiterung der Produktion und in die Investition neuer und wirksamer Maschinen und Herstellungsmethoden. Das führt – zur höheren Ehre Gottes – zu einem weiteren Wachstum des Gewinns, also zu stetig steigendem Wohlstand.

Kurz gefasst: Man strenge sich an, um reich zu werden. Denn der Reichtum ist ein irdisches Zeichen dafür, dass man von Gott zum ewigen Leben erwählt wurde.

Max Weber hat in dem Buch „Die protestantische Ethik und der ‚Geist' des Kapitalismus" mit dieser Idee Calvins die ihn damals, zu Beginn des 20. Jahrhunderts, bewegende Frage zu beantworten versucht: Warum ist die moderne, von der Wirtschaft geprägte Zivilisation gerade in West- und Mitteleuropa und in Nordamerika entstanden, und zum Beispiel nicht in China oder Indien? Auch erkläre sich daraus, so Weber, warum diese in Westeuropa nicht schon früher aufgetreten sei, sondern erst ab dem 16. Jahrhundert.

Es dient dem Fortschritt und ist – glaubt man Calvin – sogar gottgefällig, durch eigene Anstrengung reich zu werden. Aber es kommt praktisch nie vor, dass man mit Müh und Fleiß allein so reich wird wie Warren Buffet.

Wie wird man wirklich reich, steinreich? Walter Krämer und Götz Trenkler geben darauf in ihrem Buch über die „populären Irrtümer" die lapidare Antwort: praktisch nie durch harte Arbeit. Nur durch Erbschaft oder Glück. Wenn man sich auf legale Methoden beschränkt.

Analysiert man die jährlich herausgegebene Liste der 500 reichsten Menschen der Welt, stellt sich heraus: Ungefähr die Hälfte von ihnen hat ihr Vermögen geerbt. Die andere Hälfte sind

Neureiche wie zum Beispiel Bill Gates. Hätte IBM damals, als es den Markt beherrschte, ein anderes Betriebssystem als Microsoft zum internationalen Standard erklärt, wäre Gates heute ein durchschnittlich bezahlter EDV-Berater oder, wie die meisten seiner ehemaligen Kommilitonen von der Harvard University, Leiter einer kleinen Softwarefirma. „Diese folgenschwere Entscheidung der IBM", schreiben Krämer und Trenkler, „hatte Gates genauso seiner Tüchtigkeit zu danken wie ein Ölscheich seiner Quelle – beide hatten einfach Glück."

Und es ist wirklich Glück, nicht außerordentliches Können. Lester Thurow, Professor am MIT, konnte dies anhand des Studiums der Listen der reichsten Menschen belegen: „Wenn man sich die Fortune-Liste ansieht, so kann man niemanden finden, dessen Vermögen in mehr als einem Riesenschritt gewachsen wäre; das typische Muster ist ein einziger und einmaliger großer Sprung, gefolgt von einem normalen Wachstum wie bei jeder normalen Geldanlage bei der Bank." Der große Erfolg kehrt in aller Regel niemals wieder.

Den Steinreichen sei ihr Geld gern und neidlos gegönnt. Doch es unterscheidet sich kaum vom Lottogewinn.

Wie selbstlos ist, der spendet und darüber redet?

Wer wirklich reich ist wie der von Carl Barks erfundene Onkel Dagobert, dem fällt es leicht, die Hälfte seines Vermögens zu spenden. Er spürt es nicht einmal. Im Sommer 2010 haben Bill Gates, Warren Buffet und 40 weitere US-amerikanische Milliardäre beschlossen, dies zu tun. Und inszenierten damit eine Riesenshow.

Tatsächlich haben Großspenden in Amerika Tradition. Der „Spiegel"-Journalist Henrik Miller weist darauf hin: „Die Situation erinnert an das Gilded Age, jene amerikanische Gründerzeit im späten 19. Jahrhundert, als Leute wie John D. Rockefeller, Cornelius Vanderbilt, Andrew W. Mellon und Andrew Carnegie zu Superreichen wurden. Ihren Wohlstand verdankten sie aggressiven Geschäftspraktiken und der Vermachtung ganzer Märkte. ‚Räuberbarone' wurden Rockefeller und Co. damals geschmäht. Die Superreichen reagierten, indem sie große Teile ihrer Vermögen spendeten. Der US-Öffentlichkeit indes genügten die großzügigen Gesten nicht: Ab 1890 wurden neue Anti-Trust-Gesetze verabschiedet – und die allzu mächtigen Konzerne zerschlagen. Letztlich kommt es eben doch auf das Geschäftsgebaren an."

Damals waren die Spenden von Rockefeller, Vanderbilt, Mellon und Carnegie eine Art moderner Ablasshandel für Sünden schlimmer Geschäftspraktiken. Aber im aktuellen Spendenaufruf scheinen die Milliardäre nicht vom schlechten Gewissen – oder vielmehr vom Wissen der Bevölkerung, dass sie ein schlechtes Gewissen haben sollten – getrieben zu sein.

Auf den ersten Blick ist man begeistert, dass so viele Wohltäter derart große Summen für gute Zwecke scheinbar selbstlos zur Verfügung stellen. Doch problematisch, meint Peter Krämer, wohlhabender Hamburger Reeder, ist es auch: „Man kann Spenden in den USA zum großen Teil steuerlich absetzen. Damit entscheidet der Reiche: Spende ich lieber, oder zahle ich Steuern?" Und obwohl das gespendete Geld dem Gemeinwohl dient, hält er dagegen: „Das ist alles nur ein schlechter Transfer von der Staatsgewalt hin zum Milliardärsgusto. Hier wollen 40 Superreiche entscheiden, wofür Geld eingesetzt wird. Das hebelt den demokratisch legitimierten Staat aus."

Anscheinend sind Buffet, Gates und Co. wegen des wachsenden Grabens zwischen Big Business und der frustrierten Mittelklasse besorgt: Viele verlieren die Hoffnung auf eine gute Zukunft. Wählen Reiche steuerschonendes öffentlichkeitswirksames Spendenaufkommen, treten sie an die Stelle des Staates. Oder noch schärfer formuliert: Sie trauen dem Staat nicht mehr zu, das

Steuergeld sinnvoll einzusetzen: für den Erhalt und den Ausbau jener Infrastruktur, worum sich die private Wirtschaft nicht kümmern will und kann, weil die Renditen sich nie in absehbarer Zeit rechnen. Pointiert gesagt: Dieses Spenden gründet auf Misstrauen. Heikel ist das allemal.

Denn wenn allein die riesige Erbschaft oder das fantastische Glück der Grund für das Riesenvermögen der wirklich Reichen sind – den Fall illegaler Methoden zum Reichtum lassen wir überhaupt beiseite –, dann besteht kein vernünftiger Grund dafür, dass die Gemeinschaft der wirklich Reichen es besser wissen sollte, wie Geld zu verteilen ist, als eine demokratisch legitimierte Person, die den Bundeskanzler oder den Finanzminister stellt.

Führt man diesen Gedanken weiter, erkennt man fast zwingend die Sinnhaftigkeit dessen, dass der Staat bei Schenkungen, vor allem aber beim Erben, einen Teil des Vermögens als Steuer einhebt. Schon im Reich der Sumerer soll es eine Erbschaftssteuer gegeben haben, eine „Besitzwechselabgabe" ist in Ägypten jedenfalls im 2. vorchristlichen Jahrhundert dokumentiert, und im alten Rom wurde ein Zwanzigstel des geerbten Guts vom Staat eingehoben.

In der Neuzeit stritten die Gelehrten weitaus grundsätzlicher über den Sinn oder Unsinn einer Erbschaftssteuer: Adam Smith, der große schottische Moralphilosoph des 18. Jahrhunderts und Begründer der modernen Volkswirtschaftslehre, lehnte die Besteuerung des Erbes in Bausch und Bogen ab. Privates Kapital wird damit, so seine Meinung, sinnlos vernichtet. Henri de Saint-Simon hingegen, einer der ersten utopischen Sozialisten zu Beginn des 19. Jahrhunderts, forderte die totale Abschaffung des Erbrechts. Er war davon überzeugt, dass nur Menschen, die Güter produzieren oder Dienstleistungen erbringen, nützliche Mitglieder der Gesellschaft seien. Adelige – Saint-Simon entstammte selbst einer hohen gräflichen Familie – und nur von ihrem Besitz Lebende galten ihm nichts. Darum brauchte man auch nichts zu erben. Der ein wenig später lebende französische Publizist und

Politiker Alexis de Tocqueville wiederum hielt das gerechte Erben für so wichtig, dass er meinte, der Gesetzgeber könne seine Arbeit ruhen lassen, wenn er nur erst das Erbrecht geregelt habe. Egal ob man steinreich, nur mäßig reich oder kaum vermögend ist: Mit dem Tod erfolgt die letzte und endgültige „Spende", die man leisten kann. Denn das Totenhemd hat keine Taschen. Es ist naheliegend, dass ein Gemeinwesen, das aus Gründen der Gerechtigkeit zumindest in der nachfolgenden Generation die Schere zwischen Arm und Reich nicht weiter auseinanderklaffen sehen möchte, einen angemessenen Teil des Erbguts beanspruchen wird. Welches Maß dabei das gerechte ist, muss der politischen Meinungsbildung überlassen bleiben.

Kinder sollen für uns sorgen
– Kinder sollen es einmal besser haben.

Heute würde Alexis de Tocqueville dem Erbrecht wohl nicht mehr die Bedeutung zumessen, von der er zu seiner Zeit überzeugt war. Schon aus dem einfachen Grund, weil manche Erblasser gar keine Kinder mehr haben, denen sie ihr Gut vererben könnten.

Die Mehr-Generationen-Familie, in der Großeltern, Eltern und Kinder unter einem Dach leben, gibt es praktisch nicht mehr. Wenn eine Frau und ein Mann sich heute entscheiden, eine Familie zu gründen, dann reichen Mut und Zeit oft nur für ein einziges Kind. Und es gibt bereits viele, die nicht einmal dieses eine Kind wollen.

Kinderreichtum war in früheren Zeiten eine Selbstverständlichkeit. Aber die vielen Kinder gab es nicht deshalb, weil damals mehr Kinderliebe geherrscht hätte als heute. Es waren ganz andere, sehr banale Gründe dafür verantwortlich. Erstens war die Kindersterblichkeit enorm: Mozarts Frau Constanze brachte sechs Kinder zur Welt, vier von ihnen starben bereits nach kurzer Zeit. Schicksale wie dieses waren damals gang und gäbe.

Zweitens kannte man nur unzureichende Methoden der Verhütung, und selbst diese waren in den katholischen Ländern verpönt. Drittens, und am allerwichtigsten: Kinder wurden gebraucht. Sie hatten, sobald sie konnten, am elterlichen Hof oder im elterlichen Betrieb zu helfen. Alle mussten anpacken, um das Überleben zu sichern. Die unbezahlte Arbeit der Kinder war wichtig, um die Familien wirtschaftlich über die Runden zu bringen. Und Kinder bildeten in einer Zeit, die noch keine oder fast keine geregelte Altersversicherung kannte, für die meisten Menschen die einzige Sicherheit, im Alter und bei Krankheit versorgt zu sein.

Man sollte es als Fortschritt betrachten, dass diese banalen Gründe in unseren Breiten heute nicht mehr zählen.

Eine niedrige Geburtenrate ist die Folge von hohem Wohlstand, geregelter Altersversorgung, medizinischer Errungenschaften und erfolgreich durchgesetzten Ansprüchen von Frauen. Wer will ernsthaft darüber klagen, dass wir länger leben als früher? Oder darüber, dass Altersarmut fast überwunden ist? Karriere und Verwirklichung im Beruf sind für Frauen wichtige Ziele geworden. Potenzielle Väter und Mütter wollen heute keine Kinderschar großziehen; sie wollen das Gefühl haben, jedem einzelnen Kind gerecht zu werden. Die Familie ist kleiner geworden; die Ansprüche an das Lebensglück ihrer Mitglieder sind gewachsen. Darum ist die große Kinderschar unter einem Dach so selten geworden.

Aber selbst ein einziges Kind in die Welt zu setzen, ist keine Selbstverständlichkeit. Nicht nur, weil die Wahrscheinlichkeit erheblich ist, es als Elternteil allein erziehen und damit große Anstrengungen auf sich nehmen zu müssen. Auch deshalb, weil bei uns, im Gegensatz zu Frankreich und den skandinavischen Ländern, die Organisation der Betreuung kleiner Kinder keineswegs zweckdienlich entwickelt ist. Meistens trifft dieser Umstand die Frau, die von der Gesellschaft dadurch massiv benachteiligt und ungerecht behandelt wird: Wenn sie in einer Zeit, in der die erfolgreiche Karriere begründet und aufgebaut werden könnte, eine Zäsur von einigen Monaten, gar Jahren einlegen muss, bedeutet dies für ihr berufliches Vorankommen nichts Gutes.

Es stimmt zwar, dass der medizinische Fortschritt erlaubt, Frauen in einem Alter, in dem sie früher nie mehr Kinder hätten bekommen können, zum Mutterglück zu verhelfen. Doch wer will einem Menschen ernsthaft vorschreiben, seine Lebensplanung genau in diese Richtung zu konzipieren und den natürlichen Wunsch, jetzt gerade mit 25 oder 27 Jahren ein Kind in die Welt zu setzen, verwehren?

Denn im Innersten ihres Herzens wünschen sich viele Menschen das Leben mit einem Kind, sogar mit mehreren Kindern. Es muss etwas geben, das wichtiger ist als materielle Bedürfnisse: Es ist der Wunsch, allein oder gemeinsam einen neuen Menschen ins Dasein zu bringen und mit ihm zusammen die Welt neu zu erfahren. Auch wenn damit die eigene Freiheit beschnitten wird. Wer viel gibt, bekommt noch mehr zurück. Selbstsucht ist ganz und gar nicht angesagt. Bindung, als ganz und gar freiwillige Entscheidung, stärkt die Seele.

Kinder der Gegenwart dürfen sich demnach glücklicher fühlen als Kinder der Vergangenheit. Damals wurden viele Kinder in die Welt gesetzt, weil sie später für die Alten sorgen sollten – oder weil die späteren Eltern in dem einen unbedachten Moment der Liebe nicht an die möglichen Folgen dachten. Heute werden viele Kinder in die Welt gesetzt, weil man sich wünscht, dass es sie – und zwar genau so, wie sie sind – einfach gibt.

Das ist eine gute Botschaft, die man der jungen Generation mitgeben kann. Leider gibt es auch ein paar nicht so gute Gaben.

Eine einfache Rechnung
mit beträchtlichen Folgen

Die Zukunft ist unberechenbar, das liegt in ihrem Wesen. Aber in bestimmten Bereichen kann man recht sichere Prognosen erstellen, und ein Beispiel davon betrifft unser Thema:

Entlang einer waagrechten Achse tragen wir von 0 bis 100 das Lebensalter von Menschen ein, in Richtung der senkrechten Achse wird eingezeichnet, wie viele Personen eines Landes gerade dieses Alter besitzen. Wir machen es uns leicht und gehen von einem Micky-Maus-Land aus, in dem jeweils genau 50.000 Personen (die senkrechte Skala ist in der Einheit *Tausend* geeicht) eines Geburtjahrgangs leben, die zwischen 0 und 50 Jahre alt sind. Über das 50. Lebensjahr hinaus nimmt die Bevölkerung proportional zum Alter ab, sodass keiner mehr älter als 100 Jahre ist. Die „Kurve" der Altersverteilung ist also denkbar einfach: von 0 bis 50 eine waagrechte Strecke in der Höhe von 50.000, danach bis 100 eine schräge Strecke, die bei 100 die waagrechte Achse trifft.

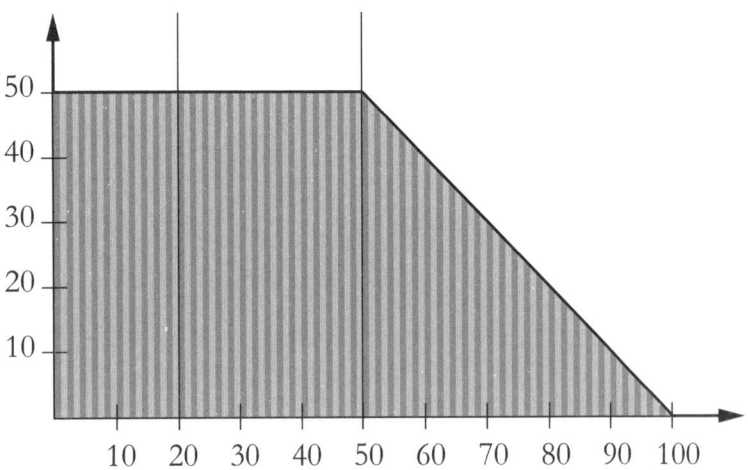

Einfaches Schema einer Altersverteilung in einem fiktiven Land

48

Wir können bei der Altersverteilung unseres Micky-Maus-Landes ohne große Mühe berechnen, wie viele Einwohner noch unter 50 Jahre alt sind. Dazu müssen wir bloß den Inhalt des Bereichs zwischen der waagrechten Achse und der Kurve ausrechnen, der bei 0 Jahren beginnt und bei 50 Jahren endet. Der Flächeninhalt, den es zu berechnen gilt, ist demzufolge der eines Quadrats mit der Seitenlänge 50 und beträgt dementsprechend $50 \times 50 = 2500$. Dies besagt, dass insgesamt 2,5 Millionen Bürgerinnen und Bürger das 50. Lebensjahr noch nicht erreicht haben.

Die Zahl der über 50-Jährigen ermittelt man genauso als Inhalt des Bereichs zwischen der waagrechten Achse und der Kurve, der bei 50 Jahren beginnt und bei 100 Jahren endet. Die Kurve ist in diesem Bereich die von links oben nach rechts unten führende Diagonale eines zum erstgenannten Quadrat gleich großen Quadrats. Darum ist der Flächeninhalt des von ihr begrenzten Dreiecks halb so groß wie der des ersten Quadrats, also $^{1}/_{2} \times 50 \times 50 = 1250$. Dies besagt, dass insgesamt 1,25 Millionen Bürgerinnen und Bürger bereits 50 Jahre alt oder älter sind.

Außerdem haben wir mit den beiden Rechnungen festgestellt, dass unser Micky-Maus-Land insgesamt 3,75 Millionen Einwohner zählt.

Und wie viele Jugendliche unter 20 Jahren leben im Micky-Maus-Land? Die Antwort fällt sehr einfach aus: $50 \times 20 = 1000$. Denn das ist der Flächeninhalt des Rechtecks mit der Breite 20 und der Höhe 50. Dementsprechend handelt es sich, weil wir ja immer in 1000 Einwohnern zählen, um genau eine Million Jugendliche.

Erheblich interessanter dürften die folgenden Rechnungen sein: Nehmen wir an, die sehr rigide Regierung des Micky-Maus-Landes erlaubt erst ab Erreichen des 70. Lebensjahrs, in den wohlverdienten Ruhestand zu gehen. Dann können wir auf folgende Weise die Zahl der Pensionistinnen und Pensionisten berechnen: Wir haben zwischen 70 und 100 Jahren den Inhalt der

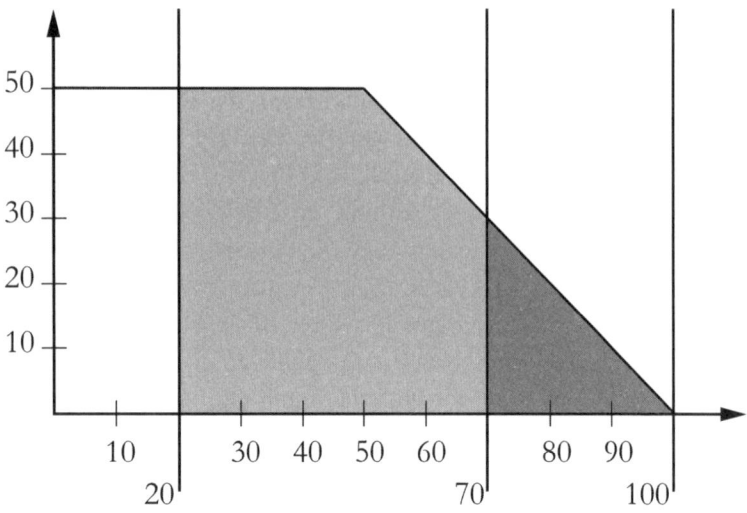

Bei einem Pensionsantrittsalter von 70 Jahren entspricht die dunkelgraue Fläche der Zahl der Pensionsbezieher, die hellgraue der Zahl der Erwerbstätigen.

Fläche unter der Altersverteilungskurve zu bestimmen. Diese Fläche ist ein rechtwinkliges Dreieck, das eine waagrechte Seite mit der Länge 30 – die Zahl der Jahre von 70 bis 100 – und eine senkrechte Seite mit der Länge 30 besitzt, denn die Kurve geht in diesem Altersbereich mit 45 Grad bergab. Anders gesagt: Dieses Dreieck ist ein halbes Quadrat mit 30 als Seitenlänge. Darum ist $1/2 \times 30 \times 30 = 450$ sein Flächeninhalt. Das bedeutet: 450.000 Personen leben im Micky-Maus-Land als Pensionsbezieher.

Wie viele Erwerbstätige stehen ihnen gegenüber? Wenn wir der Einfachheit halber davon ausgehen, dass man ab dem 20. Lebensjahr Geld zu verdienen beginnt, muss man einerseits von den insgesamt 3,75 Millionen Einwohnern die eine Million Jugendlichen abziehen, andererseits die 0,45 Millionen Pensionistinnen und Pensionisten. Somit bleiben 2,3 Millionen Erwerbstätige übrig.

Schließlich teilt uns das Verhältnis 2.300.000 : 450.000 ≈ 5,1 mit, auf wie viele Erwerbstätige eine pensionsbeziehende Person kommt. Da dies ein wenig mehr als 5, also eine ziemlich große Zahl ist, haben die Erwerbstätigen nur einen relativ kleinen Anteil, etwa 20 Prozent, ihres Einkommens für die Zahlung der Pensionen dem Staat beziehungsweise den Pensionskassen zur Verfügung zu stellen.

Nach einer Wahl aber kommt im Micky-Maus-Land eine Regierung ans Ruder, die das soziale Schlaraffenland für Senioren verspricht. Sie setzt das Pensionsantrittsalter von 70 Jahren auf 60 Jahre herab. Das klingt auf den ersten Blick großartig, aber die folgenden Rechnungen belehren über die Konsequenzen:

Die Anzahl der Pensionsbezieherinnen und -bezieher errechnet sich nun, indem man den Inhalt der Fläche unter der Altersverteilungskurve zwischen 60 und 100 Jahren ermittelt. Wie vorher liegt ein halbes Quadrat, diesmal aber mit der Seitenlänge 40 vor. Daher ergibt sich $^1/_2 \times 40 \times 40 = 800$ als dessen Flächeninhalt.

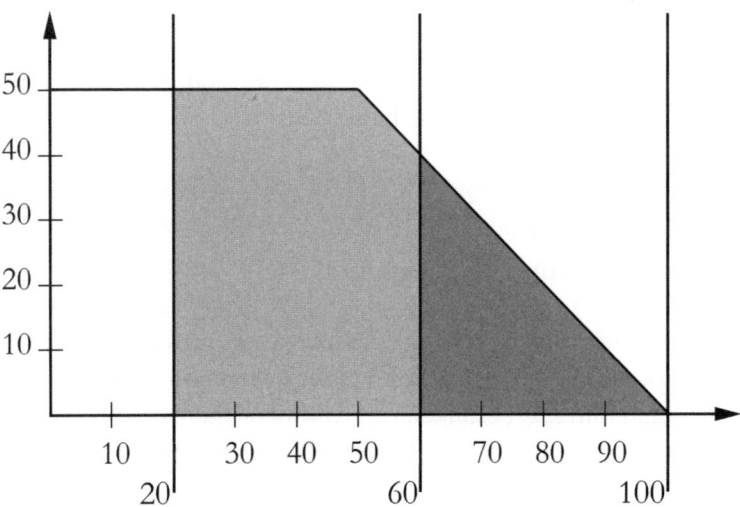

Bei einem früheren Pensionsantrittsalter von 60 Jahren wird die dunkelgraue Fläche, die der Zahl der Pensionsbezieher entspricht, größer und die hellgraue, die der Zahl der Erwerbstätigen entspricht, kleiner.

Schlagartig hat sich die Zahl der pensionsbeziehenden Personen von 450.000 auf 800.000 fast verdoppelt. Und zu allem Überdruss verringert sich die Zahl der Erwerbstätigen um die 350.000 neu hinzugekommenen Pensionistinnen und Pensionisten von 2,3 Millionen auf nunmehr 1,95 Millionen.

Für die Quote, also das Verhältnis zwischen erwerbstätigen und pensionsbeziehenden Personen, bedeutet dies naturgemäß eine dramatische Änderung. Sie lautet jetzt $1.950.000 : 800.000 \approx 2,4$. Mit anderen Worten: Mussten vorher knapp mehr als fünf Arbeitnehmer für einen Pensionisten sorgen, sind es nun sogar weniger als zweieinhalb Arbeitnehmer. Sodass der Regierung zur Sicherung der Pensionen nichts anderes übrigbleibt, als die Pensionsbeiträge aller erwerbstätigen Bürgerinnen und Bürger um mehr als das Doppelte anzuheben.

Dieser Sachverhalt ist so anschaulich und überzeugend, dass es an Betrug grenzt, würde man ihn nicht von den Dächern verkünden. Natürlich kann man entgegnen, dass die Realität in Staaten der Europäischen Union weit vom simplen Modell entfernt ist. Das stimmt: Die reale Situation ist dramatischer als die vereinfachte im Micky-Maus-Land.

Mit 100 Jahren ist noch lange nicht Schluss!

Die reale Situation ist deshalb dramatischer, weil nach dem sogenannten „Babyboom" in den 1960er-Jahren die Zahl der Neugeborenen ständig gesunken ist. Die oben gezeichnete Altersverteilung im Micky-Maus-Land spiegelt diese Babyboom-Zeit recht gut wider. Gegenwärtig aber sieht die Kurve anders aus: Sie steigt von einem relativ niedrigen Niveau bei 0 Jahren erst langsam und dann schnell an, bis sie ihr Maximum im Bereich zwischen 40 und 50 Jahren erreicht. Erst dann flacht sie sich ab und läuft ziemlich monoton gegen die waagrechte Achse. Doch mit 100 Jahren ist noch lange nicht Schluss.

Viele Faktoren, beginnend mit beeindruckenden Errungenschaften der Medizin und der Pharmaindustrie und endend mit dem im Vergleich zu früher viel gesundheitsbewussteren Leben breiter Bevölkerungsschichten, führen dazu, dass unsere Lebenserwartung stetig steigt. Knapp nach dem Zweiten Weltkrieg galt man mit 60 Jahren bereits als alt. Heute darf man sich mit 60 Jahren so jung fühlen wie damals ein 45-Jähriger. Das ist keine Einbildung, sondern tatsächlich der Fall: Der Alterungsprozess des Menschen hat sich in den letzten Jahrzehnten verlangsamt. Und von den Kindern, die heute geboren werden, dürfen wir – sollte diese Entwicklung nicht abrupt gestoppt oder gar umgekehrt werden – annehmen, dass mindestens die Hälfte den 100. Geburtstag, und viele davon in geistig und körperlich beneidenswertem Zustand, erleben wird.

All das klingt sehr verlockend.

Natürlich gibt es auch die andere Seite der Medaille, auf die zum Beispiel der österreichische Genetiker Markus Hengstschläger hinweist: „Was auf uns zukommt und worauf wir kaum Antworten haben, sind Themen wie Krebs, Alzheimer, Parkinson und Herz-Kreislauf-Erkrankungen. Das sind Erkrankungen, die mit zunehmendem Alter auftreten. Jeder dritte Neunzigjährige ist dement. Das sind ebenso große Herausforderungen wie eine Neukonzeption des Sozialversicherungswesens. Bisher gibt es aber noch keine großen Fortschritte. Wir geraten unter Druck."

Die angesprochenen medizinischen Probleme sind hier nicht das Thema. Wir beschränken uns auf die Frage, wie Gerechtigkeit zwischen der Generation der Pensionsbezieher und der Generation der Erwerbstätigen gewahrt werden kann. Denn offensichtlich bescheren die für jede und jeden Einzelnen von uns freudigen Aussichten auf ein hohes und gesundes Alter dem staatlichen Pensionssystem verheerende Aussichten. Wenn man nicht gegensteuert.

Ein Problem
und fünf Lösungen

Fünf mögliche Strategien bieten sich an:

Erstens kann man hoffen, dass die wirtschaftliche Entwicklung gewaltig voranschreitet. Dann würde die Arbeit der – im Vergleich zu den Pensionsbeziehern – viel weniger gewordenen Erwerbstätigen trotzdem immer noch einen riesigen Wertzuwachs der erzeugten Waren und angebotenen Dienstleistungen bewirken. Genug, um die Heerschar der vielen im Ruhestand Weilenden mit ausreichender Pensionszahlung versorgen zu können.

Kurz könnte man diese Lösung das „Prinzip Hoffnung" nennen. Riskant ist es natürlich schon. Es ähnelt der Hoffnung der Grille in Jean de la Fontaines Fabel, dass nie der Winter kommen möge. Denn die Grille verachtet die emsige Sammelarbeit der Ameise und verbringt den ganzen lieben Tag mit Tanzen und Singen.

Zweitens kann man eine Attacke gegen das rechte Feld in der Altersverteilungskurve reiten: Die Summe Geldes für die Pensionen ist nicht beliebig vermehrbar, also muss man die einzelnen Pensionen entsprechend kürzen. Die sozialen Verwerfungen, die eine derartige Maßnahme nach sich ziehen würde, kann man sich gar nicht grimmig genug ausmalen.

Eine Variante dieser zweiten Attacke wäre, die Segnungen der Medizin gleichsam altersabhängig zu gestalten. Ab einem gewissen Lebensalter wird man „zum alten Eisen" geschoben; teure lebensverlängernde Therapien finden bei diesen Personen einfach nicht mehr statt. Frei nach dem Motto: „Leider sind Sie für die neue Hüfte schon zu alt." So kommt die Altersverteilungskurve vorzeitig zur waagrechten Achse zurück. Wobei natürlich private Versicherungen für Betuchte Angebote bereit halten werden, mit denen sie selbst 120-jährig noch nach allen Regeln der ärztlichen Kunst versorgt sind. Inwieweit all dies mit sozialer Gerechtigkeit in Einklang zu bringen ist, steht auf einem anderen Blatt.

Drittens kann man eine Attacke gegen das linke Feld in der Altersverteilungskurve reiten: Wenn die Rente auch in den nächsten Jahrzehnten für jede Frau und jeden Mann „sicher" bleiben soll, wie dies 1986 vollmundig der deutsche Bundessozialminister Norbert Blüm verkündet hat, wenn aber viel mehr Pensionsbezieher einer viel geringeren Zahl von Erwerbstätigen gegenüberstehen, dann müssen schlicht und einfach die Beiträge der Erwerbstätigen zur Pension drastisch erhöht werden.

Bitter wird dies, wenn zugleich wirtschaftlich schwere Zeiten vorherrschen. Und niemand kann garantieren, dass die sieben biblischen mageren Jahre nie kommen werden.

Viertens bietet sich die Möglichkeit an, die Altersverteilungskurve selbst zu ändern. Weniger durch die Förderung von viel mehr Geburten, denn damit denkt man bestenfalls für die übernächste, sicher nicht für die nächste Generation. Selbst wenn sich die Geburtenzahlen rapide erhöhten, die tiefe Delle in der Altersverteilungskurve wird damit nicht eingeebnet.

Dies ließe sich eher durch eine weite Öffnung der Grenzen für Einwanderer erzielen: Vor allem müssten sehr viele junge Menschen ins Land kommen, um als zusätzliche Erwerbstätige Pensionsbeiträge zu entrichten. So wird die als Last empfundene Aufgabe, die Finanzierung der Pensionen zu erbringen, auf viel mehr Schultern aufgeteilt.

Fünftens schließlich könnte man an der Grenze zwischen dem linken und dem rechten Feld der Altersverteilungskurve Korrekturen anbringen. Sprich: das Antrittsalter der Pensionierung erhöhen. Wie das Rechenbeispiel im Micky-Maus-Land eindringlich vor Augen führt, ergeben bereits relativ moderate Verschiebungen des Antrittsalters nach rechts beachtlich spürbare Effekte.

Für diese fünfte Strategie sprechen auch ein historisches, ein medizinisches und ein technologisches Argument: Erstens ist das Pensionsantrittsalter so festgelegt worden, dass der damaligen

Lebenserwartung der Bevölkerung entsprechend ein Genuss von fünf bis zehn Jahren Pension im Mittel zu erwarten war. Die Lebenserwartung ist seither – für jede und jeden Einzelnen erfreulicherweise – so sehr gestiegen, und sogar noch weiter im Steigen, dass man mit einigen Jahrzehnten Pensionsgenuss wird rechnen können – wenn das Antrittsalter der Pensionierung bestehen bleibt. Dies ist auch bei einer prosperierenden Wirtschaft auf lange Sicht nicht zu finanzieren. Zweitens war man früher bei Pensionsantritt im Allgemeinen tatsächlich ein alter Mensch, nicht mehr im Vollbesitz aller einstigen Kräfte. Heute ist dies – wir haben bereits darauf hingewiesen – beim derzeitigen Antrittsalter im Allgemeinen, und wieder: erfreulicherweise, nicht der Fall. Die meisten könnten ihre Leistung in die Wirtschaft unvermindert weiter einbringen. Drittens war der Arbeitsprozess vor Jahrzehnten oft beschwerlich und bei vielen manuellen Tätigkeiten mit Schädigung der Gesundheit verbunden. Der immense Fortschritt der Technik brachte den Segen, dass sich zwar nicht alle, aber doch sehr viele Arbeitsbedingungen erheblich verbessert haben. Zudem wurden diese Verbesserungen von den sozialen Errungenschaften des Arbeitsrechts abgesichert.

Gegen die fünfte Strategie spricht, dass bei einer Verlängerung der Erwerbstätigkeit Gefahr von anderer Seite droht: Jungen Menschen würde der Zugang zum Arbeitsmarkt erschwert, weil dieser von den alten und noch arbeitenden Erwerbstätigen überfüllt ist. Dasselbe Argument lässt sich genauso gegen die vierte Strategie vorbringen. In Zeiten wirtschaftlicher Flaute ist es offenkundig besonders schwer, die richtigen politischen Entscheidungen zu treffen.

Wer entscheidet,
welche Lösung die gerechte ist?

Am schönsten wäre es natürlich, wenn das „Prinzip Hoffnung"
allein genügte. Doch sich darauf zu verlassen, wäre Hasard. Und
widerspricht auch jedem politischen Ethos. Denn Politik ist, wie
Otto von Bismarck formulierte, die Kunst des Machbaren. Als
politisch handelnde Person darf man nicht Fatalist sein. Es gilt,
das Ruder in die Hand zu nehmen und eine Entscheidung zu fällen, welche der vier nach dem „Prinzip Hoffnung" verbleibenden
Strategien die beste ist.

Selbstverständlich die gerechteste. Aber das ist ein Wortspiel
und hilft nicht weiter.

Möglich wäre es, nach Erwägen aller zu erwartenden Vor-
und Nachteile eine Misch-Strategie zu entwerfen, die sich aus
jeder der genannten vier Strategien zusammensetzt. Aber wie soll
man die gerechte Kombination, die angemessene Mixtur finden?

Möglich wäre es, die Lösung darin zu suchen, dass man ein
generelles Pensionsantrittsalter aufhebt und jede einzelne Person
entscheiden lässt, ab wann sie es für richtig hält, in den Ruhestand zu treten. Es gäbe, mit anderen Worten, die scharfe Grenze
zwischen den beiden Flächen unter der Altersverteilungskurve
nicht mehr. In Großbritannien wird das bereits ernsthaft erwo-
gen. Es könnte bei dieser Lösung jede und jeder in den Ruhestand
wechseln, wann es ihr und ihm beliebt. „Und bezieht", so die
lobenden Worte des im angesehenen „Wall Street Journal" pub-
lizierenden Journalisten Christian Ortner, „eine Pension, die
einerseits von den bis dahin einbezahlten Beiträgen, andererseits
von der mithilfe der Statistik errechneten Lebenserwartung abhängt. Im Extremfall wird dann einer mit 40 in Pension gehen, die
freilich extrem gering sein wird. Während ein anderer bis 85 arbeitet, dann aber eine außerordentlich stattliche Rente genösse."

Ein derartiges System wäre gerecht, weil es niemanden bevorzugt. Es wäre immer finanzierbar, weil es aus den real erbrachten

Beiträgen gespeist wird. Und es wäre besonders flexibel, weil es allen Pensionspräferenzen gerecht wird. Die Entscheidung treffen müssen in jedem Fall die politisch Agierenden. Und diese lugen, ob sie es zugeben oder nicht, auf den nächsten Wahltermin. Und schätzen die Zustimmung ihrer Handlungen bei den einzelnen Bevölkerungsschichten ein. Auch bei den verschiedenen Generationen.

An dieser Stelle ist es lehrreich, zur Altersverteilungskurve des Micky-Maus-Landes zurückzukehren. Nehmen wir der Einfachheit halber an, dass der Beginn des aktiven Wahlalters mit 20 Jahren festgelegt ist. Dies bedeutet, dass im Micky-Maus-Land 2,75 Millionen Personen, die 3,75 Millionen Einwohner minus der einen Million Jugendlicher, wahlberechtigt sind. Wir haben bereits vorgerechnet, dass insgesamt 1,25 Millionen Bürgerinnen und Bürger des Micky-Maus-Landes 50 Jahre alt oder älter sind. Das sind mehr als 45 Prozent aller Wahlberechtigten. Woraus folgt, dass die Gruppe derer, die entweder bereits im Ruhestand sind oder relativ knapp davor, einen erklecklichen Ausschlag bei Wahlen bewirkt. Falls man das Antrittsalter des Ruhestands so wie bisher belässt.

Wohlgemerkt: im Micky-Maus-Land. In der Realität werden bald noch viel weniger junge Wahlberechtigte einer immer mehr anschwellenden Schar Älterer gegenüberstehen. Im Hinblick auf die Gerechtigkeit zwischen den Generationen ein zweischneidiger Befund.

Österreich hat, als erstes Land in der Europäischen Union, das Wahlantrittsalter bei bundesweiten Wahlen auf 16 Jahre herabgesetzt. Doch dieser Entschluss entstand nicht aus den obigen Überlegungen. Er war eher eine spontane, kaum von tiefgehender Abwägung getragene Entscheidung. Außerdem ändert eine so halbherzige Maßnahme an der Problematik nur wenig.

Einschneidender wäre es, dem Kinderwahlrecht zum Durchbruch zu verhelfen, wie dies in Deutschland unter anderem vom Deutschen Kinderhilfswerk vorgeschlagen wird. Dadurch, so die

Idee, würden die Interessen von jungen Menschen in der Politik mehr berücksichtigt und die Parteien gezwungen, auch kinderrechtliche Punkte in ihre Programme aufzunehmen. In der Praxis schlagen die Verfechter des Kinderwahlrechts vor, dass sich jeder Mensch vor seiner ersten Wahlteilnahme persönlich ins Wählerverzeichnis eintragen muss, wobei es keine Rolle spielen darf, wie alt dieser Mensch ist.

Alternativ dazu stünde das Familienwahlrecht zur Disposition, bei dem jeweils entweder die Mutter oder der Vater für jedes ihrer unmündigen Kinder einen zusätzlichen Stimmzettel erhält. 2003 stellten Abgeordnete mehrerer Fraktionen im Deutschen Bundestag einen Antrag unter dem Titel „Mehr Demokratie wagen durch ein Wahlrecht von Geburt an". Sie forderten das Wahlrecht für Kinder, das bis zu ihrer Volljährigkeit jedoch von den Eltern ausgeübt werden sollte. Zu den Antragstellern zählten unter anderen der seinerzeitige Bundestagspräsident Wolfgang Thierse sowie seine beiden Stellvertreter Hermann Otto Solms und Antje Vollmer. Sie argumentierten, dass Eltern sich für die Zukunft ihrer Kinder und der Gesellschaft, in der diese leben, langfristige Perspektiven wünschen. Die Gedanken der Nachhaltigkeit und der Entwicklung von Zukunftschancen fänden in der gesellschaftlichen Diskussion mehr Beachtung.

Der Antrag wurde abgelehnt. Offenbar wollte man nicht, dass Mütter und Väter eine größere Einflussmöglichkeit auf das politische Geschehen haben als kinderlose Wähler. Denn Eltern werden bei der Abgabe der Stimme für ihre Kinder kaum eine andere Position vertreten als ihre eigene. Somit würde ein Familienwahlrecht die Stimmkraft von Eltern vervielfachen. Eben jener Menschen, die mit der Entscheidung für das Kind zum künftigen Bestand des Staates und zum Gedeihen der nächsten Generation beitragen.

Verschieden schnell tickende Uhren schaden der Idee von Nachhaltigkeit.

„Nachhaltigkeit" ist eines der Wunderworte unseres Jahrzehnts. Ursprünglich stammt der Begriff aus der Forstwirtschaft: 1713 veröffentlichte der deutsche Oberberghauptmann Hans Carl von Carlowitz eine Schrift mit dem Titel „Sylvicultura oeconomica, oder haußwirthliche Nachricht und Naturmäßige Anweisung zur wilden Baum-Zucht". In ihr schrieb er von der „nachhaltigen Nutzung der Wälder". Im Wald soll immer nur so viel Holz entnommen werden, wie nachwachsen kann, sodass der Wald nie zur Gänze abgeholzt wird. „Nachhaltigkeit" wurde schließlich für die englische Forstwirtschaft als *sustained yield* übertragen, wörtlich übersetzt: „aufrechterhaltene Ergiebigkeit".

1972 kommt in den berühmten, vom Club of Rome herausgegebenen „Grenzen des Wachstums" der Begriff „Nachhaltigkeit" wieder vor. Dennis L. Meadows, einer der Verfasser, sieht aber Nachhaltigkeit in einem viel umfassenderen Zusammenhang: Er sucht nach einem Weltmodell, das „sustainable without sudden and uncontrollable collapse" ist, das also für die Zukunft tragfähig sein soll, ohne dass sich ein plötzlicher und unbeherrschbarer Zusammenbruch ereignet.

Seitdem ist in zunehmendem Maße das Wort „Nachhaltigkeit" in aller Munde. Wobei mehrere Aspekte von Nachhaltigkeit zu unterscheiden sind: Es gilt erstens die Umwelt für die nachfolgenden Generationen zu erhalten. Darunter fällt vor allem das gegenwärtig so aktuelle Thema „Klimawandel". Es gilt zweitens die Infrastruktur für die Wirtschaft so zu gestalten, dass eine tragfähige Grundlage für Erwerb und Wohlstand auf lange Sicht besteht. Und es gilt drittens dafür zu sorgen, dass künftige Generationen in einer auf Dauer zukunftsfähigen und lebenswerten Gesellschaft existieren können.

Wie schaffen die politisch Verantwortlichen Nachhaltigkeit? Womöglich noch heute? Oder jedenfalls möglichst rasch? Denn die nächsten Wahlen stehen kurz bevor.

Die nächsten Wahlen stehen immer kurz bevor, denkt man an die Zeitspannen, in denen nachhaltige Maßnahmen wirken sollen. Wer nachhaltig denkt, überblickt Generationen. Welche Politikerin, welcher Politiker, die oder der im Allgemeinen nur für wenige Jahre das Ruder in der Hand führt, besitzt hinreichend viel Weitsicht, hinreichend viel Überzeugungskraft und hinreichend viel Mut, um über das aktuelle Hier und Heute hinaus große Entwürfe für die Zukunft durchsetzen zu können?

Die Gegensätze sind atemberaubend. Das Beispiel der nur beschränkt vorhandenen Rohstoffe zeigt es drastisch: auf der einen Seite die vielen Millionen von Jahren, die zur Umwandlung organischer Stoffe benötigt wurden, bis die wertvollen Ressourcen Kohle, Öl und Erdgas entstanden sind; auf der anderen Seite die wenigen Jahrzehnte, in denen die Ausbeutung dieser Rohstoffe erfolgt. Dazu die – wenn man den warnenden Botschaften wie zum Beispiel dem für das US-Energieministerium erstellten Hirsch-Report Glauben schenkt – unerhörte Dringlichkeit, Auswegszenarien abseits vom Erdöl zu entwerfen: „Man muss", behauptet Robert L. Hirsch, „wirklich sofort mit durchgreifendem Handeln beginnen. Denn die Zeit läuft uns davon. Es wird viel Aufwands und Mühe bedürfen und muss trotzdem als ein Sofort-Programm angegangen werden, um fatale Auswirkungen zu verringern. Wenn man das Problem langsam angeht, verschwendet man Zeit. Wenn nicht sofort nachhaltige Maßnahmen greifen, werden die Menschen Opfer bringen müssen, die weit über das hinausgehen, an was die meisten von uns im Ernst gedacht haben."

Die Krise der Gegenwart findet darin ihren Ausdruck, dass verschiedene Zeitskalen aneinanderstoßen: Die Zeit der Ökonomie wird in einem rasant schneller werdenden Tempo durchmessen – in Sekundenbruchteilen treffen automatisierte Systeme

Entscheidungen über den Kauf und den Verkauf von Optionen. Die Zeit politischer Entscheidungen wird viel langsamer durchlaufen, vor allem wenn diese einem demokratischen Klärungsprozess unterworfen sind.

Und selbst die in der Politik üblichen Zeitspannen von ein paar Jahren – so lang dauern Regierungsperioden – sind im Vergleich zur Tragweite mancher Entscheidungen, die nachhaltigen Einfluss auf die Generationen unserer Kinder und Kindeskinder nehmen, ebenfalls sehr kurz.

Auffällig zeigte sich dieses Phänomen, als in den Maitagen des Jahres 2010 von den Regierungschefs der europäischen Staaten nachdrücklich verkündet wurde, die Bereitstellung von 750 Milliarden Euro als Schutzschild für die Währung wäre eine Entscheidung gewesen, zu der es „keine Alternative" gegeben hätte. Sollte dies wirklich der Fall sein, steht es schlecht um die Demokratie. Denn dem Souverän war Jahre zuvor versprochen worden, dass sich ein derart waghalsiger währungspolitischer Akt nie ereignen werde. Doch jetzt drängte die Zeit. Die von ihr Getriebenen glaubten, vollendete Tatsachen schaffen zu müssen, ohne Gegenvorschläge erwägen und wenigstens darlegen zu können. Demokratie lebt aber davon, dass immer Alternativen vorliegen. Hat man die Zeit vertan, deren Vor- und Nachteile zu erwägen, und sich dem Zwang ergeben, ohne Aufschub auf einen einzigen Ausweg zu setzen, geht damit der Verfall demokratischer Mechanismen einher.

Gedanken ähnlicher Art äußerte Rüdiger Safranski, deutscher Philosoph und Schriftsteller, als er 2010 mit dem Paul Watzlawick Ring geehrt wurde, anlässlich seiner Festrede über das Wesen der Zeit. Wir brauchen eine Entschleunigung der Zeit, forderte Safranski und fügte, ohne seinen Widerspruch zu bemerken, energisch hinzu: und zwar sofort.

Gerechtigkeit und Gesetz

Die Gerechtigkeit wohnt in einer Etage,
zu der die Justiz keinen Zugang hat.
(Friedrich Dürrenmatt, 1921–1990,
Schriftsteller, Dramatiker und Maler)

„Denn siehe, ICH will einen neuen Himmel und eine neue Erde schaffen, dass man der vorigen nicht mehr gedenken wird noch sie zu Herzen nehmen", lesen wir in der prachtvollen Übersetzung Martin Luthers beim Propheten Jesaja. Und weiter schildert Jesaja über dieses neue Paradies die oft zitierten Zeilen: „Wolf und Lamm sollen weiden zugleich, der Löwe wird Stroh essen wie ein Rind, und die Schlange soll Erde essen. Sie werden nicht schaden noch verderben auf meinem ganzen heiligen Berge, spricht der HERR."

So wäre es einmal gewesen, vor dem Sündenfall des Menschen. Im Paradies hätte es keinen Schaden und kein Verderben gegeben. Auch kein Schädigen und kein Verwüsten. Eine Idylle.

Viele sind davon überzeugt, die unberührte Natur sei ein letztes uns noch verbliebenes Rückzugsgebiet des Paradieses, eine heile Welt. Und ohne Eingreifen des Menschen – biblisch gesprochen: des Menschen nach dem Sündenfall – wäre sie ewig heil geblieben. Denn die Gesetze, denen die Natur gehorcht, gelten ewig. Nie würden sie übertreten. Darum gehe es in der Natur gerecht zu.

Doch in Wahrheit erweist sich alles als viel komplizierter.

Ehrgeiz von Professoren kann von Vorteil sein.

Es lohnt zu erwägen, wie der Begriff „Naturgesetz" wahrscheinlich zustande kam. Als die ersten Universitäten auf dem europäischen Festland gegründet wurden, bestanden diese aus drei Fakultäten: der theologischen Fakultät, die der Ausbildung zum gelehrten Kirchenmann diente, der medizinischen Fakultät, an der die Ausbildung der Ärzte erfolgte, und der juridischen Fakultät, an der Richter und Rechtsgelehrte sowie Anwälte ausgebildet wurden. Diesen drei Ausbildungsstätten vorgelagert war das „Collegium logicum", eine Art Vorschule. Es diente einerseits dazu, den Studenten sprachliche Gewandtheit beizubringen, Grammatik, Rhetorik und Dialektik, also die Gesetze der Sprache, die Kunst der Rede und die Kunst der Diskussion. Andererseits waren auch Mathematik und Naturlehre im Collegium logicum untergebracht. In der berühmten Schülerszene schildert der als Faust verkleidete Mephisto einem naiven Studenten, was man sich darunter vorzustellen habe:

Mein teurer Freund, ich rat euch drum
Zuerst Collegium logicum.
Da wird der Geist euch wohl dressiert,
In spanische Stiefel eingeschnürt,
Dass er bedächt'ger so fortan
Hinschleiche die Gedankenbahn,
Und nicht etwa die Kreuz und Quer,
irrlichtere hin und her.

Kurz gesagt: Im Collegium logicum lernt man denken. Die Gründer der ersten Universitäten waren überzeugt davon, dies benötige man als Grundlage für die weiteren Studien der Theologie, der Medizin oder der Rechtslehre. Und es war eben dieses Collegium logicum, aus dem sich später die vierte der Fakultäten, die philosophische Fakultät, entwickeln sollte.

Darum galten in den Augen der gelehrten Theologen, Ärzte und Juristen die Professoren der philosophischen Fakultät in diesen frühen Zeiten wenig. Sie waren bestenfalls vorbereitende Ausbildner jener Studenten, die dann endlich in einer der drei alten Fakultäten ihre Studien beginnen konnten. Eine derartige Herabsetzung wurde von den der philosophischen Fakultät Angehörigen naturgemäß als ungerecht, wenn nicht gar als Beleidigung empfunden. Man wehrte sich dagegen, und siehe da: Es gelang. Immer augenfälliger wurden die Erfolge der naturwissenschaftlichen Forschung. Immer deutlicher wurde bewiesen, dass die Erkenntnisse aus der Beobachtung der Natur und aus Experimenten eine anscheinend unerschöpfliche, immer reicher sprudelnde Quelle des Fortschritts darstellen. Darum holte die philosophische Fakultät die drei alten Fakultäten in ihrer Wertschätzung schließlich ein, wenn sie diese nicht sogar überholte.

Es mag im Zuge dieses ehrgeizigen Kampfes um Hochachtung gewesen sein, dass die Vertreter der Naturlehre in den philosophischen Fakultäten, mehr intuitiv als geplant, die Idee entwickelten: Nicht nur die hochnäsigen Juristen dürfen mit Gesetzen prahlen, auch wir kennen Gesetze, nämlich die der Natur. Die Naturgesetze, die wir formulieren, sind eherner und ewiger als die Gesetze der Menschen. Und sie werden von der Natur penibel eingehalten. Bei ihr gibt es keine kriminellen Akte.

Gesetze der Physik, der Biologie – taugen sie als Modell?

Der Legende nach soll Galileo Galilei um 1590 auf den Schiefen Turm von Pisa geklettert sein und festgestellt haben: Wenn man eine Kanonenkugel aus 5 Meter Höhe fallen lässt, kommt sie nach einer Sekunde am Boden an. Addiert man zu den 5 Metern weitere 15 Meter, braucht die Kugel von den 20 Meter Höhe zwei Sekunden, bis sie den Boden berührt. Addiert man zu den

5 Metern und 15 Metern weitere 25 Meter, braucht die Kugel von den 45 Meter Höhe drei Sekunden, bis sie den Boden erreicht. Galilei war sich sicher, dass dies so weitergeht: Vier Sekunden Fallzeit wird eine Kanonenkugel benötigen, wenn man sie aus 5 Meter plus 15 Meter plus 25 Meter plus 35 Meter Höhe herabfallen lässt, und bei fünf Sekunden Fallzeit muss man zu der bisherigen Höhe von 80 Metern noch weitere 45 Meter addieren. Dies ist sein berühmtes Fallgesetz. Kanonenkugeln, gegossen aus welchem Material auch immer, gehorchen ihm genauso wie Steine, die man herabfallen lässt. Es ist eines der ersten Naturgesetze, die in der Neuzeit entdeckt wurden.

Ein Blatt Papier, eine Feder gar, gehorcht dem Fallgesetz jedoch nicht. Galilei wusste, warum: Es ist der Luftwiderstand, der diese Gegenstände daran hindert, wie Kanonenkugeln zu fallen. Tatsächlich fallen – Versuche haben dies mehrfach belegt – im Vakuum Federn genauso schnell wie Metallkugeln. Später konnten Sir Isaac Newton, George Gabriel Stokes und zu Beginn des 20. Jahrhunderts Ebenezer Cunningham die Fallgesetze des Galilei so weit modifizieren, dass man neben dem Fallen von Kanonenkugeln und Steinen auch das Fallen von Fallschirmen und Federn miteinbeziehen kann. Zusätzlich zur Reibung der Luft kommt noch der Auftrieb hinzu, der es zum Beispiel Vögeln, aber auch Flugzeugen erlaubt, in der Luft sich so zu bewegen wie ein Taucher im Wasser. Wer immer ein Flugzeug besteigt, ist davon überzeugt, dass die Gesetze der Aerodynamik von der Natur treu befolgt werden.

Nach den Physikern eiferten andere Naturwissenschaftler ebenfalls darum, Naturgesetze aufzudecken. In der Biologie glaubte man lange Zeit, dass die Natur alles wunderbar eingerichtet hätte: Die Hasen besitzen eine hervorragende Witterung, sie sind schnell und in der Lage, Haken zu schlagen. So können sie den Füchsen, die sie jagen, so gut ausweichen, dass sie jedenfalls nicht alle zugrunde gehen. Es stellt sich in einem Revier ein Gleichgewicht der Population von Hasen und Füchsen ein.

Überschreitet die Anzahl der Hasen diese Gleichgewichtsmarke, nimmt auch die Population der die Hasen jagenden Füchse zu, wodurch das Leben der Hasen gefährlicher wird. Die Population der Hasen gerät unter die Gleichgewichtsmarke, es sind folglich auch zu wenige Beutetiere für die vielen Füchse da. Also nimmt auch die Population der Füchse ab, und die Hasen können wieder aufleben. So bildet sich um den Gleichgewichtspunkt, der die ideale Anzahl von Hasen und Füchsen im Revier nennt, ein geschlossener Zyklus von mehr und weniger werdenden Hasen und von mehr und weniger werdenden Füchsen. Ein Naturgesetz.

Auf die gar nicht einfach zu beantwortende Frage, warum wir tatsächlich solche Gesetze in der Natur finden können, wollen wir an dieser Stelle nicht eingehen. Im letzten Kapitel kommen wir beiläufig wieder darauf zurück. Es genügt anzudeuten, dass es eher die Wahrnehmung ist, die zur Erkenntnis von Naturgesetzen führt, als die Natur selbst. Niemand glaubt ernsthaft, dass irgendein himmlischer Richter penibel darauf achtet, dass die Natur folgsam Gesetzen gehorcht.

Im diesem Kapitel steht aber nicht der Begriff „Wahrnehmung", sondern der Begriff „Gesetz" im Zentrum. Nachdem sich die Idee des Naturgesetzes in den Naturwissenschaften so glanzvoll bewährt hatte, schlug tatsächlich Samuel von Pufendorf, ein bedeutender Rechtsgelehrter des 17. Jahrhunderts, vor, vom Konzept des Naturgesetzes zu lernen. Man sollte von ihm ausgehen, um damit die Rechtswissenschaft auf ein solides Fundament zu stellen. Allerdings besteht zwischen dem Naturgesetz und dem Gesetz der Rechtswissenschaft ein himmelhoher Unterschied: Das Naturgesetz beschreibt, wie sich die Natur tatsächlich verhält. Das Gesetz der Rechtswissenschaft schreibt vor, wie man sich zu verhalten habe. Anders formuliert: Aus dem Naturgesetz ersehen wir, wie die Natur *ist*. Aus dem Gesetz der Rechtswissenschaft ersehen wir, was der Mensch *soll*.

**Wer sich sicher ist, was sein soll,
lässt nicht mehr mit sich reden.**

Dabei ist es bei näherem Hinsehen augenfällig, dass die Vorstellung von der Natur als Idylle trügt. Die Natur ist alles andere als friedlich und pittoresk. Wenn man beobachtet, wie brutal ein Bär ein Rehkitz reißt, wünscht man dem armen Tier tausendmal mehr den waidgerechten Schuss des Jägers als diesen Tod. Der Fuchs im Hühnerstall ist für das Federvieh der zur Bestie gewordene Teufel. Und die Katze spielt mit der von ihr gefangenen Maus, weidet sich an deren Todesangst, bis sie die Maus qualvoll zugrunde richtet. Selbst in der Flora geht es nicht beschaulich zu. Man braucht nur Baumkronen zu betrachten, an denen sich klebrig schmarotzende Misteln festgefressen haben, die dem Baum buchstäblich die Lebenssäfte rauben.

Es ist, als ob der Mensch durch seinen Sündenfall die Natur mit aus dem Paradies verbannt hätte. Die Naturgesetze beschreiben zwar, wie die Natur gegenwärtig ist, aber das Ideal liefern sie nicht. Auch die Natur sollte anders sein: „Wolf und Lamm sollen weiden zugleich."

Es ist bezeichnend, dass wir Tieren gern Eigenschaften aus dem Bereich des menschlichen Umgangs zusprechen: Der Fuchs ist listig und das Huhn naiv, der Löwe ist faul und stolz und die Biene emsig und beflissen. Seit Aesop entwerfen wir eine Traumwelt, in der Tiere so miteinander umgehen, wie wenn sie um die Verwerflichkeit oder um die Anständigkeit ihrer Absichten und Taten Bescheid wüssten. Und manche dieser Fabeln werden so erzählt, dass man zu wissen glaubt, wie der paradiesische Zustand eigentlich aussehen müsste. Oder, wie in George Orwells „Animal Farm" („Die Farm der Tiere"): wie aus dem erkämpften Paradies wieder die Hölle wird, schlimmer als zuvor.

Es ist, so könnte man daraus folgern, als ob wir von der einst paradiesischen Natur ein angeborenes Rechts- und Unrechtsbewusstsein geerbt hätten. Und wenn wir schon die Natur selbst

nicht ändern können und die Naturgesetze wie auf Granit ge-
meißelt scheinen, so können wir doch wenigstens Gesetze für die
Menschen entwerfen; die so gestaltet sind, dass sie unserem
Rechtsempfinden entsprechen und für Unrecht Strafen androhen.
Worauf beruht das Rechtsempfinden? Wie kann man das in
uns wohnende, unleugbare Gefühl, dies sei gerecht und jenes
nicht, in klare Worte fassen? Hierüber machten sich unzählige
Gelehrte, beginnend mit Samuel von Pufendorf vor mehr als
300 Jahren bis hin zu Ronald Dworkin in der Gegenwart, vielerlei Gedanken. Dem amerikanischen Philosophen Murray Roth-
bard zufolge ist es unbestritten, dass jeder Mensch ein *funda-
mentales und durch nichts infrage zu stellendes* „Recht auf die
eigene Person und auf die Früchte eigener Arbeit" hat. Wenn ein
Staat demnach Gesetze erließe, die diesem elementaren Grundsatz zuwiderlaufen, wäre dieser Staat als solcher ein Unrechtsstaat und die Gesetze wären null und nichtig.

Das klingt, allgemein gesprochen, sehr plausibel. Allein, der
Teufel steckt im Detail.

Wolfgang Daschner
bricht ein unverhandelbares Gesetz.

So ist es zum Beispiel in allen Ländern, die sich zur Europäischen
Menschenrechtskonvention bekennen, laut Artikel 3 dieser Konvention striktest untersagt, jemanden der Folter oder unmenschlicher oder erniedrigender Strafe oder Behandlung zu unterziehen.
Zwar erlaubt Artikel 15 der Menschenrechtskonvention, von den
in ihr genannten Rechten abzuweichen, wenn „das Leben der
Nation" durch Krieg oder einen anderen öffentlichen Notstand
bedroht ist. Doch ausdrücklich wird auch dort betont, dass von
Artikel 3 in keinem einzigen Fall abgewichen werden darf. So
sehr waren die Mitglieder des Europarats in den 1950er-Jahren
vom naturgegebenen Recht des Menschen auf die eigene Person

überzeugt, dass sie dieses unumschränkte Verbot der Folter als unverhandelbar erachteten.

Am 27. September 2002 wurde in der Nähe seines Elternhauses in Frankfurt-Sachsenhausen der elfjährige Jakob von Metzler, Sohn eines deutschen Bankiers, auf dem Heimweg von der Schule entführt. Die Polizei konnte des Entführers, des Jura-Studenten Magnus Gäfgen, im Zuge der Lösegeldübergabe habhaft werden. Gäfgen gestand zwar die Entführung, war aber nicht bereit, den Ort anzugeben, an dem er den Buben eingesperrt hatte. Wolfgang Daschner, der leitende polizeiliche Ermittler, sah sich mit einer nahezu ausweglosen Situation konfrontiert: Nur wenn Gäfgen den Ort bekannt gäbe, wo sich das Kind befindet, bestünde noch die vage Hoffnung, das Leben des Buben zu retten. Das Opfer, so befürchtete man, könnte innert kurzer Zeit an Erschöpfung oder Unterkühlung sterben. So entschloss sich Daschner, dem Entführer durch den ihm untergebenen Kriminalhauptkommissar Ennigkeit die Anwendung von Folter anzukündigen. Gäfgen behauptete später, der Beamte hätte ihm mit „Schmerzen, wie er sie noch nie erlebt habe" gedroht. Außerdem werde er in eine Zelle mit zwei Gewalttätern gesperrt, die vor nichts zurückschreckten. Vonseiten der Beamten wurde dies zwar in Abrede gestellt, doch Daschner war sich der rechtsstaatlichen Fragwürdigkeit seines Vorgehens völlig bewusst. Er fertigte selbst einen Aktenvermerk über sein Vorgehen an und informierte darüber die Staatsanwaltschaft.

Im Nachrichtenmagazin „Focus" rechtfertigte sich Daschner: „Es ähnelte der Konstellation in einer griechischen Tragödie: Entweder ich verletze die Rechte des Beschuldigten, oder ich verspiele das Leben des Opfers. Bei dieser Güterabwägung war mir klar, was ich tun würde. Ich würde es heute wieder so machen."

Der Strafprozess gegen Daschner endete, wie man es erwarten musste. Zwar wies seine Verteidigung darauf hin, dass sich der Beamte in einem schwerwiegenden und beispiellosen Dilemma befunden habe, in dem er zwischen der Menschenwürde des entführten Kindes und der des Entführers abwägen musste, dass er unter diesen dramatischen Umständen die üblichen Grenzen des Ermittlungsverfahrens überschreiten durfte, vielleicht sogar musste, um den möglichen Tod des unschuldigen Kindes verhindern zu können. Trotzdem erging das absehbare Urteil, dass sich Daschner strafbar gemacht hat. Denn selbst die Androhung von Folter ist ausnahmslos untersagt. Anderenfalls, so wurde Daschner vorgehalten, öffnete man einem Polizeistaat das Feld, der sich nur noch nach eigenem Ermessen an den rechtsstaatlichen Rahmen hält. Außerdem brachte die Staatsanwaltschaft das sogenannte „Dammbruch-Argument" vor: Eine Zulassung der Androhung von Folter, selbst in diesem schwerwiegenden Fall, würde das Folterverbot als solches verwässern. Man stünde vor der Gefahr, dass auf den Schritt dieser Verwässerung unmittelbar der nächste folge.

Es ist paradox: Einerseits ist es rechtens, dass unter bestimmten Umständen – vor allem wenn das Leben Unschuldiger auf dem Spiel steht – der Polizei erlaubt ist, bei einer zugunsten Dritter ausgeübten Notwehr mit der Schusswaffe vorzugehen. Wobei in Kauf genommen werden muss, dass der Übeltäter sogar tödliche Verletzungen erleidet. Andererseits untersagt das Folterverbot – selbst im Fall, dass das Leben Unschuldiger auf dem Spiel steht –, dem Verbrecher auch nur die Möglichkeit von Schmerzzufügung oder unmenschlicher Behandlung anzudrohen.

Natürlich kannte Magnus Gäfgen als gewiefter Student des Rechts den Artikel 3 der Europäischen Menschenrechtskonvention. Folglich reichte er beim Europäischen Gerichtshof für Menschenrechte in Straßburg eine Beschwerde gegen die von Wolfgang Daschner ausgesprochene Folterandrohung ein. Er nannte sie die „massivste in der Nachkriegsgeschichte Deutschlands bekannt und beweisbar gewordene Verletzung der Menschenrechte und des Folterverbots". In zweiter und letzter Instanz wurde ihm am 1. Juni 2010 teilweise recht gegeben: Der Gerichtshof kritisierte vor allem die Milde der Strafen gegen Daschner und Ennigkeit. Sie seien angesichts des Verstoßes gegen den Artikel 3, von dem nie und nimmer abgewichen werden dürfe, unverhältnismäßig und hätten nicht die notwendige abschreckende Wirkung, um in Zukunft weitere Verstöße gegen das Verbot von Misshandlungen in schwierigen Situationen zu verhindern. Gäfgen darf sich rechtmäßig als Folteropfer bezeichnen. Sein Hauptziel jedoch, die Wiederaufnahme seines Strafverfahrens, erreichte Gäfgen nicht.

Wer zieht die rote Linie, die nicht überschritten werden darf?

Die Geschichte ist umso tragischer, als der entführte Bub, als die Polizei Gäfgen schnappte, nicht mehr zu retten war. Der Entführer hatte das Kind schon längst kaltblütig erstickt und erst danach den Erpressungsversuch gestartet, um mit dem Lösegeld von einer Million Euro die Fassade des Yuppies aufrechterhalten zu können. Bei seiner Einvernahme spielte der Jura-Student mit den Ermittlern Katz und Maus – Jakob von Metzler war schon lange tot.

Wer davon überzeugt ist, dass die Artikel der Europäischen Menschenrechtskonvention ewiges und unverhandelbares Recht zum Ausdruck bringen, weil jeder Mensch mit diesen unveräußerlichen Rechten ausgestattet ist, nimmt den Standpunkt der sogenannten „Naturrechtslehre" ein. Einzelfälle, wie der geschilderte des Entführers Magnus Gäfgen, wecken allerdings Zweifel, ob diese rechtsphilosophische Position auf festem Grund gebaut ist.

Vor allem, weil die fundamentalen und unverhandelbaren Rechte wie jenes, dass Folter immer und unter allen Umständen verboten, ja geächtet ist, von Vertretern der Naturrechtslehre meist mit nachdrücklichem Überschwang verkündet werden. So hieß Deutschlands Bundesjustizministerin Sabine Leutheusser-Schnarrenberger den Teilerfolg Gäfgens vor dem Europäischen

Gerichtshof mit den folgenden Worten gut: „Das Folterverbot gilt absolut. Die Menschenwürde ist das kostbarste Gut der Menschenrechte und Grundlage unseres gesamten Rechtssystems. Diese rote Linie darf niemals überschritten werden." Hinter diesem hohlen Pathos verbirgt sich das grundlegende Dilemma der naturrechtlichen Position: Es wird ein Gesetz erlassen, in dem festgehalten ist, wie ein bestimmtes Verhalten von Menschen sein *soll*. Und zugleich wird festgestellt, dass dieses Gesetz unter keinen Umständen verändert werden darf, weil es unverhandelbar *ist*. Hier wird *Sollen* mit *Sein* vermengt.

Um diesen Gedanken zu verdeutlichen: Nichts spricht dagegen, mit dem Essayisten Jan Philipp Reemtsma übereinzustimmen, der das Folterverbot striktest befürwortet. Folter, so meint er, ist ein Zivilisationsbruch. Wobei Reemtsma weiß, was er damit fordert. War er doch selbst 1996 Opfer einer Entführung, bei der er 33 Tage lang „im Keller" – so der Titel seines Buches – festgehalten wurde. Doch dieses Verbot ist eine *Vereinbarung* unter zivilisierten Menschen: Sie stimmen dafür, dass es gelten *soll*. Und sie stimmen auch dafür, dass darüber nicht weiter diskutiert werden *soll*. Aber es ist ein *Übereinkommen*, kein *von Natur aus* gegebener Sachverhalt.

Thomas Hobbes
liefert die Menschheit zwei Ungeheuern aus.

Wenn von unveräußerlichen Rechten geschwärmt wird, ist es ratsam, die Position des Skeptikers einzunehmen. Pyrrhon von Elis, der kluge Erfinder der skeptischen Methode, setzte allem, was pathetisch verkündet wird, seinen Zweifel entgegen. Und Zweifel sind wohl angebracht, wenn jemand zu wissen behauptet, welche Gesetze eine paradiesische Welt befolgt, in der „Wolf und Lamm weiden zugleich und der Löwe Stroh isst wie ein Rind".

Diese skeptische Haltung war dem herausragenden englischen Mathematiker und Philosophen Thomas Hobbes eigen. Er betrachtete die Natur nicht mit Träumerei verbrämt, sondern kühl nüchtern. Keine Rede von einer beschaulichen Natur. Tatsächlich geht es in ihr chaotisch und wild zu. Am ungebändigsten aber ist, im puren Naturzustand, der Mensch, dieses eigenartige Wesen, irrlichternd zwischen Tier und Engel. Im chaotischen Naturzustand überziehen Menschen einander mit Eigensucht, Bösartigkeit und Kampf, führen „bellum omnium contra omnes", einen „Krieg aller gegen alle", leben daher in ständiger Furcht vor Tod und Enteignung. Als Symbol dafür entwarf Hobbes Behemoth, ein riesiges Landungeheuer.

Hobbes erinnerte an den römischen Komödiendichter Plautus, von dem das Wort stammt: „lupus est homo homini", „ein Wolf ist der Mensch dem Menschen". Wobei dieser Spruch den Wölfen Unrecht tut, denn diese bilden Rudel, in denen sie einander nicht bekämpfen. Im Naturzustand des Menschen jedoch, wenn er Behemoth unterworfen ist, gibt es keine Rudel, nur Streben nach Eigennutz und Feindschaft.

Dem Landungeheuer Behemoth stellte Hobbes das Seeungeheuer Leviathan entgegen. Es symbolisiert den Staat, der nicht, wie Pufendorf annahm, entsteht, weil Menschen von Natur aus gesellige Wesen sind. Sondern der Staat wird von den Menschen aus Angst vor Behemoth, aus Angst vor dem Chaos, vor dem Faustrecht gebildet. Der Naturzustand ist so unerträglich, dass sich alle wünschen, ihn zu überwinden. Sie vereinbaren einen Gesellschaftsvertrag, schließen sich aus freiem Willen zusammen, bilden eine staatliche Ordnung.

Gerüst dieser staatlichen Ordnung ist ein Gesetzeswerk. Die Gesetze sind somit nicht irgendwelchen Vorbildern aus der Natur entnommen – wie könnte es diese auch geben? Diese Gesetze sind auch keinem übergeordneten Gerechtigkeitssinn entnommen. Sie sind einfach nur willkürliche Setzungen, auf die man sich einigt. Ziel der Gesetze ist allein das reibungslose Funktionieren des

Staates. Und dieser funktioniert dann, wenn alle ihm angehörenden Menschen vor Behemoth, vor dem drohenden Übel geschützt werden. Die nüchterne Sicht zwang Hobbes zur Bescheidenheit: Das Gemeinwesen ist nicht dazu da, möglichst vielen Menschen möglichst viel Wohlstand zu bescheren. Es ist schon einiges erreicht, wenn möglichst viel Unheil und Böses von den Menschen ferngehalten werden kann.

Auch unverhandelbar zu sein, beruht auf einer Übereinkunft.

Allein zwei formale Bedingungen sollte ein Gesetzeswerk erfüllen. In der Sprache der modernen Logik formuliert, lauten sie:

Erstens Widerspruchsfreiheit: Gesetze dürfen einander nicht entgegenstehen. Wenn zum Beispiel auf der einen Seite die Ausübung der Religion einer vom Staat anerkannten Religionsgemeinschaft zugestanden wird, und auf der anderen Seite verlangt wird, dass im öffentlichen Bereich einander Menschen mit unverhülltem Gesicht begegnen, ergibt sich bei einer Religion, die das Tragen eines Gesichtsschleiers fordert, ein Widerspruch. Derzeit sind in vielen Staaten der Europäischen Union Streitfälle dieser Art, Konflikte zwischen der Religionsfreiheit der Bürgerinnen und Bürger einerseits und der religiösen Neutralitätspflicht des Staates andererseits, ungelöst.

Zweitens Vollständigkeit: Es soll in jedem Konfliktfall bei Gericht die Möglichkeit bestehen, auf das Gesetzeswerk Bezug zu nehmen und anhand mindestens eines seiner Gesetze den Streit zu beenden. Im gegenteiligen Fall wären die beiden Konfliktparteien der bloßen Willkür des Richters ausgeliefert. Dieser würde dann sein Urteil nicht mehr im Namen des Staates, sondern nur mehr im eigenen Namen sprechen.

Diese beiden formalen Bedingungen sagen nichts darüber aus, welchen moralischen Grundsätzen der gesetzgebende Staat verpflichtet ist oder verpflichtet sein soll. Für das reibungslose Funktionieren des Staates zu sorgen, ist die Politik, nicht die Rechtslehre zuständig.

Wenn nur auf diese beiden Bedingungen geachtet wird, nimmt man im Gegensatz zur Position des Naturrechts die Position des „Rechtspositivismus" ein. Recht und Moral sind in den Augen eines Rechtspositivisten voneinander unabhängig. Gerechtigkeit gehört zur Moral, hat folglich nichts mit dem Recht zu schaffen.

Der Vorteil des Rechtspositivismus ist seine methodische Klarheit. Ab wann beginnt ein Wesen Mensch zu sein? Ab dem Augenblick, in dem das Sperma des Mannes in die Eizelle der Frau dringt? Ab dem dritten Monat der Schwangerschaft? Ab der Beseelung, die laut Thomas von Aquin bei Buben am 40. Tag und bei Mädchen am 90. Tag nach der Empfängnis stattfindet? Ab dem Einsetzen der Eröffnungswehen? Ab dem Durchschneiden der Nabelschnur? – Aus naturrechtlicher Sicht bemüht man sich, diese Frage sachgemäß nach bestem Wissen und Gewissen zu beantworten. Aus der Sicht des Rechtspositivismus ist die Antwort durch eine willkürliche Festsetzung vonseiten des Gesetzgebers gegeben. Natürlich mit gravierenden Folgen. Denn sobald ein Wesen ein Mensch ist, genießt es die für einen Menschen geschaffenen Rechte, wie zum Beispiel das Recht auf Leben. Wobei, aus der Sicht des Rechtspositivismus, auch dieses Recht durch eine Vereinbarung zustande gekommen ist und nicht seit Ewigkeit besteht.

Auch die Menschenrechte sind nichts anderes als Übereinkünfte.

Alles ist verhandelbar.

Was tun,
wenn ein Banditenstaat Gesetze erlässt?

Hans Kelsen, 1881 geboren, aus einer deutschsprachigen jüdischen Prager Familie stammend, ist der bedeutendste Vertreter des Rechtspositivismus. In seiner „Reinen Rechtslehre" ist das Recht von den – von ihm als fremd empfundenen – Beimengungen soziologischer, psychologischer, ethischer und politischer Art frei zu halten: Es kann „jeder beliebige Inhalt Recht sein". Und ob ein Gesetz gerecht ist, kann man nie entscheiden. Denn Gerechtigkeit hat mit Recht nichts zu schaffen.

Konsequent, wie Kelsen war, antwortete er auf die Frage, ob die Nürnberger Rassengesetze des Jahres 1935 denn ebenfalls Recht seien: Sie seien zwar moralisch verwerflich, aber das ist kein Grund, ihnen den Status als damals rechtmäßig geltende Gesetze zu nehmen. Ein Richter urteilte rechtens, wenn er diese Gesetze zur Anwendung brachte.

Der deutsche Rechtsphilosoph Gustav Radbruch vertrat eine andere Meinung. 1946 äußerte er eine These, die später die „Radbruchsche Formel" genannt wurde: Befindet sich ein Richter im Konflikt zwischen Recht und Gerechtigkeit und empfindet er das fragliche Gesetz als „unerträglich ungerecht", oder erkennt er, dass in diesem Gesetz die grundsätzlich angelegte Gleichheit aller Menschen „bewusst verleugnet" wird, dann *muss* sich der Richter gegen das Gesetz und für die Gerechtigkeit entscheiden.

So einleuchtend die Radbruchsche Formel auf den ersten Blick wirkt, so zweifelhaft wird sie, wenn man genauer über sie nachdenkt.

Sie fußt auf dem Naturrecht und hat aus der Sicht des Rechtspositivismus keine Basis. Denn sie setzt voraus, zwischen „gerechten" und „ungerechten" Gesetzen unterscheiden zu können, und genau dies ist in Kelsens „Reiner Rechtslehre" undenkbar. Der Richter mag zwar als Privatperson ein dem geltenden Recht widersprechendes Gerechtigkeitsempfinden haben, aber in seiner

Funktion kann er gar nicht anders, als gemäß der vom Staat erlassenen Gesetze zu urteilen. Empfindet er dies als unerträglich ungerecht, bliebe ihm nur die Zurücklegung seines Amtes als Ausweg. „Wer sich den Gesetzen nicht fügen will, muss die Gegend verlassen, wo sie gelten", sagt Goethe.

Es ist eine bittere Pointe der Geschichte, dass die Gesetze im nationalsozialistischen Deutschland, auf die sich die kurz nach dem Zweiten Weltkrieg formulierte Radbruchsche Formel bezieht, nicht im Sinne des Rechtspositivismus, sondern im Sinne des Naturrechts erlassen wurden. Denn der von der nationalsozialistischen Ideologie durchsetzte Staat sah es als *von Natur aus* erwiesen an, dass es „minderwertige Rassen" gäbe, dass „Parasiten am Volkskörper" zu vernichten seien. Diese kruden Vorstellungen wurden sogar wissenschaftlich untermauert, sie gründeten − so argumentierte man − auf einem Naturgesetz: Der spätere Nobelpreisträger Konrad Lorenz plädierte für die „Ausmerzung ethisch Minderwertiger" und begründete dies mit den Worten: „Versagt diese Auslese, misslingt die Ausmerzung der mit Ausfällen behafteten Elemente, so durchdringen diese den Volkskörper in biologisch ganz analoger Weise und aus ebenso analogen Ursachen wie die Zellen einer bösartigen Geschwulst."

Keine Person, die rechtspositivistisch denkt, könnte sich beim Verfassen von Gesetzen zu solchen Argumenten hinreißen lassen. Denn ihr einziges Bestreben besteht bloß darin, ein widerspruchsfreies und vollständiges Gesetzeswerk zu schaffen, das dem Funktionieren des Staates dient; der seinerseits dafür Sorge zu tragen hat, dass seine Bürgerinnen und Bürger möglichst ohne Ungemach und Angst leben können.

Das mag nach wenig klingen. Aber jedes Mehr birgt die Gefahr in sich, mit ihm zugleich die Schleusen des Unrechts zu öffnen.

Schlimmer als Ungerechtigkeit, weil lächerlich, ist Recht ohne Macht.

Die tiefe Kluft zwischen Recht und Gerechtigkeit wird nie zu überbrücken sein. Denn Gesetze werden von Menschen formuliert, und Menschen sind fehlbar. Nie darf man von ihnen erwarten, dass sie das Panorama aller Folgerungen überblicken können, die sich aus den von ihnen festgelegten Regeln ergeben. Darum bedürfen Gesetze immer und immer wieder der Novellierung. Lücken tun sich auf, an die man früher nicht gedacht hat. Oft genug ist es fast unmöglich, diese so zu schließen, dass man nicht in Widerspruch zu anderen bereits bestehenden Gesetzen gerät.

Gerechtigkeit empfinden wir als problemlos fassbar. Recht hingegen scheint hinter einem verworrenen Flickwerk von Gesetzen verborgen.

Umso ärgerlicher ist es, wenn selbst dem Recht, nicht zu reden von der Gerechtigkeit, der Durchbruch verwehrt wird. Wenn es straflos gebeugt wird. Wenn der Eindruck entsteht, dass nicht alle Menschen vor dem Gesetz gleich sind, sondern es sich einige richten können. Weil sie mit einer Armada von Anwälten aufzutrumpfen verstehen, denen ein überforderter Staatsanwalt hilflos gegenübersteht. Weil skrupellose Winkeladvokaten den Formulierungen der Gesetze – und nur auf diese kommt es an – Deutungen zu entlocken verstehen, die der Absicht ebendieser Gesetze Hohn sprechen. Weil die Geschworenen sich nicht immer so ihrer Verantwortung bewusst sind wie in Sidney Lumets Film „12 Angry Men" („Die zwölf Geschworenen").

Eine Rechtsordnung wird zahnlos, wenn Anwälte die ordentliche Rechtssprechung mit fintenreichen Tricks und ermüdenden Verzögerungen unterlaufen können. Und es ist für eine Rechtsordnung verheerend, wenn durch andauernde Korrektur des Gesetzeswerks die in ihm angelegte innere Logik zu zerbrechen droht und die Urteilsfindung nicht mehr vernünftig nachvollziehbar ist. Denn dann kann niemand mehr den Unterschied zwischen einem den Gesetzen entsprechenden Urteil und einer Willkürentscheidung erkennen. Noch mehr Skepsis ist gegenüber der Idee des internationalen Rechts angebracht. Zwar ist es klar, dass Staaten untereinander Verträge schließen können. Vor allem Friedensverträge wie zum Beispiel den Westfälischen Frieden 1648 nach dem Dreißigjährigen Krieg, der den Beginn des modernen Völkerrechts markiert. Doch dienen diese Verträge nur den Interessen der daran beteiligten Staaten. Hobbes, der den Staat als den unumschränkten Souverän betrachtete, könnte nie verstehen, dass sich Staaten einem internationalen Gerichtshof unterwerfen. „Non est potestas super terram quae comparetur ei", schrieb Hobbes über die Macht des Staates: „Keine Macht auf Erden ist ihr vergleichbar."

Die amerikanischen Rechtsgelehrten Jack Goldsmith und Eric Posner halten solche in einem verstiegen edelmütigen Glauben geschaffenen supranationalen Institutionen für wirkungslos: Staaten interessieren sich bei ihren gegenseitigen Beziehungen vor allem für ihre Sicherheit und für die Mehrung ihrer Macht. Nur in konfliktfreien Zeiten mag ein Staat der guten Optik wegen vorgeben, sich den Regeln einer internationalen Behörde zu fügen. Aber sobald sich die Umstände ändern und der Staat seine Interessen anders besser befriedigen kann, wird er dies auch tun. Warum sollte er nicht? An eine Beschädigung seines Rufes verschwendet kein Staat auch nur den geringsten Gedanken.

Und in der Tat haben mehrere Staaten Entscheidungen des von den Vereinten Nationen eingerichteten Internationalen Gerichtshofs in Den Haag glatt nicht anerkannt oder befolgt. So verstieß zum Beispiel Frankreich gegen eine einstweilige Verfügung der Richter im Zusammenhang mit Atomwaffentests auf dem Mururoa-Atoll im Pazifik. Konsequenzen hatte dies natürlich keine.

Gespenstisch wirkt das Gerichtsverfahren, das der Sondergerichtshof von Sierra Leone in den Räumen des Internationalen

Gerichtshofs in Den Haag gegen Charles Taylor führt. Taylor war von 1997 bis 2003 Präsident von Liberia, das zuvor – mit ihm als einem der Führer einer brutalen Schlägerarmee – in einem mörderischen Bürgerkrieg verwüstet wurde: Über 200.000 Menschen wurden getötet, mehr als eine Million verloren ihr Heim. Überdies soll Taylor die Rebellengruppe Revolutionary United Front in Sierra Leone unterstützt haben, die mit unglaublicher Brutalität gegen die Zivilbevölkerung vorging: Kindersoldaten wurden mit Alkohol dazu gedungen, überfallene Dörfer zu plündern, abzufackeln, den Dorfbewohnern die Lippen oder Nasen abzuschneiden und anderen die Hände oder Arme abzuhacken. Hunderttausende Menschen wurden in dem Bürgerkrieg, der zwischen 1991 und 2001 tobte, umgebracht. Wie viele Menschen verstümmelt wurden, ist unklar. Aber jeder der drei oder vier Millionen Menschen in Sierra Leone ist in irgendeiner Weise Opfer dieses Bürgerkriegs geworden.

Ende 2003 stellte Interpol einen internationalen Haftbefehl gegen Taylor aus, im Frühjahr 2006 wurde er an der Grenze zwischen Nigeria und Kamerun gefasst und schließlich nach Den Haag überstellt. Das Gerichtsverfahren selbst verlief entsetzlich schleppend. Zwischen Januar 2008 und März 2009 lud die Anklage 91 Zeugen vor, die Taylor zum Teil schwer belasteten. Sie berichteten von seiner Verstrickung in den Bürgerkrieg in Sierra Leone. Vor allem die 31 Insider-Zeugen gaben sehr belastende Erklärungen ab. Eine Reihe früherer Mitglieder der Rebellengruppen in Sierra Leone, die Taylor über Jahre hinweg unterstützt haben soll, berichteten von Waffenlieferungen im Tausch gegen sogenannte Blutdiamanten, illegal geschürfte Edelsteine, die Taylor organisiert haben soll. Nach diesen Zeugenaussagen soll Taylor der eigentliche Drahtzieher hinter den zahllosen Verbrechen dieser Rebellen gewesen sein.

Taylor selbst trat im Juli 2009 in den Zeugenstand. Seine Vernehmung währte über fünf Monate. Es gelang ihm, viele der

Aussagen der Belastungszeugen in Zweifel zu ziehen. Er verteidigte sich rhetorisch brillant und wirkte in weiten Teilen glaubwürdiger als die Insider-Zeugen. Viele dieser Zeugen hatten selbst Kriegsverbrechen begangen und erhielten von der Anklagebehörde die Zusicherung, nicht verfolgt zu werden. Darüber hinaus profitierten sie von einem großzügigen Zeugenschutzprogramm. Einige von ihnen konnten sich auf Kosten des Gerichts eine neue Existenz außerhalb Sierra Leones und Liberias aufbauen. Die wichtigsten Belastungszeugen erhielten zudem beträchtliche Geldsummen für Verdienstausfall und Unkosten. Zahlungen von mehreren tausend Dollar übersteigen das Einkommen der meisten Liberianer um ein Vielfaches, und es stellt sich die Frage, ob sie nicht einen Anreiz boten, Taylor im Sinne der Anklage zu belasten.

Die Öffentlichkeit interessierte sich immer weniger für den Prozessverlauf, schließlich drohten dem Sondertribunal die Geldmittel auszugehen. Bis der Anklage der scheinbar tolle Coup gelang, Naomi Campbell und Mia Farrow, Society-Damen der ersten Liga, als Zeuginnen aufzubieten. Dieser Antrag auf Einvernahme war sehr ungewöhnlich, da die Beweisaufnahme der Anklage längst abgeschlossen war. Einen oder mehrere der ominösen Blutdiamanten habe, so lautet die Vermutung, Taylor 1997 nach einem Dinner bei Nelson Mandela der mit ihm flirtenden Naomi Campbell verehrt. Damals, 1997, war es ein offenes Geheimnis, dass Taylor in sehr schmutzige Geschäfte verwickelt war – kein Hindernis für Mandela, ihn zu einer Gala einzuladen. Mia Farrow spielte in Den Haag fulminant die Zeugin der Anklage.

„Blutige" Diamanten, ein exzentrisches Topmodel, eine weltbekannte Schauspielerin, ein hochangesehener Nobelpreisträger, ein mutmaßlicher Kriegsverbrecher: Wenn das nicht in die Schlagzeilen findet, was dann?

So könnten die Erinnerungen oder Erinnerungslücken zweier für Glanz und Glamour stehender Zeuginnen den Ausschlag für das Urteil in einem Verfahren geben, bei dem es um Verbrechen gegen die Menschheit geht. Fast eine Farce.

Völlig folgerichtig hatten die Vereinigten Staaten 1986 entschieden, sich nicht dem Internationalen Gerichtshof zu unterwerfen, sondern Zugeständnisse allein vom jeweiligen Fall abhängig zu machen. Eine weise und nachahmenswerte Verfügung, weil sie von nüchternem Realitätssinn zeugt.

Thomas Morus gewährt sogar dem Teufel den Schutz des Gesetzes.

Doch selbst wenn Gesetze von fehlbaren Menschen gemacht sind, selbst wenn sie anfechtbar, gar bedenklich sein mögen, selbst wenn sie nicht für Gerechtigkeit sorgen können, darf man ihren Wert nicht missachten.

Thomas Morus, englischer Staatsmann des 16. Jahrhunderts, war einer der gerechtesten Menschen der Welt. Sein König Heinrich VIII. ließ ihn köpfen, weil er sich einem zugunsten des Königs erlassenen Gesetz nicht beugen wollte. Er empfand dieses Gesetz als unerträglich ungerecht. Trickreich versuchte er, seinen Kopf aus der Schlinge zu ziehen, indem er alle öffentlichen Ämter aufgab und sich niemandem, nicht einmal seiner Frau und seiner Tochter gegenüber, zu dem Gesetz äußerte. „Qui tacet, consentire videtur", „wer schweigt scheint zuzustimmen", lautet der von Papst Bonifatius VIII. im 13. Jahrhundert geprägte Rechtsgrundsatz. So hoffte Morus, dass ihm niemand etwas anhaben könne. Erst als ein gedungener Falschzeuge vor Gericht behauptete, Morus habe ihm gegenüber erklärt, niemals hätte dieses unrechte Gesetz erlassen werden dürfen, war es um Morus geschehen.

Morus ist der Held des von Robert Bolt verfassten Dramas „A Man for All Seasons" („Ein Mann zu jeder Jahreszeit"). In einer Schlüsselszene verteidigt Morus brillant – und ganz im

Sinne des Rechtspositivismus – die Gesetze gegen das natürliche Gerechtigkeitsempfinden. In der Empfangshalle seines Hauses stehen er, seine Frau Alice, seine Tochter Margaret und deren Verlobter William Roper. Auch Roper ist wie Morus Jurist und wird von Bolt als Vertreter des Naturrechts vorgestellt, das damals als das von Gott gegebene Gesetz bezeichnet wurde. Vor Beginn der Szene hat Richard Rich die Halle verlassen, ein Ehrgeizling und zugleich eine zwielichtige Figur, der später Morus durch seinen Meineid das Todesurteil bereiten wird. Alle Anwesenden sehen ihn die Tür schließen und wittern das Unheil, das er nach seinem Abgang hinterlassen hat:

ROPER (*zu* MORUS): Lass ihn verhaften!
ALICE: Ja!
MORUS: Weshalb?
ALICE: Er ist gefährlich!
ROPER: Wegen Verleumdung; er ist ein Spitzel.
ALICE: Das ist er! Lass ihn verhaften!
MARGARET: Vater, der Mann ist böse.
MORUS: Dagegen gibt es kein Gesetz.
ROPER: Das gibt es! Gottes Gesetz!
MORUS: Dann kann ihn Gott verhaften lassen.
ROPER: Haarspaltereien! Nichts als Haarspaltereien!
MORUS: Nein, es ist einfach so. Das Gesetz, Roper, ist, wie es ist. Ich weiß, was dem Gesetz entspricht, doch was gerecht ist, dessen bin ich mir nicht sicher. Darum bleib' ich bei dem, was dem Gesetz entspricht.
ROPER: Dann setzt du das Gesetz des Menschen gegen das Gesetz Gottes!
MORUS: Nein, ganz und gar nicht. Aber lass mich dir sagen: Ich bin *nicht* Gott. In den Strömen und Wirbeln von gerecht und ungerecht, auf denen du so gut zu segeln meinst, versteh' ich nicht den Kurs zu finden. Ich bin kein Seemann. Aber im Dickicht der Gesetze, ja da kenn' ich mich aus, da bin ich wie

ein Förster. Ich glaub' sogar, dass kaum einer meiner Zeitgenossen mir darin das Wasser ... *(dies sagt er fast zu sich selbst)*

ALICE *(aufgeregt auf die Tür zeigend, durch die* RICH *wegging)*: Während du redest, ist er entwischt.

MORUS: Soll er doch entwischen, selbst wenn er der leibhaftige Teufel wäre. Solange er kein Gesetz bricht.

ROPER: Du würdest glatt dem Teufel den Schutz des Gesetzes gewähren?

MORUS: Ja. Was würdest du denn tun? Eine Schneise durch das Dickicht der Gesetze schlagen, um des Teufels habhaft zu werden?

ROPER: Jedes Gesetz Englands würde ich abschaffen, um das zu erreichen.

MORUS *(erhebt sich, voll Erregung)*: Oh? *(Geht auf* ROPER *zu)* Und wenn das letzte Gesetz getilgt wurde, und sich dann der Teufel auf dich stürzt: Wie würdest du dich schützen, Roper, ihm gesetzlos ausgeliefert? *(Er wendet sich von ihm ab)* Dieses Land ist mit Gesetzen wie mit einem Wald durchwoben, von der Küste bis zur Küste erstreckt er sich. Menschliche Gesetze zwar, nicht die Gesetze Gottes. Aber schlägst du sie alle nieder – und, Roper, ich traue es dir zu – glaubst du dem Sturm zu widerstehn, der mit aller Kraft dich dann ergreift? *(Beruhigt sich)* Ja, ich würde dem Teufel den Schutz des Gesetzes gewähren, um meiner eigenen Sicherheit willen.

Gerechtigkeit und Geschichte

History is written by the victors.
Geschichte wird von den Siegern geschrieben.
(Sir Winston Churchill, 1874–1965,
Staatsmann und Historiker)

Leopold von Ranke gilt als der größte Historiker des 19. Jahrhunderts. In seinem langen Leben verfasste er ein umfangreiches Werk von 54 Bänden über große Epochen, zu denen noch neun Bände einer monumentalen „Weltgeschichte" kamen. In fein ziselierter Sprache formulierte er gewissenhaft, worüber er berichten wollte, wobei er sich vornahm, objektiv zu bleiben, das „Selbst gleichsam auszulöschen", wie es in seiner „Englischen Geschichte" heißt. Oder, wie er zu Beginn seiner „Geschichte der romanischen und germanischen Völker" schrieb: Er „will bloß sagen, wie es eigentlich gewesen" ist.

Nun wusste Ranke bestimmt, dass man niemals ein Ereignis so schildern kann, wie es wirklich gewesen ist. Der englische Schriftsteller Laurence Sterne hatte schon ein Jahrhundert zuvor eine ironische, auf mehrere Bände angelegte Lebensbeschreibung von Tristram Shandy verfasst. In dieser tritt der Icherzähler mit dem Vorsatz an, sein Leben gewissenhaft und unter Berücksichtigung aller denkbaren Zusammenhänge darzulegen. Natürlich verstrickt sich dabei der Held in ein schier unübersehbares Netz von Querbezügen. Er kommt vom Hundertsten ins Tausendste. Der zeitliche Ablauf der Ereignisse erfolgt alles andere als chronologisch. Man muss sich zum Beispiel bis zum dritten Band vorkämpfen, um überhaupt erst von der Geburt des Tristram Shandy lesen zu können. Selbst wenn Shandy nur davon, was ihm an einem einzigen Tag widerfuhr, so gewissenhaft berichten möchte, dass er allen Ereignissen dieses einen Tages vorbehaltlos auf den Grund geht – er könnte mit diesem Bericht innerhalb seines ganzen Lebens nicht zu Ende kommen.

Mit dem gleichen unlösbaren Problem sieht sich die Geschichtsschreibung konfrontiert: Was ist zu schildern, was wegzulassen? Welche Ursachen und welche Anlässe von Ereignissen sind in den Blick zu nehmen, von welchen Umständen darf man absehen? Niemand kann hierauf eine Antwort finden. Darum schrieb Ranke auch nicht, dass er bloß sagen wolle, wie es gewesen ist, sondern wie es *eigentlich* gewesen ist. Das Wort „eigentlich" ist in diesem Satz das Wesentliche: Es betont sein Bemühen bei einer schlechthin unerfüllbaren Aufgabe.

Zumal Ranke mit diesem Satz keinen Anspruch erhebt, sich vielmehr bescheidet. Von der Geschichte, so heißt es bei ihm, erwarte man sich oft, dass sie über die Vergangenheit richte, dass sie lehre, wie man in Zukunft besser zu verfahren habe. Aber eben davon sieht er ab. Er will sich mit seiner Geschichtsschreibung nicht als Richter über die Vergangenheit aufspielen.

Obwohl Geschichte allein deshalb erfunden wurde, um der Vergangenheit Gerechtigkeit angedeihen zu lassen.

Geschichte
und Geschichten

Geschichten wurden seit Menschengedenken erzählt. Sobald kleine Kinder die Sprache so beherrschen, dass sie bei Erzählungen zuhören können, verlangen sie ununterbrochen, dass ihnen Geschichten vorgelesen werden. Geschichten haben einen Anfang und ein Ende. Sie sind wie aus einem Stück gegossen. Beginnt man eine Geschichte in der Mitte, werden die Zuhörer unruhig, weil sie sich unvorbereitet in eine ihnen unvertraute Arena versetzt fühlen. Und Geschichten mit einem offenen Ende lassen das Publikum unbefriedigt und unzufrieden zurück. Denn man will wissen, wie es weitergeht. An die Fantasie zu appellieren, sich selbst ein mögliches Ende auszudenken, sorgt für einen schmerzlich spürbaren Bruch: Zuerst hört man die Erzählung von außen, dann muss man sie selbst weiterführen. Eine „runde" Geschichte will einen Abschluss finden. Selbst wenn das Ende tragisch ist, als Ende der Geschichte muss es erkennbar sein.

Geschichte hingegen will alles andere als eine Sammlung von Geschichten sein.

Geschichte beginnt nicht mit einem „Es war einmal". Geschichte endet nicht mit einem „Und wenn sie nicht gestorben sind, dann leben sie noch heute". Geschichte setzt in der Gegenwart an und verlässt diese nie, selbst wenn auf Jahrtausende zurückgeblendet wird. Denn in der Geschichte *blickt* man zurück, aber man *versetzt sich nicht* in die vergangene Zeit.

Nehmen wir als Beispiel den Begriff „Demokratie". Sofort erinnert die Geschichte an Perikles, an das Ideal der Demokratie in Athen. Und zugleich erfährt man, dass es auch damals mit der Demokratie nicht zum Besten stand: „Er", gemeint ist in Plutarchs Schilderung Perikles, der damals unumschränkte Herrscher Athens, „bestach sehr oft den Pöbel durch Schauspielgelder, Gerichtsgelder und andere Belohnungen und Schenkungen." Mit diesem Satz allein gemahnt der Geschichtsschreiber, auch er schon seit Jahrhunderten tot, mühelos an heutige Unsitten.

Homer erzählt vom Krieg um Troja. Doch ihn bewegt nicht Geschichte. Seine Erzählung ist Dichtung, kunstvolles Gestalten von Geschichten. Kein Bezug zur Gegenwart interessiert ihn, der von Göttern und Menschen aus ferner Vorzeit singt. Es mag die „Geschichtslosigkeit", die scheinbare Nutzlosigkeit der homerischen Gesänge gewesen sein, die Platon dazu veranlasst hat, sie als schädlich für die Erziehung zu betrachten. In einem idealen Staat, so Platon, dürften Machwerke wie die Epen des Homer nie gelesen werden.

Heinrich Schliemann jedoch glaubte Homer so sehr, dass er hinter den Mythen geschichtliche Fakten vermutete. Wie ein Schatzsucher grub er an den Stellen, die er nach den Angaben Homers gefunden zu haben meinte. Und tatsächlich fand er das von der Erde bedeckte Troja, nach dem er fieberhaft suchte. Er fand sogar mehrere Schichten der Stadt, und in einer der untersten Schichten grub er einen Goldschatz aus, den er für den Schatz des legendären Königs Priamos hielt. Seine eigene Frau Sophie behängte er mit dem Goldschmuck von Troja, versetzte sich so in den Glauben, wie einst Paris, des Priamos Sohn, auf die von ihm geraubte schöne und mit Gold geschmückte Helena zu blicken. In Schliemanns Augen verschmolzen Geschichten und Geschichte.

Aber schon zu Schliemanns Zeit bezweifelten die meisten Historiker – ohne seine Leistung in Abrede stellen zu wollen –, dass die von ihm vermutete Schicht der Stadt Troja auch nur das Geringste mit dem homerischen Epos zu tun habe. Selbst der von Schliemann gefundene Goldschatz ist mit an Sicherheit grenzender Wahrscheinlichkeit nicht der Schatz des „lanzenkundigen Königs", wie Homer Priamos umschreibt.

Die Nüchternheit der Fakten enttäuscht zumeist die nach erlebnisreichen Geschichten gierende Öffentlichkeit. Allzu oft geben an Geschichte Interessierte der Versuchung nach, mehr zu deuten, als historische Quellen bieten. Mehr als hundert Jahre nach Schliemann stellten zum Beispiel Archäologen an den Ausgrabungsstellen mithilfe ausgeklügelter Computerprogramme bunte Bilder her, die im Postkartenformat Ansichten der antiken Stadt boten. Die renommierte Schweizer „Weltwoche" druckte einige dieser Bilder ab, und die Journalisten erfanden dazu den Text: „So könnte Homer Troja gesehen haben."

Ein herrlicher Beleg, wie peinlich die Verwechslung von Geschichte mit Geschichten geraten kann. Denn wenn wir von Homer etwas wissen, dann dass er blind war. Das Troja, das er „gesehen" hat, ist unvergleichlich anders, unvergleichlich imposanter, größer, gewaltiger, als es putzige computergenerierte Postkartenbildchen je zeigen könnten.

Es lohnt allein,
die Geschichte des Herrschers zu schreiben.

Geschichten erfreuen, unterhalten, regen zum Denken an, sprechen zum Gemüt. Sie sind immer an den Einzelnen gerichtet, an jene Person, die sie liest oder hört. Geschichte hingegen richtet sich an das Volk, an die große Gemeinschaft Gleichgesinnter. Dafür ist sie auch erfunden worden.

Titus Livius zum Beispiel schuf ein Geschichtswerk, das von der sagenhaften Gründung Roms 753 v. Chr. bis zum Beginn der Herrschaft der römischen Caesaren um die Zeitenwende reicht. Er tat dies, um dem römischen Volk zu beweisen, dass von Natur aus allein Rom zur Herrschaft über alle anderen Völker bestimmt sei. Alle von Rom geführten Kriege wurden von ihm als gerecht bezeichnet, selbst wenn Zweifel an dieser Einschätzung auf der Hand lagen. Moral sei, so meinte er, allein den Römern eigen, selbst die Griechen – von anderen Völkern ganz zu schweigen – betrachtete er als Minderwertige. Livius pries römische Helden, er lobte sogar die frühe Königszeit. Dies deshalb, damit Augustus, der Kaiser, dem er diente, den Leserinnen und Lesern seines Werkes als größter Held der Geschichte vorgestellt werden konnte. Die Geschichte des Livius nützte dem römischen Reich. Nichts anderes bezweckte sie.

Einer dieser „gerechten Kriege" der Römer war der dritte Punische Krieg, im Zuge dessen die römischen Heere die blühende Handelsstadt Karthago im heutigen Tunesien eroberten und vollständig zerstörten. 146 v. Chr bedeckten Trümmer und Rauch die Stelle, an der sich eine der reichsten Städte der Erde erhoben hatte. Unter dem scheinheiligen Vorwand, für Recht und Ordnung zu sorgen, ertränkten die Römer eine jahrhundertealte

Kultur in Blut und Tränen. Von einer halben Million Einwohner Karthagos blieben nur 50.000 am Leben, die in die Sklaverei verkauft wurden. Die Zerstörung war, objektiv betrachtet, ein empörendes Verbrechen. Karthago ist nicht zerstört worden, weil es Rom angegriffen hätte, nicht weil die Römer das karthagosche Land zum Leben brauchten, Karthago wurde zerstört, weil die Römer auf dem Weltmarkt keinen Konkurrenten dulden wollten.

Bei allen „gerechten Kriegen", die Rom führte und gewann, sprachen die antiken römischen Geschichtsschreiber davon, die römischen Heere hätten das eroberte Land „befriedet", gar „befreit". So wurden im Gefolge der Punischen Kriege auch die im Osten befindlichen Mittelmeerländer von Rom „befriedet": Das makedonische Volk wurde – so lehrt die römische Geschichtsschreibung – von seinem König befreit. Dass die Römer den Makedoniern damit eine „Freiheit" gaben, die diese nie gewollt hatten, interessierte die Römer nicht. Dieselbe Rolle spielte Rom in Griechenland: Auch dort wurde Rom zum „Befreier", mit dem Erfolg, dass die Griechen Roms Untertanen wurden. Wohin auch immer die Römer ihre „Freiheit", ihren „Frieden" brachten, die „Befreiten" und „Befriedeten" empfanden es als Joch.

Doch deren Geschichte zu schreiben, lohnte nicht.

Sallust, ebenfalls römischer Geschichtsschreiber, begründete seine Tätigkeit damit, dass er nur zwei Möglichkeiten sah, seinem Leben Sinn zu verleihen. Es gelte nämlich, so meinte er, den Tod wenigstens durch Errichtung von Denkmälern zu überwinden. Dies gelingt seiner Ansicht nach auf zweierlei Arten: Entweder, indem man sich als Held erweist, der in der Erinnerung der Menschheit für alle Zeiten genannt wird. Das hat Sallust, wie er bekennt, versucht, indem er sich politisch betätigte – aber der Erfolg war gering und ewigen Ruhm hat er dabei nicht erlangt. Oder, indem man als Historiker über die ruhmreichen Taten anderer berichtet und so selbst durch sein Geschichtswerk für immer in aller Munde bleibt. Damit war für Sallust auch klar, dass es allein wert ist, über die Geschichte des römischen Volkes zu berichten und die Geschichte der anderen Völker einzig und allein aus der Sichtweise Roms darzustellen. Denn wer anders als Römer, so glaubte er, würde bis in die fernsten Zeiten seine Bücher studieren, galt doch schon zu seiner Zeit Rom als die Ewige Stadt.

Nationen
brauchen ihre Geschichte.

„Die Lebenslüge des Nationalismus" – der Freiburger Professor Wolfgang Reinhard nimmt sich kein Blatt vor den Mund – „ist die Vorstellung, Nationen seien natürliche und uranfängliche Gebilde, die wie der Staat angeblich schon immer da waren." Der einzelne Mensch braucht Erzählungen, Geschichten – seien sie frei erfunden oder wahr, dies ist eigentlich gleichgültig – für die Gestaltung seines Ichs und seiner Einwurzelung in der Welt. Und wie jede einzelne Person nach Geschichten giert, um sich in ihnen und somit in der Welt finden zu können, so fiebern auch Nationen nach Geschichten, die sie zur Geschichte, zur Rechtfertigung ihrer Existenz verwandeln.

Ein harmloses Beispiel hierfür ist die Erzählung von Wilhelm Tell, dem sagenhaften Schweizer Freiheitskämpfer und Tyrannenmörder, der an der Wende vom 13. zum 14. Jahrhundert in Uri gelebt haben soll. Friedrich Schiller hat ihm, den es vielleicht gar nicht gegeben hat – in Uri lässt sich keine Familie Tell ermitteln –, in seinem Schauspiel ein Denkmal gesetzt. Niemandem, der wie Arnold Claudio Schärer, Autor des Buches „Und es gab Tell doch", an dessen Existenz und Wirken glaubt, soll die Überzeugung, dass es Tell wirklich gab, genommen werden. Denn ob Tell wirklich so war, wie ihn Schiller schildert – der umsichtige Familienmensch, der verlässliche Helfer in der Not, der Menschenfreund, dem Gerechtigkeit das wichtigste Anliegen darstellt, ganz im Gegensatz zur finsteren Gestalt des Landvogts Gessler –, berührt den Einzelnen, der dem Schauspiel lauscht. Für die Nation ist anderes von Bedeutung. Für sie ist entscheidend, *dass* es überhaupt eine derartige Erzählung gibt, die man zu Geschichte verarbeiten kann. Peter von Matt hat es am 1. August 2009, am Schweizer Nationalfeiertag, auf der Rütliwiese, dem zentralen Erinnerungsort der Schweiz, so gesagt: „Für jede Nation verdichtet sich ihre historische Herkunft in erregenden Geschichten, die man erzählt bekommt und weitererzählt."

Eine Nation ist ja nichts anderes als eine Fiktion, ein willkürlich gesetzter Entwurf. Um diesen Entwurf aufrechterhalten zu können, muss man die gegenseitige Sympathie jener, die der Nation angehören, begründen und möglichst intensiv fördern. Eine Sympathie, die sie für andere Menschen außerhalb der Nation nicht empfinden. Eine Nation wird durch den Willen zusammengehalten, diese Solidargemeinschaft langfristig, im Idealfall bis in die fernsten Zeiten fortzusetzen.

Deutlich vor Augen geführt bekommt man den Widersinn des Nationalismus, wenn man von einer Anhöhe auf der einen Seite der Grenze auf die Landschaft auf der anderen Seite blickt: Was unterscheiden die hinter den Baumkronen kleiner Gärten versteckten Häuser mit ihren roten Dächern „drüben" von denen der eigenen Seite? Hier wie dort leben Menschen mit ihren Gefühlen und Gedanken, mit ihrem Glück und ihren Hoffnungen. Es ist keine 50 Jahre her, dass solche Grenzen, mit Stacheldraht und Wachtürmen befestigt, wie ein eiserner Vorhang trennten. Der Nationalismus kann so etwas Bizarres nicht erklären. Er verstärkt vielmehr die Absurdität künstlicher Trennungen.

Die gemeinsame Sprache ist das festeste einigende Band einer Nation. Wenn es eine solche nicht gibt, kann man sie ja erfinden. Das ehemalige Jugoslawien kannte seit 1921 Serbokroatisch als „Dachsprache" für die Dialekte von Serben, Kroaten, Bosniaken, Montenegrinern. Nach dem Ende der jugoslawischen Nation verschwand die Sprache sofort wieder. Serben sprechen Serbisch, Kroaten sprechen Kroatisch. Und selbstverständlich behaupten viele Bosnier und Montenegriner, eine eigene Sprache zu sprechen, die nur zufällig fast genauso klingt wie das Serbische oder das Kroatische.

Jedenfalls aber muss die gemeinsame Geschichte als Fundament der Nation herhalten. Sie ist die tragfähigste Basis, die den Angehörigen der Nation ihre Zusammengehörigkeit bewusst macht, der eigenen Nation einen besonderen Wert zuschreibt, sie gegen andere Nationen abgrenzt. Ins Extrem verbohrter Nationalismus liegt vor, wenn die Nation den letzten und höchsten Sinn darstellt, wenn Gerechtigkeit als dasjenige definiert ist, was der Nation nützt. „Good or bad, my country", frei übersetzt: „Gut oder böse, wenn es nur meinem Land dient." Die Nation ersetzt Gott. Die französische Nation errichtete nach der Revolution von 1789 Altäre des Vaterlands, löste den christlichen Märtyrer durch den nationalen Märtyrer ab. Jeder Krieg, den die eigene Nation führt, gilt als gerecht. Soldaten, die für die Nation gefallen sind, werden von dieser geehrt.

Fleißig und gewissenhaft erfüllen Historiker der Nationalgeschichten, emsige Wasserträger des Nationalismus, ihre Aufgabe: der eigenen Nation ein einigendes unzerreißbares Band zu knüpfen und ihr Gerechtigkeit vor der Welt widerfahren zu lassen.

Die ultimative Anmaßung
der Geschichte

Schließlich soll Geschichte vor dem Vergessen bewahren. Sie verspricht Unsterblichkeit.

Schon vom antiken Geschichtsschreiber Sallust haben wir diesen Gedanken vernommen. Er kehrte im späten 18. Jahrhundert wieder, als die Menschen zunehmend den religiösen Glauben verloren. Ihnen ist, bildhaft gesprochen, die vertikale Gerade, die sie mit dem Himmel verband, abhandengekommen. Sie glaubten nicht mehr an die Heilsgeschichte. Also suchten sie sich als Ersatz eine horizontale Gerade, die sie hier auf Erden von der Vergangenheit in die Zukunft leiten sollte: die Weltgeschichte.

Es war Friedrich Nietzsche, der im zweiten Stück seiner „Unzeitgemässen Betrachtungen" behauptete, dass die Geschichte nicht nur Nationen begründen hilft, sondern sogar den Menschen zu sich selbst kommen lässt. Denn im Unterschied zu den Tieren, die völlig ahistorische Wesen sind – jeder Augenblick, den sie erleben, zieht an ihnen vorüber und sie werden sich nie mehr wieder an ihn erinnern –, vermag der Mensch sich an die Vergangenheit zu erinnern. Diese ist, von den persönlichen Erlebnissen ausgehend, in ein schier unübersehbares Netz von Ereignissen verwoben. Hatten mittelalterliche Herrscher einst betont, dass sie von den bedeutendsten Persönlichkeiten der Antike, von Caesar genauso wie von Alexander dem Großen, von Moses wie von König David und König Salomo abstammten, so ist dies nur ein Schlaglicht auf die verwirrend vielfältigen Verzweigungen, die das eigene Dasein mit der gesamten Menschheitsgeschichte verbinden.

Ist der Einzelne auch sterblich, bleibt er doch als Knoten im Netz der Geschichte unvergesslich und ewig. Dies wurde im späten 18. Jahrhundert als tröstliche Botschaft empfunden, vor allem, weil man sich nicht bloß als Teil einer von vielen Geschichten sah, die nur eine kleine Palette von Ereignissen beleuchtete. Man empfand sich in *der* Geschichte eingegliedert: „Über den Geschichten ist die Geschichte", sagte dazu später der deutsche Historiker Johann Gustav Droysen.

Jede Person ist in die Geschichte eingebunden. Und die Geschichte selbst ist, wie Cicero mit dem Wort „Historia magistra vitae" behauptete, die Lehrerin des Lebens. Wer wollte dies bezweifeln? Wie sollte man denn sonst lernen, wenn nicht aus der Erfahrung, sei es die eigene oder fremde, die andere früher, in der Vergangenheit gemacht haben, und von denen die Geschichte als Bericht von dem Vergangenen kündet?

Darum ist die Geschichte als Lehrmeisterin selbst ein Subjekt, dem man die göttlichen Eigenschaften Allmacht, Heiligkeit und

Gerechtigkeit zusprach. 1784 sagte Schiller ganz im Sinne dieses Weltbilds den berühmten Satz: „Die Weltgeschichte ist das Weltgericht." So als ob die wahre und einzige Gerechtigkeit in der Geschichte zu finden sei, jene Gerechtigkeit, der alles menschliche Handeln unterworfen ist. Und Georg Wilhelm Friedrich Hegel führte diesen Gedanken weiter: „Die Weltgeschichte ist ein Fortschritt im Bewusstsein der Freiheit – ein Fortschritt, den wir in seiner Notwendigkeit zu erkennen haben."

Hegel behauptete, die Geschichte schreite vernunftgetrieben voran: Sie beginnt mit der orientalischen Epoche, in der nur der Alleinherrscher Freiheit genoss. Auf sie folgt die griechische und römische Antike, in der Teile der Bürgerschaft frei waren. Schließlich vollendet sie sich in der modernen Welt, in der alle frei sein können. In seiner eigenen Gegenwart, so meinte Hegel, sei der historische Prozess zu seiner Vollendung gelangt.

Das „Ende der Geschichte", von dem im ausgehenden 20. Jahrhundert Francis Fukuyama schwärmte, hatte Hegel bereits Anfang des 19. Jahrhunderts verkündet.

Ernst nehmen sollte man all dies nicht.

Denn Geschichte ist und bleibt eine Erfindung. Jede Nation und jede Generation schreibt ihre Geschichte anders und neu. Denn jede Nation und jede Generation braucht die Geschichte als Verbündete für die von ihr geförderte öffentliche Weltanschauung und Moral. Darum ist die Geschichte keine verlässliche Lehrmeisterin. Für jene, die an sie wie an einen Gott glauben, ist sie bloß der Rohrstock in der Hand der eigentlichen Zuchtmeisterin, die auf den Namen „Ideologie" hört.

Wer die wahre und einzige Gerechtigkeit in der Geschichte zu finden hofft, sucht vergeblich. Zu finden ist nur ein Zerrbild der Gerechtigkeit. Es ist von der gleichen ideologischen Linse entstellt, welche die Vergangenheit zur Geschichte verformt.

Dient Vergessen
der Gerechtigkeit?

In der Tat ist es bei näherem Hinsehen eigenartig, gerade von der Geschichte, die doch von Verwerfungen und Winkelzügen durchsetzt ist, Gerechtigkeit zu erwarten. Dieses obskure Vertrauen in die Geschichte besteht möglicherweise deshalb, weil man allzu oft vom „Urteil der Geschichte" spricht. Ein Urteil, gegen das es keine Berufung gibt.

In der Antike war das härteste Urteil, das die Geschichte sprechen konnte, die Verbannung in das Vergessen. *Abolitio nominis*, später *damnatio memoriae*, die „Verdammung des Andenkens", nannten es die Römer. Aber schon die Griechen verhängten diese in ihren Augen strengste Strafe, die einem Menschen widerfahren kann.

Der berühmteste Fall ist jener des Brandstifters Herostratos, der eines der sieben Weltwunder der Antike, den Tempel der Artemis in Ephesos, mit dem von ihm gelegten Feuer vollkommen zerstörte. Ziel seines Zündelns war, mit dieser Wahnsinnstat ewige Berühmtheit zu erlangen. Um ihn noch bitterer als nur mit dem Tod zu bestrafen, wurde ihm vor seiner Hinrichtung verkündet, dass sein Name für alle Zeiten nicht mehr genannt werden würde und damit seine Tat sinnlos gewesen sei. In Ephesos war es fortan bei Todesstrafe verboten, den Namen Herostratos auszusprechen.

Dies ist die sonderbare Ironie der Geschichte: Noch nach Jahrtausenden kennt man Herostratos, den Namen jenes einfältigen Hirten, der durch die *damnatio memoriae*, die genau das Gegenteil bewirken wollte, über seinen Tod hinaus sein Ziel erreichte – solange Menschen von der Antike erzählen, wird auch er in aller Munde sein.

Ein Urteil ganz anderer Art, verbunden mit der Aufforderung zu vergessen, nannten die Griechen der Antike „Amnestie". Heute versteht man darunter einen Straferlass, den zum Beispiel das

Staatsoberhaupt einem verurteilten Verbrecher gewährt. Doch ursprünglich bedeutete „Amnestie" einfach nur „Vergessen".

Nach einem mit aller Bitterkeit geführten Krieg, nach schweren Aufständen und Unruhen, nach heftigen Zerwürfnissen innerhalb der Gemeinschaft, im grausamsten Fall: nach einem Bürgerkrieg, wenn rohe Gewalt viel zerstört und alles andere als Gerechtigkeit gebracht hatte, wurde in der Regel eine Amnestie verordnet. Es wird beschlossen, vereinbart, eingeschärft, bei Strafandrohung verfügt: Es soll vergessen werden. Vielerlei Unrecht, die Grausamkeit, das Böse aller Art.

Christian Meier, Historiker für alte Geschichte, nennt eines von vielen Beispielen: Nach der Niederlage Athens gegen Sparta im Peloponnesischen Krieg rissen die sogenannten „Dreißig Tyrannen", eine von Sparta unterstützte Schlägerbande, die Herrschaft über Athen an sich. Ein grausiges Morden begann, mehrere tausend begüterte Athener und in Athen ansässige reiche Nichtbürger wurden umgebracht. Das Perfide an der Aktion war, dass die Dreißig Tyrannen viele Athener, die in der Stadt geblieben waren, als Handlanger für ihre Untaten gewinnen konnten. Denn ihre gedungenen Spießgesellen durften nach jeder Ermordung eines der im Allgemeinen wohlhabenden Opfer dessen Eigentum plündern und sich so durch verordneten Raubmord bereichern.

Doch eine Reihe von Athener Bürgern war vorher geflohen. Sie sammelten sich unter der Führung ihres Strategen Thrasybulos, fielen in Attika ein, eroberten den Piräus, den Hafen von Athen, und besiegten die Tyrannen. Schließlich wurde vertraglich eine Versöhnung beschlossen: Gegen alle, die mit eigener Hand jemanden getötet oder verletzt hatten, durfte Anklage erhoben werden. Abgesehen davon aber war es keinem der Rückkehrer gestattet, an das geschehene Böse zu erinnern, von den Untaten der Dreißig abgesehen. Diese wurden abgeurteilt. Die Untaten aller anderen jedoch wurden von Amts wegen „vergessen". Und dieses verordnete Nicht-Erinnern wurde mehrfach durch heilige Eide bekräftigt.

Meier schreibt: „Die Scheidung zwischen wenigen Schuldigen und dem Gros sollte auch im Folgenden immer wieder wesentliche Voraussetzung für Nicht-Erinnern und Amnestie sein. Die Hauptschuldigen dürfen nicht ungestraft bleiben. Sie sind gefährlich. Irgendwohin muss sich auch der Zorn ausleben, irgendwo der Gerechtigkeit, zumeist: der Rache, ihr Recht werden. Das Gros dagegen (das dadurch zugleich eine Art Alibi erhält, einen Ausweg in Richtung Distanzierung) muss um des Friedens willen verschont bleiben. So wird ein Ausgleich zwischen Gerechtigkeit und Frieden möglich."

Beispiele dieser Art ziehen sich durch alle Epochen der Geschichte.

Zwei Tage nachdem Caesar mit 26 Messerstichen brutal zu Tode gebracht worden war, hielt Cicero im Senat eine Rede: Alle Erinnerung an die Zwieträchtigkeiten sei durch ewiges Vergessen zu tilgen. Auf diese Weise wollte er, wie es einst die Athener unter Thrasybulos taten, „Fundamente des Friedens" legen.

1648 fand das brutale Morden des Dreißigjährigen Krieges ein Ende, im Zuge dessen ganze Landstriche entvölkert wurden, in Teilen Süddeutschlands nur ein Drittel der Einwohner überlebte und zu den marodierenden Soldaten Hungersnöte und Seuchen hinzutraten. Der Westfälische Friede besiegelte das Ende der Kriegspest. „Beiderseits", so heißt es in ihm, „soll ewiges Vergessen und Amnestie all dessen sein, was seit Beginn dieser Bewegungen an welchem Ort und auf welche Weise auch immer von der einen oder andern Seite, hinüber und herüber, an feindlichen Akten verübt worden ist." Und noch einmal bekräftigend: „Alles sei in ewiger Vergessenheit begraben."

Schon vorher war in Frankreich von Heinrich IV. im Edikt von Nantes nach dem großen Glaubenskrieg verkündet und verordnet worden: Die Erinnerung an das von beiden Seiten Geschehene solle ausgelöscht und eingeschläfert sein, wie wenn es nicht passiert wäre. Der König untersagt, die Erinnerung zu erneuern, andere wegen der Geschehnisse anzugreifen oder zu verfolgen.

Man solle sich zufriedengeben und friedlich zusammenleben „wie Brüder, Freunde und Mitbürger".

1660, als der englische König Karl II. in sein Land zurückkehrte, wurde zwar die Leiche Cromwells, der die Hinrichtung seines Vaters, Karls I., veranlasst hatte, wieder ausgegraben und an den Galgen gehängt, anschließend geköpft und verscharrt. Die anderen zwölf Königsmörder, die man fassen konnte, und einige wenige andere prominente Republikaner wurden ebenfalls hingerichtet. Aber sonst passierte keinem etwas. Der König hatte einen „act of free and general pardon, indemnity and oblivion" erlassen, einen Vertrag, der eine allgemeine Amnestie, eine Freistellung aller und ein Vergessen verordnete.

1814 wurde das Gleiche für die Untaten und Gräuel der Französischen Revolution, auch für den Königsmord gefordert. Der aus dem Exil zurückgekehrte König Ludwig XVIII., der Bruder des im Zuge der Revolution geköpften Ludwig XVI., verfügte in der von ihm gewährten Verfassung: „Indem Wir versucht haben, die Kette der Zeiten neu zu knüpfen, welche unheilvolle Abweichungen" – so gnädig umschrieb er den Terror der Revolution und die Gewaltherrschaft Napoleons – „unterbrochen hatten, haben Wir aus Unserer Erinnerung sämtliche Übel, welche während Unserer Abwesenheit die Heimat bedrückten, ebenso getilgt wie Wir wollten, dass man sie aus der Geschichte tilgen könnte." Und der König verordnete ausdrücklich: „Sämtliche Nachforschungen über Meinungsäußerungen und Abstimmungen vor der Restauration sind verboten. Dasselbe Vergessen wird den Gerichten und den Bürgern auferlegt."

In seiner Züricher Rede am 19. September 1946 rief Sir Winston Churchill nach dem Wahnsinn des Zweiten Weltkriegs, der mehr als nur ganz Europa in Brand gesetzt hatte, zu einem „blessed act of oblivion" zwischen den Feinden von gestern auf, einem „segensreichen Akt des Vergessens". Zuvor freilich müssten die „crimes and massacres", für die es seit den Mongoleneinfällen des 14. Jahrhunderts keine Parallele gegeben habe,

101

geahndet werden. Er trat damit in die lange Reihe derer, die auf Amnestie setzten: Besonders schwere Verbrechen werden geahndet, Hauptschuldige mit den höchsten Strafen belegt, auf sie wird die Amnestie nicht angewendet. Dies ist eine Voraussetzung der Straffreiheit für das Gros der Beteiligten. Denn danach darf es keine Fortsetzung von Anklagen und Vergeltungsgelüsten mehr geben.

Die Aussicht auf Frieden wird für wichtiger angesehen als der Ruf nach Abrechnung, der mit dem Deckmantel, man wolle Gerechtigkeit schaffen, einhergeht. Denn kluge Staatenlenker wissen, wie sehr nicht zuletzt die Empörung über Ungerechtigkeiten nach schweren Kämpfen den Frieden bedrohen kann. Und darüber hinaus: Wo sind die unparteiischen Richter zu finden, die nach Revolutionen, Revolten oder Kriegen begangenes Unrecht ohne Zorn und Eifer beurteilen?

Zeugt es nicht von höherer Gerechtigkeit, wenn um des Friedens willen Amnestie verordnet wird, damit Rachegelüste, die ständig neue Rachegelüste gebären, endgültig begraben werden können?

Dient Erinnern
der Gerechtigkeit?

Wie aber kann die Geschichte lehren, wenn man Vergessen verordnet? Auf den ersten Blick scheint dies paradox.

Auf der einen Seite sucht man in der Erinnerung Orientierung für das Dasein. Auf der anderen Seite erweist sich Vergessen-Können als heilsam, denn die Amnestie erlaubt, wonach sich die meisten angesichts vergangener böser Zeiten sehnen: neu anfangen zu können, Geschichte hinter sich lassen zu können. Wie viel bliebe den Menschen Nordirlands, den Völkern des Balkans erspart, könnten sie die „Plantation of Ulster" 1609 oder die Schlacht auf dem Amselfeld 1389 „vergessen".

Nicht ohne Grund ist hier „vergessen" unter Anführungszeichen gesetzt. Denn es gibt mehrere Arten des Vergessens.

Man kann vergessen wie die Lotophagen, die sich in Selbsttäuschung der Wahrheit entziehen. Die Lotophagen, Angehörige eines sagenhaften Volkes in Homers „Odyssee", leben wie geschichtslose Tiere, weil sie sich unter dem berauschenden Einfluss der Lotosfrüchte im Paradies wähnen. Sie gelten als Symbole für Selbsttäuschung und Verdrängung.

Aber das Vergessen der Lotophagen ist nicht jenes heilsame Vergessen, von dem oben die Rede war. Es ist ein Vergessen der einstigen Leidenschaften, nicht ein Vergessen der nicht mehr gutzumachenden bösen Ereignisse.

Und das Paradoxon löst sich, wenn man auch das Wort „erinnern" in Anführungszeichen setzt. Denn es gibt mehrere Arten des Erinnerns.

Das Erinnern, vor dem wir uns fürchten müssen, ist jenes, das im vergangenen Geschehen Grund für Rache und Vergeltung erblickt.

Doch das hat nichts mit dem Erinnern zu tun, auf das man sich einlässt, wenn man sich verantwortungsvoll der Geschichte stellt. Es ist, wenn es sich um eine Geschichte des Satanischen und des Unheils handelt, ein Erinnern von nicht mehr gutzumachenden bösen Ereignissen, ein Erinnern, das zwar Empörung hervorruft, aber wilde Leidenschaft meidet. Auch wenn schlimme Erlebnisse unserer Eltern und unserer Ahnen, ihre Erfahrungen mit grauenvollen Ereignissen in ihrer Zeit der Geschichte anheimfallen, es keine Zeitgenossen mehr gibt, die sich empören können, oder gegen die man sich empören kann, bleibt die Empörung aufrecht. Von dieser Empörung kann und soll man die Erinnerung auch in Zukunft nicht trennen. Sie wird nur abstrakt. Und man darf sich ihr nicht verweigern, will man nicht auf den Anker seiner Existenz verzichten.

Somit sind das Gebot zum Vergessen und die Unabweisbarkeit des Erinnerns zwei Seiten einer Medaille: Es gilt, Frieden zu schaffen, den leidenschaftlichen Ruf nach Vergeltung zum Verstummen zu bringen. Denn erst dann kann der Gerechtigkeit ein Weg bereitet werden. Aber es gilt auch, das Wissen über eine böse Vergangenheit zu bewahren, solange Geschichte im Sinne Rankes gelehrt wird.

Vielleicht ist „Wissen" sogar ein treffenderes Wort als „Erinnerung". Denn Erinnerung ist mit persönlichem Erleben verknüpft, kann bei Zeitzeugen verblassen, von nachfolgenden Generationen schwer eingefordert werden. Niemand erinnert sich an den Dreißigjährigen Krieg, aber wir wollen das Wissen um ihn bewahren. Auch die abstrakt gewordene Empörung, die wir mit diesem Wissen verbinden.

Es ist nicht falsch zu sagen, dass Geschichte, so wie sie Ranke verstand, lehren kann. Doch das Einzige, was sie lehrt, ist Melancholie. Dies klingt enttäuschend. Aber es ist nicht wenig. Denn nur die von der Geschichte gelehrte Melancholie lässt erahnen, wie zerbrechlich ein Gemeinwesen ist, das allen gegenüber Gerechtigkeit walten lassen will.

Gerechtigkeit und der gerechte Krieg

Was ist zu tun, wenn in einem Staat die Gerechtigkeit zerbrochen ist? Wenn sie in einem Unrechtsstaat nicht bloß verletzt, sondern vollkommen ausgelöscht wurde? Wenn alle Verhandlungen mit der Staatsführung gescheitert sind, alle möglichen Sanktionen gegen den Unrechtsstaat abgeprallt sind? Wenn das Unrecht, das in diesem Staat systematisch und ohne Unterlass begangen wird, zum Himmel schreit? Wenn der Unrechtsstaat vor Verbrechen gegen die Menschheit nicht zurückscheut?

Nebenbei bemerkt: Das Wort „Verbrechen gegen die *Menschlichkeit*" ist eine dümmliche Übersetzung des englischen *crime against humanity*. *Humanity* heißt in diesem Zusammenhang

„Menschheit", Karl Jaspers hat dies mehrfach betont. Und Hannah Arendt hat den Übersetzungsfehler mit einem harschen Wort entlarvt: Spricht man im Zusammenhang mit dem von Hitlerdeutschland ausgegangenen millionenfachen Judenmord bloß von einem „Verbrechen gegen die Menschlichkeit", klinge es so, „als hätten es die Nazis lediglich an ‚Menschlichkeit' fehlen lassen, als sie Millionen in die Gaskammern schickten, wahrhaftig das Understatement des Jahrhunderts".

Doch zurück zur Frage: Was tun gegen den Unrechtsstaat? Der radikale Pazifist weiß darauf keine Antwort.

Albert Einstein zum Beispiel waren pazifistische Neigungen beileibe nicht fremd. Im Buch über sein Weltbild steht geschrieben: Was den Krieg anlangt, „komme ich auf die schlimmste Ausgeburt des Herdenwesens zu reden: auf das mir verhasste Militär! Wenn einer mit Vergnügen in Reih und Glied zu einer Musik marschieren kann, dann verachte ich ihn schon; er hat sein großes Gehirn nur aus Irrtum bekommen, da für ihn das Rückenmark schon völlig genügen würde. Diesen Schandfleck der Zivilisation sollte man so schnell wie möglich zum Verschwinden bringen. Heldentum auf Kommando, sinnlose Gewalttat und die leidige Vaterländerei, wie glühend hasse ich sie, wie gemein und verächtlich erscheint mir der Krieg; ich möchte mich eher in Stücke schlagen lassen, als mich an einem so elenden Tun beteiligen!" Aber angesichts der Naziherrschaft änderte er seine Haltung: „Bis 1933 habe ich mich für die Verweigerung des Militärdienstes eingesetzt. Als aber der Faschismus aufkam, erkannte ich, dass dieser Standpunkt nicht aufrechtzuerhalten war, wenn nicht die Macht der Welt in die Hände der schlimmsten Feinde der Menschheit geraten soll. Gegen organisierte Macht gibt es nur organisierte Macht; ich sehe kein anderes Mittel, so sehr ich es auch bedaure."

Einstein argumentierte ähnlich wie schon vor Jahrhunderten Cicero, der als Voraussetzung für einen gerechten Krieg die folgenden Bedingungen festlegte: Man hat erstens auf Unrecht zu reagieren, man hat zweitens vorher alle Versuche des Verhandelns auszuschöpfen, man muss drittens den Krieg von einer politischen Zentralmacht aus führen und man darf viertens als Kriegsziel die Wiederherstellung der Gerechtigkeit und die Wiedergutmachung des erlittenen Schadens nicht aus den Augen verlieren. Für Cicero ist somit der gerechte Krieg nichts anderes als eine Vollstreckung einer Strafe des Staates gegenüber einem Unrechtsstaat.

In unseren Tagen ist es zunehmend schwer zu entscheiden, ob die von Cicero genannte Voraussetzung für das Führen eines gerechten Krieges vorliegt. Die Lage war beim Zweiten Weltkrieg noch übersichtlicher. Zumal Hitler selbst den Krieg vom Zaun gebrochen hatte und offensichtlich war, dass er und seine Vasallen vor keiner Brutalität zurückschreckten. Wobei immer noch die schwelende Frage unbeantwortet bleibt, warum die alliierten Kräfte nie die Gleise bombardierten, auf denen bis zum bitteren Ende die Züge in die Vernichtungslager rollten.

Doch heute ist die Unsicherheit, was den gerechten Krieg betrifft, gewachsen. Der amerikanische Präsident George W. Bush glaubte, seinen Kampf gegen den irakischen Gewaltherrscher und brutalen Despoten Saddam Hussein als gerechten Krieg führen zu können. Doch die Meinung der anderen Staaten war geteilt.

Zwischen April und Juli 1994, in nur rund hundert Tagen, töteten Angehörige der Hutu-Mehrheit etwa 75 Prozent der im afrikanischen Ruanda lebenden Tutsi-Minderheit sowie moderate Hutu, die sich am Schlachten nicht beteiligten. Man schätzt, dass mindestens eine halbe Million, vielleicht sogar eine Million Menschen ihr Leben lassen mussten. Und das Morden ging – vor den Augen der Weltöffentlichkeit – mit brutaler Handarbeit vor sich: Einige Täter trennten die Körperteile ihrer Opfer nach und nach ab, um ihnen lang anhaltenden und großen Schmerz zuzufügen. Eine verbreitete Foltermethode gegen Tutsi war das Abhacken von Händen und Füßen. Dahinter stand nicht allein die Absicht, Fluchtversuche zu erschweren, sondern auch der

Gedanke des „Zurechtstutzens" groß gewachsener Menschen. Teilweise wurden Opfer aufgefordert, ihre eigenen Ehepartner oder Kinder umzubringen. Kinder wurden vor den Augen ihrer Eltern erschlagen. Menschen wurden gepfählt oder zum Kannibalismus genötigt. Größere Menschenmengen wurden häufig zusammengetrieben und in Gebäuden lebendig verbrannt oder mithilfe von Handgranaten getötet. Oft mussten sich die Opfer vor ihrer eigenen Tötung nackt ausziehen. Dies sollte sie demütigen, außerdem war die Kleidung für die Mörder so weiterverwendbar. In vielen Fällen wurden auch Beisetzungen bereits getöteter Tutsi verhindert, weil man die Leichen den Tieren zum Fraß vorwerfen wollte.

Die Administration des amerikanischen Präsidenten Bill Clinton vermied es bewusst, von einem Völkermord zu sprechen. Denn wären die Geschehnisse so bezeichnet worden, wäre die internationale Gemeinschaft gemäß der Konvention der Vereinten Nationen über die Verhütung und Bestrafung des Völkermords zwingend zum Handeln verpflichtet gewesen. Aber keine der Weltmächte sah sich nach bitteren Erfahrungen bei Kämpfen in Somalia ein halbes Jahr zuvor dazu veranlasst, in dieser armen Region Schwarzafrikas im Namen der Gerechtigkeit einen Krieg zu führen.

Gerechtigkeit und der ewige Frieden

Für den Dichter Matthias Claudius lag in der Macht göttlicher Engel die einzige Hoffnung, dass Kriege vermieden würden:

's ist Krieg! 's ist Krieg! O Gottes Engel wehre,
und rede du darein!
's ist leider Krieg – und ich begehre
nicht schuld daran zu sein!

Der zur selben Zeit lebende Philosoph Immanuel Kant hingegen betrachtete die Dinge nüchterner. Ausgangspunkt seiner Überlegungen war, dass der Frieden kein natürlicher Zustand für den Menschen sei und deshalb gestiftet werden müsse. Wie kann es gelingen, so fragt er sich, von der Vernunft geleitete Entscheidungen zu treffen und beim Friedensschluss nach Gerechtigkeit zu trachten?

Denn, das ist seine erste Bedingung für einen dauerhaften und von allen Streitparteien akzeptierten Frieden, es darf keine geheimen Vorbehalte geben, die Ursache für einen neuen Krieg darstellen können. In seiner zweiten Bedingung betont Kant, dass ein Staat nie Eigentum, sondern immer ein autonomes Gebilde sei, und daher bei einem Friedensschluss kein Staat gleichsam durch Besitznahme in einem anderen Staat aufgehen dürfe. Ein echter Friedensschluss beinhaltet, so Kants dritte Bedingung, dass stehende Heere „mit der Zeit ganz aufhören", weil sie die Nachbarstaaten bedrohen und reizen könnten. In seiner vierten Bedingung verbietet Kant einem Staat, bei einem Verbündeten Schulden zu machen, um einen Krieg vorzubereiten und zu finanzieren. Fünftens fordert Kant die unbedingte Achtung der Souveränität jedes Staates, was wir heute als „Prinzip der Nichteinmischung in die inneren Angelegenheiten eines Staates" kennen. Und schließlich verlangt Kant als sechste Bedingung, dass auch im Kriegsfall gewisse Grundregeln eingehalten werden müssen, damit ein Mindestmaß an Vertrauen erhalten bleibt und somit ein späterer Frieden überhaupt möglich ist. Insbesondere sind zu ächten: „die Anstellung von Meuchelmördern und Giftmischern, die Brechung der Kapitulation und die Anstiftung des Verrats in dem bekriegten Staat". Ist nämlich überhaupt kein Vertrauen mehr vorhanden, wird jeglichem Frieden der Boden entzogen und der Krieg mündet in grauenvolle Ausrottung.

In einem zweiten Abschnitt seiner Schrift nennt Kant drei „Definitivartikel" als Garanten für lang währenden Frieden. Der erste dieser Artikel besagt, dass ein friedliches Gemeinwesen am besten ein demokratischer Rechtsstaat, also ein Staat mit einer rechtlich verfassten parlamentarischen Ordnung ist. Im zweiten Artikel – hier sind Kants Gedanken besonders modern, weil sie mögliche Tücken im Entwurf der Europäischen Union aufdecken – wird dem Völkerrecht, welches das geordnete Nebeneinander einzelner souveräner Staaten ordnet, gegenüber der Idee eines „Völkerstaates" der Vorzug gegeben. Denn da alle Staaten selbst eine innere rechtliche Verfassung haben, steht eine übergeordnete Regierungsinstanz, so Kant, dazu im Widerspruch. Im dritten Artikel legt Kant fest, dass ein Fremder ein Besuchsrecht für ein anderes Land habe und sich somit in diesem Land aufhalten kann, ohne Feindseligkeiten zu erfahren, solange er sich selbst rechtmäßig verhält.

Kant wusste, dass sein Entwurf hochfliegend, wenn nicht gar weltentrückt war. Er war ironisch genug zu bemerken, dass er auf den Titel seiner Schrift, die er mit „Zum ewigen Frieden" überschrieb, gestoßen war, als er das Schild eines Wirtshauses gesehen hatte, das sich „Gasthaus zum ewigen Frieden" nannte.

Auf dem Schild war ein Dorfkirchlein mit einem es umgebenden Friedhof abgebildet.

Gerechtigkeit und Geschäft

Geld verschwindet nicht.
Es hat einfach ein anderer.
(Martin Haidinger, geb. 1969,
Historiker, Buchautor und Journalist)

„Der Erste, der ein Stück Land eingezäunt hatte und auf den Gedanken kam zu sagen: ,Dies ist mein', und der Leute fand, die einfältig genug waren, ihm zu glauben, war der wahre Begründer der zivilen Gesellschaft. Wie viele Verbrechen, Kriege, Morde, wie viele Leiden und Schrecken hätte nicht derjenige dem Menschengeschlecht erspart, der die Pfähle herausgerissen oder den Graben zugeschüttet und seinen Mitmenschen zugerufen hätte: ,Hütet euch davor, auf diesen Betrüger zu hören! Ihr seid verloren, wenn ihr vergesst, dass die Früchte allen gehören und dass die Erde niemandem gehört!'"

1754 erschien die Schrift „Discours sur l'origine et les fondements de l'inégalité parmi les hommes" („Diskurs über den Ursprung und die Grundlagen der Ungleichheit unter den Menschen") von Jean-Jacques Rousseau, in der dieses Zitat den Ausgangspunkt seiner Idee vom *état de nature*, vom Naturzustand des Menschen, bildete. In seinem Naturzustand, so Rousseau, war der Mensch gleichgültig gegenüber anderen Menschen. Er kannte keine moralischen Pflichten und Rechte, war weder gut noch schlecht, sondern schlicht unabhängig.

Aber mit dem Einzäunen des vermeintlichen Besitzes taucht die Idee des Eigentums auf. Und statt dass die Mitmenschen denjenigen, der den ersten Zaun um „sein" Gehöft legte, für verrückt erklären, weil er sie aus dem friedlichen Naturzustand herausreißt, beginnen auch sie, Äcker abzustecken und für ihr Eigentum zu erklären. Bis alles fruchtbare Land vergeben ist. Und die vielen Dummen, die besitzlos übrig geblieben sind, können nichts anderes tun, als sich als Tagelöhner, Mägde und Knechte verdingen. Die Menschen haben ihre Unabhängigkeit verloren und sich in den Ketten des Kapitals verfangen.

Es klingt einleuchtend. Aber Rousseau hat abgrundtief unrecht.

Eigentum
will verteidigt werden.

Er hat unrecht, wenn er meint, es würde im Naturzustand kein Eigentum geben. Denn die Unterscheidung zwischen dein und mein, zwischen dem Unsrigen und dem Eurigen, ist schon bestimmten höheren Tieren eigen, die sich zweifellos im Naturzustand befinden: Sie besetzen Territorien, wie wenn es ihr Besitz wäre, Gebiete, die sie durch Revierverhalten verteidigen. So werden fremde Artgenossen daran gehindert, einzudringen oder gar ansässig zu werden. Selbst Haustiere verhalten sich so. Kater markieren eine Wohnung, indem sie Urin auf Möbel verspritzen und ihre Krallen an Türrahmen wetzen.

Daher war es kein unheilbringender Einfall eines völlig Übergeschnappten, plötzlich einen von ihm bewirtschafteten Acker als sein Eigentum zu erklären. Eigentum hat es schon immer gegeben. Immer schon haben Menschen Anspruch auf Güter erhoben und diesen gegen Widersacher zu verteidigen gesucht. Nicht die Erfindung des Eigentums hat die zivile Gesellschaft begründet, sondern die Erfindung von Regelwerken, um den barbarischen, faustrechtartigen Kampf jeder gegen jeden um Güter, die nicht im Überfluss vorhanden sind, zu verhindern.

Jericho, eine der ältesten Städte der Welt, an einer der wasserreichsten Oasen des Orients nördlich des Toten Meeres gelegen und daher besonders für eine Besiedlung geeignet, war bereits um 8000 v. Chr. von einer mächtigen Mauer umgeben, weil die Bewohner ihr Hab und Gut vor möglichen Angreifern schützen wollten. Im Buch Josua wird geschildert, wie bei der Landnahme von Kanaan durch die Juden die Mauern von Jericho beim Ertönen von sieben Schofaren, aus Widderhorn gefertigten Posaunen, einstürzten.

Schon damals vertraute man die Verteidigung des Eigentums den Herrschern an. Die in Mesopotamien im 3. vorchristlichen Jahrtausend entstandene Tempelwirtschaft regelte gegen Bezahlung an die Tempelverwaltung, an die dort herrschenden Priester, die Bewirtschaftung des Landes. Im Judentum wurde dies übernommen: Die Nachkommen aus dem Stamm Levi, einem der zwölf Söhne Jakobs, erhielten nach der Landnahme von Kanaan als Einzige keinen Grund und Boden, stattdessen standen ihnen die Tempelabgaben zu. Denn sie waren für Organisation und Sicherung des Reiches und damit auch für die rechtmäßige Verwaltung der Besitzungen verantwortlich.

Im alten Ägypten beherrschte der Tauschhandel die private Wirtschaft und die Menschen profitierten von zentraler Versorgung mit den Gütern des täglichen Bedarfs. Voraussetzung dafür war eine reibungslos funktionierende Bürokratie. Sie sammelte im Auftrag des von den Göttern abstammenden Pharao die Abgaben und Tribute und verteilte sie wieder. Dahinter stand die Vorstellung, dass das Land mit allem, was darin ist, dem Gottkönig gehörte, der darüber verfügte, wie es ihm beliebte, und für seine Untertanen sorgte. Schließlich war er als Abkömmling der Götter der alleinige Garant für das Fortbestehen der Welt. In einem gewissen Sinne besaß kein Ägypter auch nur das kleinste Stückchen Land als Eigentum, denn in Wahrheit war alles auf der Erde Eigentum der Götter. Man konnte bestenfalls das Land in Besitz nehmen, es war einem gleichsam nur geliehen.

Wobei von Vorteil war, dass die ägyptische Erde, vom Nil bewässert, fast von selbst die reichen Ernten lieferte. Der antike

Geschichtsschreiber Herodot, einer der ersten Touristen Ägyptens, berichtet, dass die Bauern „sich nicht zu mühen brauchen, mit dem Pflug Furchen aufzubrechen, nicht zu hacken brauchen, noch sonst eine der Arbeiten zu verrichten, mit denen andere Menschen sich bei ihrem Saatfeld abplagen. Wenn vielmehr bei ihnen der Fluss von alleine kommt und die Fluren tränkt und nach dem Tränken wieder zurückweicht, dann besät ein jeder sein Feld und treibt bloß Schweine darauf. Ist die Saat von diesen Schweinen eingetreten, braucht er nur die Ernte abzuwarten und drischt mit diesen Schweinen sein Korn aus und bringt es so ein."

Griechische und römische Großgrundbesitzer betrachteten das von ihnen bewirtschaftete Land hingegen wie selbstverständlich als ihr Eigentum. Und sie bewirtschafteten es natürlich nicht mit den eigenen Händen – wenn, dann nur in der frühesten Zeit des Lucius Quinctius Cincinnatus, jenes Bauern, den der römische Senat von seinem Feld in die Stadt Rom rief, damit er dort als Diktator die Verteidigung gegen angreifende Stämme leite, und der danach, so erzählt die fromme Legende, wieder zu seinem Pflug zurückkehrte. Tatsächlich verrichteten die Arbeit am Feld Sklaven. Wie überhaupt jede Arbeit Angelegenheit der Sklaven war. Mit Arbeit Eigentum zu erwerben, gar reich zu werden, wäre keinem Griechen oder Römer im Traum eingefallen. Das altgriechische *pónos* wie das lateinische *labor* bedeuten zugleich Arbeit wie auch Plage, Mühe und Not. Im Begriff „Arbeit" schwang damals nichts Positives mit. Das gute Leben bestand vielmehr darin, von den Mühen und Plagen der Arbeit *frei* zu sein. Es bestand in der altgriechischen *scholé* oder dem lateinischen *otium*, der Muße, einem uns Heutigen beinahe schon unbekannten Wort, das wir fast abfällig mit „Beschaulichkeit" oder „Dolcefarniente" umschreiben.

114

Waren aller Art
gibt es auf dem Markt.

Sklavenarbeit, Frondienst und in nachfolgenden Zeiten die Lohn-
arbeit jedoch erlaubten, ungleich viel mehr an Lebensmitteln und
Gütern hervorzubringen, als die Erde mehr oder minder von
selbst hergibt. Somit entstand ein völlig neues Moment der Wirtschaft, das sich, mit der Antike beginnend, über die mittelalter-
lichen Feudalsysteme, über die mekantilistische und die indus-
trielle Zeit bis in unsere Gegenwart mit immer größerer Wucht
entwickelte: Man eignet sich nicht bloß das Vorhandene an, man
produziert. Karl Marx sah darin den entscheidenden Schritt über
das Animalische hinaus: Die Menschen „fangen an, sich von den
Tieren zu unterscheiden, sobald sie anfangen ihre Lebensmittel *zu
produzieren"*. Und zugleich wird ein weiteres, die Wirtschaft
beflügelndes Moment in Gang gesetzt: Man produziert nicht bloß
Waren, man produziert auch *Bedürfnisse*. Im Unterschied zum
Tier, das einen scheinbar fixen Vorrat an Bedürfnissen hat, ist der
menschliche Konsument einer schier endlosen bunten Palette
möglicher Bedürfnisse ausgeliefert, die ihn verführen und ver-
leiten, die er nicht zu überblicken imstande ist und die von den
Produzenten der Bedürfnisse andauernd erweitert, verfeinert und
verästelt werden.

Waren werden auf dem Markt feilgeboten. Dies ist der Ausgangspunkt der modernen freien Wirtschaft. Wobei „Ware"
vieles sein kann: produzierte Waren wie Lebensmittel, wie die
Güter des täglichen Gebrauchs, wie Immobilien oder Luxus-
artikel, wie Kunstwerke, die zum Verkauf freigegeben sind. Aber
auch vieles andere mehr: Rohstoffe, die Arbeitskraft eines Menschen, sogar Erfindungen und Ideen, wie zum Beispiel solche zum
Wecken bestimmter Bedürfnisse.

Jede Ware hat ihren Wert. Doch wie bemisst man diesen? Wie
bestimmt man den gerechten Preis? Dies sind die Fragen, welche
die Gerechtigkeit mit dem Geschäft verknüpfen.

Nicht alles ist Ware
– selbst wenn es wertvoll ist.

Denn es gilt zu bedenken, dass es Waren gibt, die wertvoll sind, obwohl sie gar keinen Preis haben, weil sie nicht auf dem Markt zum Verkauf stehen. Zum Beispiel die Luft, die wir atmen. Sie ist uns sehr viel wert, denn ohne sie erstickten wir. Aber sie wird nicht verkauft – noch nicht, dürfen wir vorsichtig sagen, denn wer weiß: Vielleicht nimmt das Maß der Verschmutzung unserer Erde solche Ausmaße an, dass man sich zum Verkauf von Luft wird entschließen müssen. Auch die musikalischen Einfälle waren wertvoll, die Beethoven auf einer der Soirees, an denen er auftreten durfte, einfach darauflosgespielt zum Besten gab. Aber sie sind verklungen, niemand hat die Noten aufgeschrieben, man kann sie einfach nicht auf dem Markt anbieten. Und als drittes Beispiel sei die Hausarbeit erwähnt. Eine Person, die für sich und ihre Familie den Haushalt führt, leistet schätzenswerte Arbeit, doch es ist eine Arbeit, die nicht auf dem Markt gehandelt wird. Ein Preis, der sich aus Angebot und Nachfrage ergibt, wird für sie nicht erlegt. Darum wird sie auch nicht in die Wirtschaftsleistung eines Staates einbezogen, sie scheint im Bruttosozialprodukt nicht auf. Wobei das Paradoxon entsteht: Erkrankt dieses wertvolle, aber „preislose" Arbeit verrichtende Familienmitglied, sodass sich die Familie um jemand Externen bemühen muss, der nun die Hausarbeit übernimmt, begibt sie sich, ob sie es will oder nicht, auf den Markt und kauft zu einem bestimmten Preis die Stunden Arbeitsleistung einer Haushaltshilfe, die nun die – hoffentlich – gleich wertvolle Arbeit verrichtet.

Doch auf dem Markt zählt nicht der ideelle Wert einer Ware (wobei natürlich auch eine Dienstleistung unter unseren weit gefassten Begriff der „Ware" fällt), sondern der für diese Ware erzielte Preis. Und dieser Marktpreis muss nicht einmal mit dem „natürlichen Preis" übereinstimmen, der sich aus dem

Arbeits- und Materialaufwand ergibt, diese Ware zu produzieren und anzubieten. Eine scheinbare Quelle von Ungerechtigkeit.

Ein Beispiel: Eine hart arbeitende, alleinerziehende Kindergärtnerin findet es nachvollziehbar ungerecht, dass sie für ihre Arbeit ein Gehalt bezieht, mit dem sie sich und ihre Familie so recht und schlecht über die Runden bringt, während der Vater eines der ihr anvertrauten Kinder als gefeierter Quizmoderator im Fernsehen mehr als das Dutzendfache dafür verdient, dass er einmal im Monat für ihn vorgefertigte Fragen mit verschmitztem Lächeln vor der Kamera vorlesen darf. Dieses Ungerechtigkeitsempfinden rührt daher, dass sie den Wert der beiden Tätigkeiten vergleicht und zur Ansicht gelangt: Ihre Arbeit ist schwerer und zugleich nützlicher als jene des Moderators, wird jedoch mit viel weniger Bezahlung honoriert.

Aber der Markt bemisst den Wert einer Arbeit nicht nach deren Aufwand oder Nutzen für die Gesellschaft, sondern einzig und allein danach, wie gut sich mit ihr handeln lässt. Und einer Kindergärtnerin wollen, im Gegensatz zum Fernsehquizmoderator, nun einmal nicht Hunderttausende bei der Arbeit zuschauen, weshalb sie für die Werbeindustrie, die an diesen Hunderttausenden interessiert ist, keine Rolle spielt. Darum stufen die Teilnehmer am Markt den Handelswert des Fernsehquiz ungleich höher ein als den, kleine Kinder zu betreuen und zu erziehen. Von ihrer Warte aus befinden sie die unterschiedlichen Entlohnungen für gerecht.

Der Markt ist wie ein Spiel
– mit einem Würfel.

Der Markt verhält sich, was Gerechtigkeit anlangt, wie die im Kapitel „Gerechtigkeit und Gleichheit" beschriebene Natur: Der Markt ist nicht gerecht. Er ist aber auch nicht ungerecht. Das wäre er nur, wenn er ungerechte Unterschiede schaffen *wollte*.

Aber der Markt besitzt keinen zielgerichteten Willen. Das Marktgeschehen scheint regellos, chaotisch zu sein.

Man erkennt dies, wenn man die Aktienkurse betrachtet, die wie wirre auf und ab strebende Kurven in einem Koordinatensystem eingetragen sind, bei dem sich nach rechts die Zeitachse und nach oben der Wert der Aktien erstrecken. Studiert man den typischen Kursverlauf von 1950 bis 2010, sieht man ein regelloses Auf und Ab. Verkürzt man das Zeitintervall von 2000 auf 2010, so bleibt, skaliert man die senkrechte Achse so, dass der Kursverlauf wieder in voller Größe sichtbar wird, das ständige Auf und Ab bestehen. Verkürzt man das Zeitintervall vom 4. Januar 2010 auf den 26. August 2010, sieht man immer noch das ständige, regellose Auf und Ab. Und dies bleibt, richtet man die senkrechte Achse wieder entsprechend ein, sogar dann noch bestehen, wenn man das Zeitintervall vom 26. August 2010 von 9 Uhr früh bis 16 Uhr nachmittags betrachtet.

Es war einer der wenigen Schüler des herausragenden französischen Mathematikers Henri Poincaré, Louis Bachelier, dem im Zuge des Verfassens seiner Dissertation „Théorie de la Spéculation" dieses eigenartig chaotische Verhalten von Börsenkursen auffiel. Der Punkt auf den Charts, der den jeweiligen Wert der Aktie anzeigt, bewegt sich wie die unregelmäßig zuckenden Bewegungen eines Pollens auf der Oberfläche eines Wassertropfens, die der Botaniker Robert Brown 1827 unter dem Mikroskop beobachtete. Dabei wird der Pollen von den Wassermolekülen, die sich in ständiger regelloser Wärmebewegung befinden, sprunghaft hin und her gestoßen.

Deshalb ist es sehr sinnvoll, dass in dem in der Vorcomputerzeit sehr beliebten Brettspiel Monopoly (oder in seiner deutschsprachigen Variante DKT – Das Kaufmännische Talent), dessen Ziel es ist, ein Grundstücksimperium aufzubauen und alle anderen Mitspieler in die Insolvenz zu treiben, der Würfel die Hauptrolle einnimmt. John Allen Paulos, Professor für Mathematik an der Temple University in Philadelphia, hatte um die Jahrtausendwende riskant an der Börse spekuliert und sich entschieden, einen Großteil seines Vermögens in WorldCom-Aktien zu investieren. Mit einem für ihn katastrophalen Verlust. Denn der Firmengründer Bernard Ebbers, der das Unternehmen in knapp zwei Jahrzehnten zu einer der weltgrößten Telefongesellschaften hinaufpushte, betrog seine Aktionäre und Gläubiger um mehr als zehn Milliarden Dollar. Als der Kurs von WorldCom in den Keller rasselte und John Allen Paulos im verrückten Glauben, WorldCom würde sich vielleicht wieder erholen, sein Aktienpaket starrsinnig behielt, wälzte er die folgenden Gedanken:

„War mein exzessives Engagement in die WorldCom-Aktien die Folge einer unzulässigen Verallgemeinerung des Monopoly-Spiels? Wohl kaum, doch solche ‚Genauso-wie'-Geschichten fallen einem oft ein. Einmal abgesehen von der Gefängniskarte hätte ein Brettspiel namens WorldCom nur wenige Gemeinsamkeiten mit Monopoly (doch vermutlich einige mit dem Computer-Kultspiel Grand Theft Auto). Die Spielfelder eines solchen Brettspiels würden etwa Ermittlungen der Börsenaufsichtsbehörde, strafrechtliche Verfolgungen, Aktiengeschenke bei Erstemissionen oder freundliche Analystenbeurteilungen auslösen. Wer es bis zum CEO brächte, dürfte Kredite von bis zu 400 Millionen US-Dollar aufnehmen (oder bis zu einer Milliarde US-Dollar in späteren Versionen des Spiels). Angestellte hingegen müssten nach jedem Spielzug einen Groschen in die Kaffeekasse werfen und einen bestimmten Teil ihrer Ersparnisse in Aktien des Unternehmens anlegen. Wer das Pech hätte, ein Aktionär zu werden, müsste während des Spiels sein Hemd ausziehen, während man als Finanzchef des Unternehmens Aktienoptionen erhielte und das Hemd des Aktionärs behalten dürfte. Das Spielziel bestünde darin, so viel Geld und so viele Hemden der Mitspieler wie möglich anzuhäufen, bevor das Unternehmen in den Konkurs fällt.

Mit Spielgeld wäre dies womöglich ein lustiges Spiel; im wirklichen Leben war es alles andere als das."

Ernüchtert und verarmt, entschloss sich John Allen Paulos schließlich, ein Buch mit dem Titel „Das einzig Gewisse ist das Ungewisse" zu verfassen, worin er aus mathematischer Sicht und für ihn leider erst im Nachhinein erklärt, warum das Risiko, sich nur auf einen einzigen Aktientitel zu stürzen, den Ruin bedeutet, wenn es schlagend wird. Ob er mit den Tantiemen für das Buch seinen Verlust wieder wettmachen konnte, steht auf einem anderen Blatt.

Nun darf man entgegnen, dass Bernard Ebbers, von krimineller Energie getrieben, seine Aktionäre schlicht betrogen hat und dies eben nicht den Normalfall des Marktgeschehens widerspiegelt. Doch selbst wenn alles am Markt rechtens abliefe, bliebe immer noch das von Bachelier beschriebene regellose Verhalten der Börsenkurse bestehen. Monopoly kann nicht ohne den Würfel gespielt werden, und auch auf dem Markt herrscht der Zufall.

Das Spiel ist nicht gerecht, höchstens seine Regeln.

Vielleicht, so könnte man argumentieren, lässt sich Gerechtigkeit im Wirtschaften erzwingen. Möglich wäre dies, wenn eine alles bestimmende Instanz – am naheliegendsten der Staat – in einer Zentralverwaltungswirtschaft die Produktion und den Verbrauch von Gütern vollständig plant. Damit wäre der Wettbewerb, bei dem niemand über die Macht verfügt, einen anderen ökonomisch zu lenken, aufgehoben. Ideen dafür kann man bis zu Platons Schrift „Der Staat" zurückverfolgen, Thomas Morus träumte in „Utopia" davon, Tommaso Campanella in „La città del Sole" und Karl Marx in seinem Entwurf einer kommunistischen Gesellschaft.

Doch gut gemeint ist oft das Gegenteil von gut. Was geschieht, wenn dem Staat allein die Lenkung der Wirtschaftsprozesse obliegt, wurde im groß angelegten „Experiment" der sogenannten „realsozialistischen Länder" des Ostblocks vorgeführt.

Die Unzulänglichkeiten waren eklatant: Die Zentralstelle weiß einfach nicht genug über die Fähigkeiten und Interessen der Einzelnen Bescheid, um vernünftig planen zu können. Sie kennt einfach nicht die Vielfalt der Bedürfnisse. Mangel oder Überschuss von Waren sind die Folge. Und weil in der Zentralverwaltungswirtschaft Anweisungen und Planvorgaben der staatlichen Behörden verbindlich sind und keine oder nur ganz geringe Entscheidungsspielräume bestehen, fehlt es an Dynamik im Wirtschaftsgeschehen, an Innovationen, an Flexibilität. Es fehlt schlicht der Wettbewerb.

Andererseits, so meinte jedenfalls John Maynard Keynes, hatte bei der Weltwirtschaftskrise des Jahres 1929 das vom Staat unbeeinflusst wirkende, nur auf den freien Markt vertrauende System versagt. Wie, so fragte sich Keynes, kann durch staatliches, gesamtwirtschaftlich orientiertes Handeln das Versagen des Marktes verhindert oder wenigstens gemildert werden. Im Rahmen einer BBC-Radiosendung erklärte er am 14. März 1932, der Staat müsse eine aktive Rolle übernehmen. Das Marktgeschehen müsse staatlich geplant werden. „Wir können", so Keynes, „die Wünschbarkeit und sogar die Notwendigkeit von Planung akzeptieren, ohne Kommunist, Sozialist oder Faschist zu sein." Wie weit also darf der Staat in den Markt eingreifen, um einerseits die Dynamik der Wirtschaft wahren und andererseits für Gerechtigkeit in der Verteilung von Gütern und Löhnen sorgen zu können?

Walter Eucken, deutscher Ökonom und Philosoph, gibt hierauf die einzig gültige Antwort: „Ob wenig oder mehr Staatstätigkeit – diese Frage geht am Wesentlichen vorbei. Es handelt sich nicht um ein quantitatives, sondern um ein qualitatives Problem. Der Staat soll weder den Wirtschaftsprozess zu steuern versuchen, noch die Wirtschaft sich selbst überlassen: Staatliche Planung der Formen – ja; staatliche Planung und Lenkung des Wirtschaftsprozesses – nein. Den Unterschied von Form und Prozess erkennen und danach handeln, das ist wesentlich. Nur so kann das Ziel erreicht werden, dass nicht eine kleine Minderheit, sondern alle Bürger über den Preismechanismus die Wirtschaft lenken können. Die einzige Wirtschaftsordnung, in der dies möglich ist, ist die des ‚vollständigen Wettbewerbs‘. Sie ist nur realisierbar, wenn allen Marktteilnehmern die Möglichkeit genommen wird, die Spielregeln des Marktes zu verändern. Der Staat muss deshalb durch einen entsprechenden Rechtsrahmen die Marktform – das heißt die Spielregeln, in denen gewirtschaftet wird – vorgeben."

Die Erfindung des Geldes beflügelt den Markt.

Wie kommt es überhaupt zur Dynamik im Marktgeschehen? Betrachten wir das läppische Beispiel, ich besäße acht Stühle, aber keinen Tisch, mein Nachbar aber hat zwei Tische und keine Stühle. Dann können wir einen Tausch durchführen: Vier meiner Stühle bekommt mein Nachbar, dafür überlässt er mir einen seiner Tische. Denn dem Nachbarn sind meine vier Stühle, die ich in der Überzahl hatte, mehr wert als der zusätzliche Tisch, den er mir gab. Und auch ich schätze den Wert des erworbenen Tisches höher ein als den der vier überzähligen Stühle.

Dabei, und auch in allem, was folgt, wollen wir stets ein ehrliches Geschäft voraussetzen: Mein Nachbar legt mich nicht hinein, indem er mir jenen seiner Tische überlässt, der wackelt. Und auch ich übervorteile ihn nicht, denn die Stühle, die ich ihm gebe, sind gleich gut wie jene, die ich behalte. Weder mein Nachbar noch ich haben irgendetwas mit den beiden Bernards, Ebbers und Madoff, gemein.

Allerdings ist das beschriebene Tauschgeschäft allzu simpel. Ist es doch höchst unwahrscheinlich, dass gerade mein Nachbar einen überzähligen Tisch besitzt und nicht eine mir unbekannte Person in einer fernen Stadt. Schon früh erkannte man, dass dem

Tauschhandel Grenzen gesetzt sind, die es zu überwinden gilt. Man erfand das Geld. Es ist eine besondere Ware, die sich von anderen Waren dadurch unterscheidet, dass sie nicht unmittelbar den Bedarf eines Tauschpartners befriedigt, sondern aufgrund allgemeiner Anerkennung zu weiterem Tausch eingesetzt werden kann. In unserem Beispiel: Mein Nachbar hat nur einen Tisch, ist aber vermögend. Ich verkaufe ihm vier meiner acht Stühle gegen jene Summe Geldes, die ich benötige, um bei einem Dritten, dem Möbelhändler im Dorf, einen Tisch erwerben zu können. Durch das Geld ist mein Geschäft mit dem Nachbarn und dem Möbelhändler zu einem Bestandteil des globalen Marktgeschehens geworden. Denn das Geld, das mein Nachbar mir gegeben hat, muss ja von irgendwoher gekommen sein. Dass ich mich nicht dafür interessiere, ändert nichts an der Tatsache, dass ich damit unversehens in ein gigantisches Netzwerk von Käufen und Verkäufen eingebunden bin.

Karl Marx preist hymnisch das Geld und entdeckt Wundersames.

Es gibt keinen pathetischeren Hymnus auf das Geld als jenen, den – man höre und staune – Karl Marx in seinen „Ökonomisch-philosophischen Manuskripten" angestimmt hat:

„Was durch das *Geld* für mich ist, was ich zahlen, das heißt was das Geld kaufen kann, das *bin ich*, der Besitzer des Geldes selbst. So groß die Kraft des Geldes ist, so groß ist meine Kraft. Die Eigenschaften des Geldes sind meine – seines Besitzers – Eigenschaften und Wesenskräfte. Das, was ich *bin* und *vermag*, ist also keineswegs durch meine Individualität bestimmt. Ich *bin* hässlich, aber ich kann mir die *schönste* Frau kaufen. Also bin ich nicht *hässlich*, denn die Wirkung der *Hässlichkeit*, ihre abschreckende Kraft, ist durch das Geld vernichtet. Ich – meiner

Individualität nach – bin *lahm*, aber das Geld verschafft mir 24 Füße; ich bin also nicht lahm. Ich bin ein schlechter, unehrlicher, gewissenloser, geistloser Mensch, aber das Geld ist geehrt, also auch sein Besitzer. Das Geld ist das höchste Gut, also ist sein Besitzer gut, das Geld überhebt mich überdem der Mühe, unehrlich zu sein; ich werde also als ehrlich präsumiert; ich bin *geistlos*, aber das Geld ist der *wirkliche Geist* aller Dinge, wie sollte sein Besitzer geistlos sein? Zudem kann er sich die geistreichen Leute kaufen, und wer die Macht über die Geistreichen hat, ist der nicht geistreicher als der Geistreiche? Ich, der durch das Geld *alles*, wonach ein menschliches Herz sich sehnt, vermag, besitze ich nicht alle menschlichen Vermögen? Verwandelt also mein Geld nicht alle meine Unvermögen in ihr Gegenteil?"

Und an anderer Stelle:

„Wenn ich mich nach einer Speise sehne oder den Postwagen brauchen will, weil ich nicht stark genug bin, den Weg zu Fuß zu machen, so verschafft mir das Geld die Speise und den Postwagen, das heißt es verwandelt meine Wünsche aus Wesen der Vorstellung, es übersetzt sie aus ihrem gedachten, vorgestellten, gewollten Dasein in ihr *sinnliches, wirkliches* Dasein, aus der Vorstellung in das Leben, aus dem vorgestellten Sein in das wirkliche Sein. Als diese Vermittlung ist das Geld *die wahrhaft schöpferische Kraft.*"

Meinte Marx dies alles ernst oder zynisch? Man darf annehmen, dass eher Ersteres der Fall ist, denn Marx, der bis zu seinem Tod im Jahre 1883 in London immer an hochgradiger Geldnot litt, muss eine tiefe Sehnsucht nach dem Geld entwickelt haben. Vor allem aber ist ihm am Geld, das ihm persönlich so sehr fehlte, eine Entdeckung geglückt, die in der Tat bemerkenswert ist:

Wir haben bereits gehört, dass folgendes Geschehen denkbar ist: Ich verkaufe eine Ware W, zum Beispiel meine vier Stühle, erhalte dafür einen bestimmten Geldbetrag G und verwende diesen, um mir eine andere Ware W', zum Beispiel einen Tisch, leisten zu können. Auf eine Formel verkürzt, schreiben wir für dieses Geschäft $W{\rightarrow}G{\rightarrow}W'$. Und ich tätige dieses Geschäft gern, weil mir die Ware W', die ich kaufte, wertvoller scheint als die Ware W, die ich verkaufte.

Marx stellt fest, dass es auch das Geschäft der Form $G{\rightarrow}W{\rightarrow}G'$ geben muss. Es ist, so findet er heraus, jenes Geschäft, das von einem Kapitalisten getätigt wird. Dieser investiert einen bestimmten Geldbetrag G in eine Ware W. Mag sein, dass er wirklich einen Rohstoff oder ein handwerklich oder maschinell erzeugtes Produkt kauft, mag sein, dass er eine Dienstleistung für sich beansprucht, mag sein, dass er in die Entwicklung einer Erfindung investiert oder Aktien von einem Unternehmen kauft, was auch immer. Wesentlich ist, dass er danach für die Veräußerung der Ware W einen Geldbetrag G' kassiert. Und dieser, das ist die Pointe des Geschäfts, ist *größer* als der ursprüngliche Betrag G.

Dass mir bei meinem albernen Möbelgeschäft der erhaltene Tisch W' mehr wert ist als die von mir als W verkauften vier Stühle, ist meine persönliche Angelegenheit. Auf dem Markt sind beide den gleichen Geldbetrag G wert. Beim Geschäft des Kapitalisten jedoch bedeutet der im Vergleich zu G höhere Geldbetrag G' einen von allen Teilnehmern des Marktes objektiv anzuerkennenden Gewinn. Wie ein professioneller Mathematiker schreibt Marx: $G' = G + \Delta G$, wobei das ΔG den Gewinn symbolisiert, den der Kapitalist aus seinem Geschäft erzielt, wodurch das vorgeschossene Geld vermehrt wird um einen zusätzlichen Geldbetrag, ein *Inkrement*: „Dieses Inkrement oder den Überschuss", so schreibt Marx, „über den ursprünglichen Wert nenne ich – Mehrwert (surplus value). Der ursprünglich vorgeschossene Wert erhält sich daher nicht nur in der Zirkulation, sondern in ihr verändert er seine Wertgröße, setzt einen Mehrwert zu oder verwertet sich. Und diese Bewegung verwandelt sich in Kapital."

Klar, dass bei solchen Aussichten jeder am Markt teilnehmen und Kapitalist spielen möchte. Die Frage ist nur: Warum funktioniert die Geschäftsform $G{\rightarrow}W{\rightarrow}G'$ mit einem am Schluss größeren Geldbetrag G', als der Geldbetrag G vorher gelautet hat, überhaupt? Denn wir haben ja die Möglichkeit des Betrugs ausgeschlossen. Der Kapitalist kauft nicht um billiges Geld einen wackligen Tisch, den er mir Naivem zu einem hohen Preis als Prunkstück seines Lagers andreht. Die Geschäftsform $G \rightarrow W \rightarrow G'$ funktioniert auch dann, wenn es auf dem Markt ehrlich zugeht. Warum?

Arbeit mag Wirtschaft wachsen lassen, aber der wahre Motor ist die Zeit.

Eine mögliche Antwort wäre, dass Marx nur eine Seite dieser Geschäftsform gesehen habe, und in Wirklichkeit wäre das Marktgeschehen im Ganzen ein Nullsummenspiel. Denn es gibt auch den leidigen Fall, dass ΔG negativ ausfällt: Der Kapitalist investiert eine Summe Geldes und bekommt am Ende des Tages weniger, als er eingesetzt hat. Bei einem Nullsummenspiel gleichen sich die Gewinne mit den Verlusten aus. Das Marktgeschehen wäre somit nichts anderes als eine gigantische Umverteilung einer bestehenden riesigen, aber sich nicht vermehrenden Geldmenge.

Aber Marx hatte nicht nur die Butterseite des Kapitalistendaseins gesehen. Er wusste, dass es auch Verlustgeschäfte und schmerzhafte Abschreibungen von getätigten Investitionen gibt. Doch ein Nullsummenspiel liegt nicht vor. Auf lange Zeit betrachtet und über viele Teilnehmer des Marktes gemittelt, ist ein stetes Wirtschaftswachstum zu registrieren. Wie erklärt sich dieses?

Der Mehrwert komme, so meint Marx, durch die Arbeitszeit zustande: „Wir wissen jedoch bereits", schreibt er, „dass der Arbeitsprozess über den Punkt hinaus fortdauert, wo ein bloßes Äquivalent für den Wert der Arbeitskraft reproduziert und dem Arbeitsgegenstand zugesetzt wäre. Statt der 6 Stunden, die hierzu genügen, währt der Prozess zum Beispiel 12 Stunden. Durch die Betätigung der Arbeitskraft wird also nicht nur ihr eigener Wert reproduziert, sondern ein überschüssiger Wert produziert. Dieser

Mehrwert bildet den Überschuss des Produktenwerts über den Wert der verzehrten Produktbildner, das heißt der Produktionsmittel und der Arbeitskraft." Er meint also, dass durch einen Überschuss an Arbeit, der von der Investition des Kapitalgebers nicht gedeckt ist, die Ware den Mehrwert erhält. Gäbe es diese überschüssige Arbeitszeit nicht, würde sich die arbeitende Person, die ja als armer Schlucker buchstäblich nichts anderes als ihre Haut zu Markte tragen kann, nicht zu dieser zusätzlichen Arbeitszeit zwingen lassen, käme der Mehrwert nicht zustande und es bliebe G' mit G identisch.

Aber das Wort „Arbeitszeit" trifft nicht genau den Punkt.

Weil die Arbeitszeit nichts über die in dieser Zeit geleistete Arbeit aussagt – wer in zwölf Stunden halb so schnell arbeitet wie in sechs Stunden, erledigt das gleiche Pensum. So gesehen müsste ein treuer Glaubender an die marxistische Ökonomie „Arbeitszeit" durch „Arbeit" ersetzen. Tatsächlich jedoch sollte man bei der Erklärung für die Herkunft des Mehrwerts das Wort „Arbeitszeit" nicht durch „Arbeit", sondern vielmehr durch „Zeit" ersetzen.

Denn wir wissen bloß, dass zu einem bestimmten Zeitpunkt der mit W bezeichnete Rohstoff, das mit W bezeichnete Produkt, die mit W bezeichnete Dienstleistung, die mit W bezeichnete Erfindung, was auch immer die mit W bezeichnete Ware darstellt, das Geld G wert war, ansonsten hätte der Kapitalist nicht genau diesen Betrag zu diesem Zeitpunkt für die Ware eingesetzt. Und wir wissen, dass zu einem *späteren* Zeitpunkt diese Ware das Geld G' wert ist. Um diesen neuen Preis wird sie auf dem Markt gehandelt. Dass sich G und G' voneinander unterscheiden, wird allein durch die verschiedenen Zeitpunkte ermöglicht. Dies wissen wir, *mehr aber wissen wir nicht.*

1840 zahlte man einen müden Penny, um in Großbritannien einen Brief mit einer „One Penny Black", der ersten auf der Welt ausgegebenen Briefmarke, frankieren zu können. Heute erzielt die Marke, trotz ihrer hohen Auflage, bei Sammlern Preise von einigen hundert Euro. Wobei die höchsten Preise dann zustande kommen, wenn zwischen 1840 und heute *keine* Arbeit – denn diese wäre für sie schädlich – an der Marke verrichtet wurde.

Es ist richtig, dass man aus eigener Initiative versuchen kann, die Ware *W*, die man für den Betrag *G* erworben hat, später für den höheren Geldbetrag *G'* zu veräußern. Dies zu wollen, liegt im Wesen des kreativen Unternehmertums. Und in vielen, wenn nicht den meisten Fällen wird überschüssige Arbeit dabei tatsächlich die entscheidende Rolle spielen, so wie Karl Marx meinte.

Es ist aber genauso richtig, dass man einfach nur auf einen Gewinn spekulieren kann: Man glaubt die zeitliche Entwicklung des wirtschaftlichen, technologischen, sozialen, politischen Umfelds so gut abschätzen zu können, dass sich ohne eigenes Zutun der Wert der Ware *W* zu einem späteren Zeitpunkt erhöht haben wird. Hier, würde Marx erwidern, steckt verborgene Arbeit der vielen Namenlosen dahinter, die im Überschuss produzieren und damit für die genannte Entwicklung des wirtschaftlichen, technologischen, sozialen, politischen Umfelds sorgen. Das mag sehr oft zutreffen, muss aber nicht immer stimmen.

Denn es ist, drittens, genauso richtig, dass die Laune des Schicksals, ein unvorhersehbares Naturereignis, eine willkürliche Entscheidung eines mächtigen Potentaten der Wirtschaft oder der Politik, eine unabsehbare Begeisterung der Bevölkerung für eine neue Mode, kurz: der blinde Zufall zu einer völligen Neubewertung der Ware *W* führen kann. *Die Zukunft ist prinzipiell unberechenbar.* Dies ist das grundlegende Axiom allen ökonomischen Denkens.

Spielt der Markt verrückt, explodieren die Preise.

Darum ist es so schwer, Gerechtigkeit mit dem Geschäft zu verknüpfen. Gerechtigkeit setzt Planbarkeit der Zukunft voraus.

Darum bemühen wir uns auch redlich. Allein, die Zukunft in all ihren Facetten voraussehen, gar planen zu können, ist irreal. Wenn es auf dem Markt gerecht zuginge, würden die Kurse der auf ihm gehandelten Waren im Mittel einen stetigen Verlauf besitzen. Auf sehr lange Sicht gesehen: im Aufwärtstrend. Mittelfristig betrachtet: einem am Aufwärtstrend hin und her schwingenden Verlauf folgend, je nachdem ob es mit der Konjunktur auf- oder abwärts geht. Nur bei einer kurzfristigen Betrachtung sollte man mit dem regellosen Hin- und Herspringen der Kurse rechnen müssen, von dem Louis Bachelet so fasziniert war, weil es so stimmig den Zufall widerspiegelt. Doch tatsächlich ist der Einfluss des Unvorhersehbaren auf die Märkte weitaus stärker, und die durch nichts berechenbare Psychologie der einzelnen Marktteilnehmer tut ein Übriges dazu. Gerecht geht es auf dem Markt nur sehr bedingt zu.

Das treffendste Beispiel dafür, wie der Markt total verrückt spielen kann, ist zugleich das erste historisch gut belegte: die sogenannte Tulpenkrise, die sich im 17. Jahrhundert in Holland ereignete. In ihr sind einerseits alle Zutaten einer Spekulationsblase vorhanden, andererseits ist sie schon so weit von unserem heutigen Dasein entfernt, dass sie bei jedem, der von ihr hört, nur mehr Verwunderung, aber nicht mehr Ärger über verspielte Chancen wachruft.

Tulpen, die einstigen Lieblingsblumen der Sultane, gelangten im 16. Jahrhundert von der Hohen Pforte, dem damaligen Konstantinopel, nach Wien, wo sie Carolus Clusius, Leiter des kaiserlichen Botanischen Gartens, für Kaiser Maximilian II. kultivierte. Als Clusius 1593 Österreich verließ und eine Stelle als Professor für Botanik in Leiden annahm, führte er die ihn so faszinierenden Tulpen in den Niederlanden ein, dem damaligen wirtschaftlichen Zentrum Europas. Die Tulpe wurde zum Statussymbol der Reichen. Tulpengärten entstanden, Frauen der höchsten Stände trugen die Tulpe zu gesellschaftlichen Anlässen als Schmuck im Haar oder am Dekolleté. Und immer neue Tulpensorten wurden gezüchtet. Die Nachfrage nach Tulpenzwiebeln stieg, das Angebot blieb knapp und die Preise für Tulpenzwiebeln schnellten dementsprechend in die Höhe. Zu Beginn verkaufte man die Zwiebeln nur während der Pflanzzeit. Da sich die Nachfrage jedoch über alle Jahreszeiten ausdehnte, wurden später auch solche Zwiebeln verkauft, die noch in der Erde waren. Damit wurde der Tulpenhandel zu einem Spekulationsgeschäft. Denn niemand wusste, wie die Tulpe einmal wirklich aussehen würde. Aber der Bedarf war geweckt. Und von den begabten holländischen Malern wunderbar gestaltete Bilder mit Tulpen als Sujet schürten die Bedürfnisse ins schier Unermessliche.

Um 1630 konnte man schon Optionen auf Tulpenzwiebeln kaufen. Mit einer Kaufoption, heute nennt man sie eine Call-Option, erwarb der Besitzer des Optionsscheins das Recht, zu einem bestimmten späteren Zeitpunkt für einen schon zum Zeitpunkt des Ausstellens der Option festgelegten Preis eine bestimmte Menge von Tulpenzwiebeln zu kaufen – aber er ist nicht zu diesem Kauf verpflichtet. Wenn der tatsächliche Preis für die genannte Menge der Tulpenzwiebeln zum genannten späteren Zeitpunkt unter dem in der Option festgelegten liegt, wirft der Besitzer des Optionsscheins diesen weg. Denn er kann ja die Ware günstiger direkt erhalten. Wenn aber – und darauf spekulierten die nach Kaufoptionen Gierenden – der tatsächliche Preis für die genannte Menge der Tulpenzwiebeln zum genannten späteren Zeitpunkt den in der Option festgelegten Kaufpreis übertrifft, hat der Besitzer des Optionsscheins ein gutes Geschäft gemacht. Denn dann kann er die Zwiebeln zum billigen, in der Option festgehaltenen Preis kaufen und praktisch gleichzeitig zum nun höheren Marktpreis verkaufen.

Optionen kosten natürlich etwas. Auch sie sind Ware. Und Kaufoptionen für Tulpenzwiebeln wurden immer teurer, sie waren eine höchst begehrte Ware. Denn der Glaube an den steten Preisanstieg von Tulpenzwiebeln war nicht mehr zu bremsen. In Amsterdam wechselte ein komplettes Haus für drei Tulpenzwiebeln seinen Besitzer. Im Januar 1637 wurde eine einzige Zwiebel einer besonders prachtvollen Tulpensorte für das Vierzigfache dessen gehandelt, was ein guter Handwerker in Holland damals im Jahr verdiente.

Wer zu spät verkauft, den bestraft der Markt.

Doch als in Haarlem am 3. Februar 1637 bei einer Versteigerung plötzlich kein Händler mehr kaufte, brach sich die ernüchternde Einsicht Bahn, dass schlichte Pflanzen doch nie und nimmer die Preise wert sein dürften, zu denen man sie gerade noch Stunden zuvor wie im Fieberwahn gekauft hatte. In den folgenden Tagen brach in ganz Holland der Tulpenmarkt zusammen. Alle wollten verkaufen, kaum einer kaufen. Am 7. Februar 1637 brach der Handel endgültig zusammen und die Preise fielen ins Bodenlose.

Obwohl schon mehr als 350 Jahre alt, hören wir diese Geschichte mit dem Gefühl, Ähnliches hätten wir vor kurzem erlebt. Bei der Dotcom-Blase im März 2000. Bei der Immobilien-Blase beginnend 2007 und zu einer weltweiten Krise kulminierend im September 2008.

Natürlich bestehen gewaltige Unterschiede. Bei der Tulpenkrise wurden die Versteigerungen oft in Spelunken und Wirtshäusern abgehalten. Alkohol floss damals in Strömen, um die Kauf- und Verkauflust anzuregen. Heute wacht die Börsenaufsicht über ein geregeltes Geschehen auf dem Markt. Die Broker treten als smarte Händler in Anzügen auf, die an der Savile Row maßgeschneidert wurden. Aber wie man es auch drehen und wenden mag: Überhitzte und unterkühlte Märkte wird es immer geben. Und daher auch immer Verlierer und Gewinner an der Börse.

Man versetze sich in die Haut eines Familienvaters, der sein ganzes Vermögen investiert und noch dazu Kredite aufgenommen hat, um ein paar Dutzend Tulpenzwiebeln zu ergattern. Ende Januar 1637 hat er sich noch wie einer der reichsten Männer Hollands gefühlt. Hätte er nur zum Monatswechsel, als die Preise noch astronomisch hoch waren, verkauft! Aber er hat den richtigen Zeitpunkt versäumt. Am 10. Februar ist sein Vermögen geschmolzen wie Schnee in der Frühlingssonne. Für die Zwiebeln bekommt er günstigstenfalls ein Zwanzigstel des Preises, den er einst bezahlt hat. Nun wagt er es nicht, seiner Frau und seinen Kindern in die Augen zu blicken. Und dies alles wegen zehn läppischer Tage!

Jan van Goyen, einer der herausragendsten Vertreter der holländischen Landschaftsmalerei des 17. Jahrhunderts, hatte tatsächlich seinen gesamten Besitz in Tulpenzwiebeln angelegt. Bis zu seinem Tod, zwei Jahrzehnte später, schaffte er es nicht, seine Schulden abzutragen. Seine Witwe musste alle verbliebenen Möbel und Gemälde aus seiner Hand verpfänden und auch sein Schwiegersohn, der Maler Jan Stehen, hatte mit den ererbten Schulden zu kämpfen.

Als einzige tröstliche Botschaft bleibt: Den Bildern Jan van Goyens mit ihrer schimmernden Leichtigkeit und ihren betörenden Farben merkt man nichts vom verheerenden wirtschaftlichen Zusammenbruch des Künstlers an.

Warum Bill Gates und nicht Blaise Pascal Milliarden scheffelte.

Die Zeit ist der geheime Motor der Wirtschaft. Es ist keine Sache der Gerechtigkeit, allein eine Sache des glücklichen Zufalls, dass jemand zur rechten Zeit die gewinnbringende Entscheidung treffen konnte.

Es war zum Beispiel die falsche Zeit, viel zu früh, als der 20-jährige Blaise Pascal, ein Wunderkind des 17. Jahrhunderts, in seinem intellektuellen Talent allein dem musikalischen Talent

Mozarts vergleichbar, eine Rechenmaschine erfand. Zuerst ersann er die Maschine nur als Rechenhilfe für seinen Vater, der königlicher Kommissar und oberster Finanzbeamter für die Normandie in Rouen war. Doch je intensiver sich Pascal mit den mechanischen Feinheiten, die in einer solchen Maschine stecken, auseinandersetzte, umso mehr war er überzeugt: Mit diesem Gerät, das er „Pascaline" taufte, gelingt ein großes Geschäft.

Die Pascaline ist tatsächlich ein mechanisches Wunderwerk. Die ersten Prototypen konnten nur addieren, mit einigem Geschick waren auch Subtraktionen auf ihr möglich. Mehrfaches Addieren führt natürlich zum Multiplizieren, und ein ausgefeiltes mehrfaches Subtrahieren einer kleineren Zahl von einer größeren entspricht der Division mit Rest. Schließlich konstruierte Pascal ein Gerät, das zehn Millionen Zahlen anzeigen konnte.

Seine Hoffnung, mit der Maschine und seiner für den Vertrieb gegründeten Firma Geld zu verdienen, zerschlug sich jedoch. Er hatte seine Erfindung einfach viel zu früh gemacht. Die Rechenarbeit von Menschen war damals lachhaft billig, wie überhaupt die Erwerbsarbeit zur Zeit Pascals mit erbärmlich geringen Beträgen entlohnt wurde. Nie hätten sich damals für eine Firma, in der Rechnungen zu tätigen waren, die Anschaffungskosten einer Pascaline rentiert.

Also hat, so könnte man überspitzt sagen, nicht Pascal die Milliarden verdient, denn er kam mit seiner Erfindung zu früh, sondern Bill Gates, denn er kam mit seinem Betriebssystem rechtzeitig.

Dieses Beispiel erklärt zugleich ein Paradoxon: dass es in der Antike keine hochentwickelte Technik gab, so wie wir sie heute kennen. Denn die theoretischen Grundlagen waren vorhanden: Archimedes hatte die Prinzipien der Mechanik im Griff, aber die von ihm genial entworfenen Maschinen – nicht umsonst steckt das Wort „Genie" in der Berufsbezeichnung „Ingenieur" – betrachtete er eigentlich nur als Spielzeug. Warum interessierte ihn und seine Zeitgenossen nicht, das vorhandene Wissen der theoretischen Prinzipien ausnützend, ein industrielles Zeitalter einzuläuten? Schon damals hätte man mechanische und elektrische Maschinen, auch Wärmekraftmaschinen, sogar Rechenmaschinen herstellen können.

Ziemlich sicher erklärt sich dieses Paradoxon folgendermaßen: In der Antike – in ihr noch viel weniger als zur Zeit Pascals – wurde Arbeit als nicht wertvoll betrachtet. Nämlich im ganz nüchternen ökonomischen Sinne. Sklavenarbeit war billigst, praktisch für nichts zu haben. Doch ebendiese hätte man durch Maschinen ersetzen oder zumindest wirkungsvoller gestalten können. Es gab einfach keinen ökonomischen Anreiz, Maschinen zu konstruieren. Denn selbst die einfachste unter ihnen wäre teurer gekommen als eine Heerschar von Sklaven.

Anders gewendet: Erst die Aufklärung mit ihrem Glauben, dass alle Menschen ohne Ansehen der Hautfarbe, des Standes, des Geschlechts oder anderer Unterscheidungsmerkmale mit gleichen Rechten, Freiheiten und dem legitimen Verlangen nach Glück ausgestattet sind, erst die Aufklärung mit ihrem so vehement zum Ausdruck gebrachten Wunsch nach Gerechtigkeit öffnete das Tor zur industriellen Revolution. Erst die Einsicht, dass Arbeit, die von Menschen verrichtet wird, eine gerechte Bezahlung erfordert, öffnete das Tor zur Entwicklung von Maschinen, beginnend mit der pfauchenden Dampfmaschine bis hin zu den elektronischen Wunderwerken der Gegenwart.

Auf eine kurze Formel gebracht: Der Wunsch nach Gerechtigkeit beflügelte den Fortschritt.

Für Pascal und sein versäumtes Geschäft mag diese Einsicht wenig Trost bedeuten. Aber vielleicht wäre seine Enttäuschung gelindert worden, wenn er gewusst hätte, dass er sich durch den Misserfolg seines Unternehmens ziemlich sicher einen Streit um das Patent seiner Erfindung erspart hat. Denn 20 Jahre vor Pascal hatte der deutsche Astronom und Mathematiker Wilhelm Schickard bereits ein Modell einer Rechenmaschine entworfen, mit der er sich die vielen in der Astronomie nötigen Rechnungen vereinfachen wollte. Im Übrigen hat sich Pascal nach einem religiösen Erweckungserlebnis in der Nacht des 23. November 1654 völlig vom Pariser Gesellschaftsleben zurückgezogen, um im Umkreis des Klosters Port-Royal des Champs mit seiner Seele und Gott in Harmonie zu gelangen. Das hinderte ihn dennoch nicht daran, sich weiter mit praktischen Problemen zu beschäftigen. So gründete er Anfang 1662 zusammen mit einem Freund das Unternehmen „Les carosses à cinq sous" („Die Fünfgroschenkutschen"), eine Firma, die Pferdekutschen für den Nahverkehr in Paris betrieb – die ersten öffentlichen Verkehrsbetriebe in einer Großstadt. Der wirtschaftliche Erfolg des Unternehmens dürfte ihn aber nicht mehr besonders interessiert haben, denn er war mit seinen Gedanken schon eher in der Ewigkeit als in der Zeit.

Franklin D. Roosevelt
bewahrt den Glauben an die Zukunft.

Die Zeit ist der geheime Motor der Wirtschaft. Selbst nach dem größten Einbruch der Wirtschaft im letzten Jahrhundert, der Weltwirtschaftskrise von 1929, hat sich dies bestätigt.

Ursache der Krise war, wie so oft, eine gigantische Spekulationsblase. In den Zwanzigerjahren erlebten die Vereinigten Staaten eine Periode unerhörten Wirtschaftsaufschwungs. Präsident Calvin Coolidge predigte die Politik des „Laisser-faire", des Nichteingreifens des Staates in den Wirtschaftsprozess. Sein Nachfolger, Herbert Hoover, glaubte diese Politik fortsetzen zu müssen, um die *prosperity*, das Wunderwort der damaligen Zeit, mehren zu können. Aber Betrügereien, Bilanzfälschungen, Pyramidenspiele unglaublichen Ausmaßes ließen am 24. Oktober 1929 die Börse zusammenbrechen. Eine Verelendung der Bevölkerung war die Folge. 1932, am Höhepunkt der Krise, war ein

Viertel der Arbeitsfähigen in den Vereinigten Staaten arbeitslos. Viele andere arbeiteten in schlecht bezahlten und höchst unsicheren Arbeitsverhältnissen; der Durchschnittslohn ging im Vergleich zu den Löhnen vor der Krise um mehr als die Hälfte zurück. Natürlich radikalisierte das weitverbreitete soziale Elend die amerikanische Gesellschaft. Die Kommunistische Partei der USA erlebte den größten Zustrom, den sie je hatte. Auf der anderen Seite gab es wachsende faschistische Organisationen, wie die Union Party des mit antisemitischen Versatzstücken predigenden Charles Coughlin, eines katholischen Priesters, der die Grenzen des politischen Anstands so weit überschritt, dass die eigene Kirche ihm ein Redeverbot für seine Radiosendungen aussprach.

Trotz des unerhörten Elends zu Beginn der Dreißigerjahre kam es in den Vereinigten Staaten nicht zu der Katastrophe, die Deutschland mit dem Anbruch der Naziherrschaft heimsuchte. Denn der auf Herbert Hoover folgende Präsident Franklin D. Roosevelt versprach am 2. Juli 1932, dem Tag seiner Nominierung zum demokratischen Präsidentschaftskandidaten, einen „New Deal for the American People", gleichsam eine „Neuverteilung der Karten zugunsten des amerikanischen Volkes". Er versprach Reformen, die mit massiven staatlichen Investitionen die Massenarbeitslosigkeit vertreiben und die Armut zum Verschwinden bringen würden.

Es ist bis heute umstritten, ob Roosevelts Maßnahmen im Einzelnen so wirksam waren, wie er es vorgesehen hatte. Sie hatten starke zentralverwaltungswirtschaftliche Momente, und viele der Maßnahmen waren sogar kontraproduktiv. Für die vollständige Erholung der Wirtschaft sorgte nicht so sehr der New Deal als die nach Beginn des Zweiten Weltkriegs gesteigerte Kriegsproduktion, mit der Roosevelt zunächst Frankreich und Großbritannien unterstützte und schließlich, nachdem Hitler im Dezember 1941 den Vereinigten Staaten den Krieg erklärt hatte, die eigenen amerikanischen Truppen.

Doch der Erfolg des New Deal im Einzelnen ist für unser Thema gar nicht entscheidend. Entscheidend ist, dass Roosevelt in der amerikanischen Bevölkerung wachrief, woraus dieser Staat seit seiner Gründung im Jahre 1776 seine unerhörte Kraft bezieht: das Setzen auf eine erfolgreiche Zukunft; dass die Vereinigten Staaten von Amerika das Land der unbegrenzten Möglichkeiten sind; dass für jede Person, wie arm sie auch sei, die Zeit kommen kann, in der sie erfolgreich sein wird. Die Geschichte vom Tellerwäscher zum Millionär fasziniert noch immer. Der Glaube an den „American Way of Life" war der entscheidende Impuls zur Überwindung der Krise. Der Glaube an die bessere Zeit, die vor einem liegt.

Darum wäre es nicht allein für die Vereinigten Staaten von Amerika, es wäre für die gesamte globale Wirtschaft eine Katastrophe, die weit schlimmere Folgen zeitigte als die Finanzkrisen der letzten Jahre und Jahrzehnte, wenn der Zukunftsglaube verloren ginge; wenn das Vertrauen auf das bessere Leben in künftigen Tagen schwände. „Die verzweifelten Staaten von Amerika: Eine Nation verliert ihren Optimismus" überschrieb der „Spiegel" vor kurzem seinen Hauptartikel und entwarf eine düstere Prognose: „Good night, America: Die Amerikaner träumten einen Traum, der sie zur Nation machte, den Traum von Aufstieg und Reichtum für alle. Nun müssen die USA erkennen, wie fragil ihr System ist und wie bitter die Realität – die Supermacht findet keinen Weg aus der Krise und gefährdet die Weltwirtschaft."

Versorgungsgerechtigkeit allein genügt nicht.

Denn nur der Glaube an die bessere Zeit, die vor einem liegt, beflügelt. Darum waren die Vereinigten Staaten bis in unsere Tage für Tausende von Einwanderern das „gelobte Land". Der österreichische Journalist Christian Ortner hat in einem seiner sehr pointierten Kommentare überzeugend dargelegt, warum zum Beispiel nicht Österreich – für andere vergleichbare europäische Länder gilt Analoges –, sondern die USA, sollte das Land der trüben „Spiegel"-Prophezeiung zum Trotz seinen Optimismus bewahren, für leistungsbereite, unternehmungswillige Aussiedler attraktiv ist: „Für einen jungen Computerfachmann aus der fernen Fremde ist die Perspektive, in Österreich eine der höchsten Abgabenlasten der Welt zu schultern, damit wir Einheimischen unsere Beamten auch weiterhin scharenweise um die 50 herum pensionieren können, kein wirklich überzeugendes Argument, sich hier niederzulassen." Und in leicht polemischem Stil fährt er fort: „Der österreichische Susi-Sorglos-Sozialstaat mag für jene Migrantengruppen einladend sein, die primär eher grundsicherungsaffin als leistungsorientiert sind. Jene Einwanderer hingegen, die Österreich tatsächlich brauchen würde, werden dergleichen naturgemäß eher als Hemmnis betrachten – und sich irgendwo ansiedeln, wo die Steuern niedrig, die Sympathie für unternehmerisches Denken hoch und die Neigung des Staates, seine Bürger zu bevormunden, halbwegs erträglich ist. Genau das ist der Grund, warum der junge Computerexperte nicht nach Österreich auswandern will, sondern normalerweise noch immer in die USA."

Sicher, so kann man Ortners Meinung zusammenfassen, ist Versorgungsgerechtigkeit ein ehrenwertes Gut. Doch einerseits kann sie nur unter rigider Zentralverwaltungswirtschaft rigoros verwirklicht werden, und das kann niemand Vernünftiger wollen. Und andererseits darf sie nicht das letzte Ziel darstellen, weil sie damit die Dynamik der Wirtschaft abwürgt. Sie nähme den Menschen die Perspektive, ihr Los zu verbessern. Und etwas, das einem die Zeit verödet, weil es das Setzen auf eine erfolgreiche Zukunft raubt, darf nicht den Namen „Gerechtigkeit" tragen.

Gerechtigkeit und Gestaltung

Remota itaque iustitia
quid sunt regna nisi magna latrocinia?
Sind Staaten ohne Gerechtigkeit
denn nichts anderes als große Räuberbanden?
(Aurelius Augustinus, 354–430,
Philosoph und Kirchenlehrer)

„L'état c'est moi!" – „Der Staat, das bin doch ich!", soll Ludwig XIV., der Sonnenkönig, ausgerufen haben, als ihm während einer Jagd ein Höfling andeutete, dass der Staat den Abschuss des Tieres, das gerade vor Ludwigs Flinte weidete, verbiete.

Der Spruch ist nicht verbürgt. Doch selbst wenn er nicht wahr ist, so ist er doch gut erfunden. Denn Ludwig herrschte die gewaltige Zeitspanne von 1643 bis 1715 als absoluter Monarch über sein Land. Sein Wort war Gesetz.

Als er starb, feierte ganz Frankreich Freudenfeste. Die enormen Abgaben, welche die Bürger für den König zur Finanzierung seiner Prachtentfaltung, seiner Feste und seiner Kriege leisten mussten, drückten enorm auf die Bevölkerung. Knapp vor seinem Tod gestand Ludwig, dass „nichts mein Herz und meine Seele tiefer gerührt hat als die Erkenntnis des völligen Ausblutens der Völker meines Reichs durch die unermessliche Steuerlast". Als sein Körper in die Gruft überführt wurde, berichtete der Polizeikommissar Pierre Narbonne: „Viele Menschen freuten sich über den Tod des Fürsten, und überall hörte man Geigen spielen."

Die Freude ermattete bald. Denn des Sonnenkönigs Nachfolger, sein Urenkel Ludwig XV., änderte nichts an der absolutistischen Herrschaft und verschleuderte weiterhin die eingetriebenen

Steuern. „Après nous le déluge!" – „Nach uns die Sintflut!", soll seine Mätresse, Madame de Pompadour, nach einer der vielen verlorenen Schlachten gesagt haben. Zukunftsgerichtete, von Verantwortung getragene Politik war des Königs Sache nicht. Sein Enkel und Nachfolger Ludwig XVI., ein schwacher Charakter und für das politische Geschäft denkbar ungeeigneter Monarch, musste den von seinen Vorgängern angerichteten Schaden ausbaden: 1789 erhob sich das Volk und 1793 fiel Ludwigs Kopf, weil den regierenden Häuptern vor ihm jedes Gefühl für Gerechtigkeit gefehlt hatte.

Die Staatsgewalt, wie kann man sie bändigen?

Die absolutistischen Herrscher Frankreichs beschädigten die Idee des Staates, indem sie ihn zu einem Operettenstaat herabwürdigten. Sie boten dem Volk das Schauspiel imposanten Prunks und heuchelten durch eindrucksvolle Erlässe ihre Sorge um das Gemeinwohl, ohne dass tief greifende Taten für die Gemeinschaft erfolgt wären. Auf der Bühne, welche die Welt bedeuten sollte, stellten sie sich im besten Licht dar. Auserwählte Untertanen genossen, so sie dazu eingeladen waren, die grandiosen Feste, das Volk aber hoffte meist vergebens auf die Hilfe seiner Obrigkeit.

Der Operettenstaat ist das Sinnbild öffentlicher Ungerechtigkeit. Welche Wesensmerkmale sind es aber, die einen Staat kennzeichnen?

Erstens gibt es ein Staatsgebiet, also einen geographisch genau umgrenzten Bereich, der als Herrschaftsgebiet dieses Staates anerkannt wird.

Zweitens gibt es ein Staatsvolk, einen Verband von Personen, die ihre Lebensinteressen vorwiegend im Staatsgebiet verwirklichen wollen und sich als Mitglieder dieses Staates begreifen. Nomaden, die nirgends sesshaft sind, bilden keinen Staat.

Drittens gibt es eine Staatsgewalt, die innerhalb und außerhalb des eigenen Gemeinwesens nichts und niemanden über sich anerkennt. Innerhalb des Staates wird die Staatsgewalt von der Justiz und der Verwaltung geregelt und im Konfliktfall von der Polizei ausgeübt. Außerhalb des Staates wird die Staatsgewalt von der Diplomatie geregelt und im Konfliktfall von den Streitkräften des Staates ausgeübt.

In absolutistisch regierten Staaten ist die gesamte Staatsgewalt auf eine einzige Person konzentriert. Alle Staatsorgane sind ihr unbedingt verpflichtet. Die beiden Ludwig, der XIV. und der XV., konnten auf eine Reihe historischer Vorbilder verweisen: Julius Caesar und seine Nachfolger hatten die Herrschaft über das riesige Römische Reich in ihrer Hand. Einige dieser Kaiser, wie Trajan oder Marc Aurel, wurden von den Geschichtsschreibern als gerechte Herrscher gepriesen. Andere aber verfielen dem Cäsarenwahn und galten als schlechterdings ungerecht. So zum Beispiel Caligula, der sich nach einem hoffnungsvollen Regierungsbeginn in einen Schreckensherrscher verwandelte. Ein Nervenzusammenbruch und der Tod seiner Lieblingsschwester Drusilla mögen zu dieser Veränderung beigetragen haben, die der Geschichtsschreiber Sueton mit den Worten umschreibt: „Bis hierhin wurde vom Kaiser, ab jetzt muss über das Scheusal berichtet werden." Dutzende seiner Senatoren ließ Caligula foltern und hinrichten. „Hätte Rom doch nur einen einzigen Nacken, damit ich es mit einem Mal erwürgen kann", soll er gehöhnt haben. Keiner seiner Willküraktе war zu begreifen, sie entsprangen allein sadistischer Mordlust. Er demütigte die eingeschüchterten Überlebenden und scheute nicht davor zurück, sein Lieblingspferd Incitatus zum Senator zu ernennen. Nur Caligulas Ermordung durch die Prätorianer konnte dem Spuk seiner dämonischen Herrschaft ein Ende setzen.

Wie kann man einen Staat vor ungerechter und tyrannischer Willkürherrschaft schützen? Charles de Secondat, Baron de Montesquieu, veröffentlichte 1748 nach 20-jähriger Vorarbeit in

Genf die Schrift „De l'ésprit des lois" („Vom Geist der Gesetze").
In ihr entwarf er ein System einer gerechten Aufteilung der Staatsgewalt: Um die Macht begrenzen und um Freiheit und Gleichheit sichern zu können, soll es Staatsorgane geben, die die Gesetze erlassen, andere, die die Gesetze vollziehen, und schließlich solche, die die Befolgung der Gesetze überwachen. Montesquieu ist der Erfinder der Gewaltenteilung.

Die Vereinigten Staaten von Amerika verkündeten als Erste die Gewaltenteilung in ihrer Unabhängigkeitserklärung als politisches Programm und versahen sie mit dem Namen *checks and balances*. Denn die einzelnen Gewalten sind nicht voneinander unabhängig. Sie kontrollieren einander – dies ist mit *checks* gemeint – und sie sollen zueinander angemessen gewichtet sein – dafür steht *balances*. So hat der Präsident als oberstes Organ der vollziehenden Gewalt das Recht, sein Veto gegen Gesetze des Kongresses einzulegen, und er schlägt Personen seiner Wahl als oberste Richter vor. Das Oberste Gericht als oberstes Organ der überwachenden Gewalt kann Gesetze des Kongresses oder Vollzugsanordnungen des Präsidenten für verfassungswidrig erklären. Der Kongress als oberstes Organ der gesetzgebenden Gewalt schließlich kann sowohl die Richter des Obersten Gerichts als auch den Präsidenten ihrer Ämter entheben und Untersuchungsausschüsse einrichten. Selbst innerhalb des Kongresses gilt der Grundsatz der *checks and balances*, da Gesetze sowohl vom Repräsentantenhaus wie auch vom Senat verabschiedet werden müssen. Streitigkeiten sollen damit geschlichtet und korrupte Gesetze verhindert werden, der Wille des Volkes zum Tragen kommen und das politische System auf lange Sicht stabil bleiben.

Die Gewaltenteilung
wird oft mühelos unterlaufen.

In der Theorie klingt dies wunderbar. In der Praxis liegen die Dinge doch ein wenig anders. Die politischen Parteien mischen in allen Staatsorganen mit und sorgen für Vermengung und Verschleierung: Gesetze werden pro forma von den Parlamenten erlassen, aber in anderen Gremien vorbereitet und ausgehandelt. Die Besetzung der Ämter erfolgt oftmals nach Vereinbarungen, die nicht allein auf sachlichen Argumenten gründen. Absprachen, aufgrund derer Ämter Personen nicht nach Gesichtspunkten der Eignung zugewiesen werden, sondern die dem Parteienproporz dienen, sind die Regel. Ob die einzelnen Gewalten einander wirksam kontrollieren können, hängt maßgeblich davon ab, wie stark sich im Lauf der Zeit das Verantwortungsbewusstsein der Beamtinnen und Beamten entwickelt hat und wie gefestigt deren Stellung ist.

Um sicherzustellen, dass die obersten Staatsorgane nicht mit unumschränkter Willkür verfahren können, haben sich die modernen Staaten in der Regel darauf geeinigt, deren Besetzung durch Wahlen festzulegen. Sir Karl Poppers Vorstellung von der „offenen Gesellschaft" hängt damit zusammen: Er sprach sich nicht deshalb für die Staatsform der Demokratie aus, weil in dieser die Mehrheit regieren würde, sondern weil sie es ermöglicht, die Regierung und das Parlament gewaltfrei abzuwählen.

Doch mit Gerechtigkeit hat Demokratie sonst nichts zu tun.

So ist beispielsweise keineswegs einsichtig, dass die allgemeine, gleiche, freie und geheime Wahl den einzig „gerechten" Weg darstellt, das Parlament eines Staates mit Personen zu beschicken. Man setzt dies einfach so fest. Dagegen ist nichts einzuwenden, allein: Es bleibt festzuhalten, dass dies eine bloße Definition darstellt, die man – aus welchen Gründen immer – auch anders treffen könnte. In früheren Zeiten galt zum Beispiel beim Zensuswahlrecht als gerecht, die Stimmen der Wähler nach deren

Steueraufkommen zu gewichten: Wer mehr Steuern zahlt, bekommt mehr Stimmzettel. Bei der „gleichen Wahl" legt man fest, dass jede wahlberechtigte Person gleich viele Stimmzettel erhält. Gezählt wird in beiden Fällen: beim einen Mal Geld, beim anderen Mal Köpfe. Und auch wer wahlberechtigt ist, muss irgendwie entschieden werden. *Von Natur aus* ist das nicht klar.

Aber selbst wenn man sich auf das allgemeine, gleiche, freie und geheime Wahlrecht einigt, bleiben Zweifel: Ist eine Briefwahl, bei der nicht ausgeschlossen werden kann, dass andere den Wahlvorgang beobachten, dass die Verwandten oder Mitbewohner argwöhnisch beim Wahlvorgang über die Schulter blinzeln, mit der Idee der geheimen Wahl in Einklang zu bringen? Ist bei einer Briefwahl außerdem gesichert, dass auf die wählende Person kein Zwang ausgeübt wurde, sodass die Wahl nicht frei wäre? Ist die Wahl „gleich", wenn das Gewicht der einzelnen Stimme vom jeweiligen Wahlkreis abhängt? Ist die Wahl „allgemein", wenn das Wahlalter scheinbar nach Belieben fixiert wird?

Die Zweifel nehmen zu, erlaubte ein modern gesinnter Staat die elektronische Wahl. Damit ist nicht gemeint, dass man Wahlzellen mit elektronischen Wählmaschinen ausstattet. Selbst das ist nicht unumstritten. Sondern es geht um die Wahl per Computer im trauten Heim. Technisch ließe sich das sicher einrichten. Aber es wäre nicht wünschenswert.

Denn mit der Zulassung der elektronischen Wahl schwindet das Bewusstsein darüber, welche Verantwortung man beim Wählen auf sich nimmt. Ein Mausklick zwischen dem Sich-Verirren in Googles Dschungel und der schnoddrigen Beichte von Lappalien im Facebook ist schnell erledigt. Und das vorbereitende Ausfüllen persönlicher Daten kennt man schon von so vielen Internetbestellungen, dass es einfach nur lästig ist. Die traditionelle Wahl hingegen erfordert eine besondere Art von Aufmerksamkeit: Die Dokumente und die Brille wollen vorbereitet sein, man muss sich Zeit für den Spaziergang zum und vom Wahllokal nehmen, man sieht sich einer Wahlbehörde gegenüber, die staatstragend auftritt, und man stellt sich während der wenigen Sekunden Einsamkeit in der Wahlzelle der demokratischen Pflicht. Dies ist, wenn man so will, eine kleine Zeremonie. So unpathetisch und banal sie auch sein mag, aufgeben sollte man sie nicht. Sie erinnert uns daran, dass eine Wahl entscheidende Weichen für die Zukunft stellt.

Dabei ist noch gar nicht von den Voraussetzungen die Rede, die für das Bestehen und die Wirksamkeit einer Demokratie gegeben sein sollten. Der Staat muss für Meinungs- und Pressefreiheit sorgen, und es muss erlaubt sein, Parteien zu gründen. Dies ist der leichte Teil der Aufgabe, denn dazu bedarf es bloß der entsprechenden Gesetze und ihrer wirksamen Durchführung. Viel schwerer ist, sich darum zu bemühen, dass jede Person, die an der Wahl teilnimmt, weiß, wofür sie sich entscheidet. Selbst wenn der Staat alle Informationen, die für die Entscheidung maßgeblich sind, zur Verfügung stellt: Lesen und verstehen müssen diese die wahlberechtigten Bürgerinnen und Bürger selbst. Im Idealfall machen sie sich ein Bild davon, was von den Ankündigungen der wahlwerbenden Parteien zu halten ist, welche Konsequenzen es nach sich zieht, wenn sie das Kreuz an dieser und nicht an jener Stelle machen – aber nicht einmal die Blauäugigste unter allen Frohnaturen hält ein solches Wohlverhalten des Wahlvolks für realistisch.

Denn die Monate des Wahlkampfs sind, wie Michael Häupl, Bürgermeister der Stadt Wien, so eindrucksvoll wie erfrischend ehrlich eingestand, „Zeiten fokussierter Unintelligenz".

Die Qual der Wahl,
man entkommt ihr nicht.

Noch schlimmer ist, dass kein vernünftiges Verfahren vorzuliegen scheint, wie man mit demokratischer Gesinnung auf offenkundig gerechte Art zu Entscheidungen gelangt. Anhand eines sehr einfachen Beispiels erkennt man, woran es sich spießt:

Angenommen, Sie sind eine von 15 Personen, Mitglied einer Gruppe, die entscheiden möchte, was am Wochenende zu unternehmen sei: ans Meer fahren *(M)*, in die Berge fahren *(B)* oder in der Stadt bleiben *(S)*. Sie gehören zu denjenigen vier, die sich für die Reihenfolge *M-B-S* entscheiden: Am liebsten würden Sie ans Meer fahren, am zweitliebsten in die Berge, aber aus der Stadt wollen Sie auf jeden Fall hinaus. Fünf andere wollen ebenfalls die Stadt verlassen, aber eher auf die Berge als ans Meer fahren: *B-M-S*. Sechs schließlich sind Stubenhocker: *S-M-B* lautet deren Rangliste; am liebsten blieben sie in der Stadt, aber wenn man schon wegfährt, dann noch lieber ans Meer als in die Berge.

Was soll die Gruppe nach dieser Wahl unternehmen? Das hängt ganz davon ab, welchem Wahlrecht sie sich unterwirft. Hat man sich auf ein Mehrheitswahlrecht geeinigt, dann ist die Entscheidung klar: Alle bleiben in der Stadt. Denn dafür haben sich sechs von 15, also satte 40 Prozent entschieden. Für die Berge waren ja bloß fünf von 15, also nur 33,3 Prozent, und die restlichen vier von 15, zu denen auch Sie gehören, die unbedingt raus ans Meer wollen, sind mit einem Anteil von 26,7 Prozent abgeschlagene Dritte.

Was Sie als ungerecht empfinden. Denn, so könnten Sie argumentieren, die Stadt wollten doch neun hinter sich lassen, nur sechs wollten bleiben. Und, so könnten Sie weiter Ihren Protest begründen, wenn wir schon aus der Stadt rausfahren, dann haben neben den vier, die ja unbedingt ans Meer wollten, die sechs Stubenhocker wenigstens eher für das Meer als für die Berge votiert, das wären zwei Drittel der Gruppe. Was Ihnen aber mit Sicherheit den Widerspruch der Bergfexe einbringt: Warum ans Meer? Von denen, die aus der Stadt rauswollen, sind wir Bergbegeisterte zu fünft, und ihr Meereshungrige seid zu viert, also in der Minderzahl.

So beginnt nach der Wahl, welche die Entscheidung erleichtern sollte, der Streit.

Dass das Mehrheitswahlrecht, das in den Vereinigten Staaten, in Großbritannien und vielen Ländern des ehemaligen British Empire gepflogen wird, Nachteile birgt, zeigt dieses Beispiel deutlich: Das Wahlgebiet ist in einzelne Bezirke unterteilt, bei der Parlamentswahl so viele, wie Mandate im Abgeordnetenhaus zu vergeben sind, bei der Wahl des Präsidenten so viele, wie Wahlmänner und -frauen endgültig das Staatsoberhaupt küren. Und in jedem einzelnen dieser Bezirke wird allein die Person mit den meisten Stimmen als gewählt betrachtet: „The winner takes it all." Alle anderen Stimmen zählen nicht.

So kam es, dass Al Gore Klimarettungsmissionar, Milliardär und Nobelpreisträger, aber nicht amerikanischer Präsident wurde.

Die Problematik, die solchen Wahlen zugrundeliegt, war bereits im 18. Jahrhundert dem französischen Seemann und Mathematiker Jean-Charles de Borda bekannt, der selbst nach Auswegen suchte, sowie dem französischen Philosophen und Politiker Marie Jean Antoine Nicolas Caritat, Marquis de Condorcet.

Ob Mehrheits- oder Verhältniswahlrecht, die Paradoxien bleiben.

Wie gut, so könnte man aus dem bisher Erläuterten schließen, dass wir in vielen Ländern Kontinentaleuropas das Verhältniswahlrecht haben. Da werden Stimmen nicht verworfen, da werden Parlamente nach dem Wählerwillen beschickt, da erhalten auch mittlere und kleinere Parteien ein politisches Mitwirkungsrecht. Allerdings hat die Verhältniswahl den Nachteil, dass im Parlament eine Vielzahl von Parteien vertreten sein kann, was zu einer Unübersichtlichkeit im politischen Entscheidungsprozess führt. Ein weiterer Nachteil ist, dass man keine Koalitionen, sondern nur Parteien wählt. Und schließlich ist es für die Verhältniswahl typisch, dass die Listen der Kandidaten in den Parteizentralen erstellt werden und ein direkter Einfluss der wählenden Person auf den Kandidaten kaum vorliegt.

Überdies hat das Verhältniswahlrecht seine Tücken. Eine von ihnen beruht darin, dass die Stimmen für die Parteien irgendwie auf die Mandate aufgeteilt werden müssen. Dividiert man die Zahl der gültig abgegebenen Stimmen durch die Zahl der zu vergebenden Mandate, erhält man die sogenannte Wahlzahl. Sobald eine Partei zum Beispiel das Siebenfache der Wahlzahl als Anzahl der für sie abgegebenen Stimmen erhält, sitzt sie mit sieben Abgeordneten im Parlament. Völlig gerecht kann es dabei jedoch nicht zugehen, denn es wäre geradezu ein Wunder, wenn die Zahl der Stimmen, die jede der Parteien erhält, sich haargenau als ein ganzzahliges Vielfaches der Wahlzahl herausstellte. Man muss mit den Reststimmen sehr trickreich umgehen, um eine einigermaßen vernünftige Beschickung des Abgeordnetenhauses zu erzielen. Wobei sich Kuriosa nicht vermeiden lassen.

Vor Jahrzehnten trat bei einer Landtagswahl in einem österreichischen Bundesland ein Paradoxon dieser Art in voller Schärfe ein: Eine der kandidierenden Parteien bekäme, wenn sie um eine einzige Stimme *weniger* erhalten hätte, um ein Mandat *mehr*. Erbittert wurde um einen Stimmzettel gekämpft, auf dem der Wähler ein großes, den ganzen Zettel bedeckendes Kreuz gemalt hatte, dessen beide Balken sich im Feld ebendieser Partei trafen. Verzweifelt versuchten deren Vertreter die Wahlbehörde davon zu überzeugen, dass dies als ungültige Stimme und nicht als Stimme für ihre Partei zu werten sei, während die Vertreter der anderen Parteien sie ihr hämisch generös zusprachen.

In dem Buch „Die verflixte Mathematik der Demokratie" entwirft George Szpiro ein ernüchterndes Bild bezüglich der Chancen, ein Verfahren für Abstimmungen zu entwickeln, bei dem sich eine objektivierbare Vorliebe eines Kollektivs – der berühmte „Wählerwille" – als sinnvolles Destillat aus einer Vielzahl von individuellen Vorlieben ergibt. Einem Satz des amerikanischen Ökonomen Kenneth Arrow zufolge kann es ein derart ideales Verfahren prinzipiell nicht geben. Die fatalste Konsequenz des Unmöglichkeitssatzes von Arrow lautet: Wenn man keine Diktatur haben möchte, muss man damit rechnen, dass sich das Kollektiv mit seinem „Wählerwillen" ähnlich widersinnig verhält wie jener Kaffeehausgast, der beim Bestellen so entschied: „Welche Nachspeisen, Herr Ober, haben Sie anzubieten?", fragt er. „Obsttorte und Schokoladentorte", antwortet der Kellner. „Bringen Sie mir eine Obsttorte!" Im Weggehen dreht sich der Ober noch einmal um und sagt: „Fast hätte ich es vergessen: Wir haben auch noch einen Apfelstrudel." „Wenn das so ist", antwortet der Gast, „dann hätte ich lieber eine Schokoladentorte."

Am Ende seines Buches schreibt Szpiro: „Wir gelangen zur betrüblichen Einsicht, dass die Irritationen bei Wahlen und Abstimmungen nicht zum Verschwinden zu bringen sind. Alle Wahlverfahren und alle Mandatsverteilungen haben ihre Schwächen. Paradoxa, Marotten, Kuriosa, Rätsel und Hemmnisse, die einem perfekt demokratischen Ablauf widerstehen, sind unvermeidlich."

Selbst simple Ja-Nein-Abstimmungen – soll man ein Rauchverbot im öffentlichen Raum verhängen oder nicht? – ziehen eine Kaskade von Fragen nach sich. Viele dieser Fragen überschreiten das enge Feld der Wahlarithmetik und betreffen Prinzipielles: Wer entscheidet, wie die Frage bei einer Ja-Nein-Abstimmung formuliert wird? Wer gilt bei einer Ja-Nein-Abstimmung als Betroffener, für den der Ausgang der Wahl eine Änderung seiner Lebensführung bedeutet? Soll bei der Festlegung der Wahlberechtigten eine Einschränkung auf den Kreis der Betroffenen vorgenommen werden oder nicht? Ist die Vertrautheit der Wahlberechtigten über die Konsequenzen der von ihnen getroffenen Präferenz garantiert? Natürlich könnte man fordern, dass auch die Beantwortung all dieser Fragen einer Wahl unterworfen werden sollte, aber streng zu Ende gedacht, führt dies ins Absurde, in einen unendlichen Abstimmungszirkus.

Ist der Staat
ein Garant für Gerechtigkeit?

Dass in früheren Jahrhunderten Probleme wie die eben erörterten die Allgemeinheit nicht besonders interessierten, lag daran, dass der Staat damals nicht so viele Aufgaben wahrnahm wie heute. Die meisten Menschen sahen sich in der Familie eingebunden. Diese war eine Großfamilie, aus einer Vielzahl von Verwandten bestehend, zumeist ein sehr stabiles, über lange Zeit hinweg tragfähiges Gebilde. Sodann gehörte man zur Dorfgemeinschaft, zu einem bestimmten Stadtbezirk. Und man sah sich schließlich in der von den jeweiligen Ständen fest gefügten Struktur gut verankert. Der Staat selbst wurde nur wie von ferne wahrgenommen. „Russland ist groß, und der Zar ist weit", sagten die russischen Bauern bis zum Beginn des 20. Jahrhunderts.

Sieht man von den Personen ab, welche die obersten Staatsorgane bekleideten, sowie von der dem Staat direkt unterstellten Beamtenschaft, machte sich der Staat in diesen längst vergangenen Zeiten nur dann bemerkbar, wenn Krieg geführt wurde. Dann wurden abenteuerlustige, umtriebige, aber auch arme Männer, die nur im Heer eine erträgliche Existenz erblickten, zu den Waffen gerufen. Aber alle mussten hohe Steuern entrichten, um die Kriegskasse zu füllen. Ansonsten waren die Abgaben für den Staat im Allgemeinen sehr moderat: Noch 1891 lag der Spitzensatz der Einkommensteuer in Preußen bei unfassbar lächerlichen vier Prozent.

Ein so geringes Steueraufkommen in Friedenszeiten ist nur denkbar, wenn sich ein Staat ausschließlich für den Schutz des Lebens, der Freiheit und des Eigentums seiner Bürger verantwortlich fühlt und für sonst gar nichts. Ferdinand Lasalle, der Wortführer der deutschen Arbeiterbewegung des 19. Jahrhunderts, nannte einen solchen Staat polemisch einen Nachtwächterstaat, denn ein Nachtwächter hatte auch nicht mehr zu tun. Oft wird behauptet, dass Adam Smith, der im 18. Jahrhundert wirkende liberale Wirtschaftsphilosoph, den Staat allein mit diesen wenigen Schutzaufgaben betrauen und alles andere dem freien Markt von Angebot und Nachfrage überlassen wollte. Das ist aber nicht richtig. Adam Smith wusste sehr wohl, dass dem Staat in Wahrheit weitaus mehr Aufgaben zukommen: Er muss für öffentliche Einrichtungen sorgen, die von der Allgemeinheit benötigt werden und für die sich sonst kein Investor finden würde.

Es handelt sich dabei um Einrichtungen, die sich gar nicht rechnen, wie zum Beispiel die Versorgung der alten und der auf Dauer arbeitsunfähigen Menschen. Und es handelt sich um Einrichtungen, die sich erst in so später Zeit – wenn überhaupt – rechnen, dass kein Unternehmer darin für sich, ja nicht einmal für seine Kinder, ein sinnvolles Geschäft erblickt. Dazu gehören zum Beispiel das Schulwesen, das Gesundheitssystem, die kulturellen Einrichtungen. Dazu gehört der Aufbau, der Erhalt und die ständige Modernisierung der technischen Infrastruktur: Trinkwasser, Energieversorgung, Müllentsorgung, Errichtung von Kommunikationsnetzen, Gestaltung des öffentlichen Verkehrs, Straßenbau – die Liste lässt sich problemlos verlängern.

Der moderne Staat stellt sich diesen Herausforderungen. Er setzt ferner die Spielregeln des Marktgeschehens fest. Staatliche Betriebe nehmen sogar selbst am Markt teil. So lastet auf dem Staat immer mehr Verantwortung für das Wohlergehen aller seiner Bürgerinnen und Bürger.

Aus dem Nachtwächterstaat ist der paternalistische, der fürsorgliche, der soziale Staat geworden. Ein Staat, der keine und keinen seiner Angehörigen vernachlässigt. Ein Staat, der für Gerechtigkeit sorgt.

Was wir erhoffen von der Zukunft Fernen,
und was vom Schicksal wir erflehn:
Dass unsere Kinder in der Schule lernen
und unsere Alten nicht mehr betteln gehen.

Dieses alte Lied der Arbeiterbewegung spricht noch von einer Hoffnung, von einem Flehen. In vielen Staaten der Europäischen Union hat sich diese Hoffnung weitgehend erfüllt, braucht kaum jemand mehr um die Schulen für seine Kinder, um die Betreuung der Alten und Kranken flehen. Hans Ulrich Gumbrecht hat in einem bemerkenswerten Artikel über „Europa als Lebensform" festgestellt, „dass die Europäische Union jener politische, soziale und kulturelle Raum geworden ist, in dem die Sozialdemokratie, so wie sie nach 1950 als Konzept Gestalt angenommen hatte, Wirklichkeit geworden ist. Von dieser Grundlage aus hat sie sich dann vielfältig weiterentwickelt."

„Zum ersten Mal in der modernen Geschichte", schreibt Gumbrecht weiter, habe die Sozialdemokratie „die bisher stets exzentrischen Wertvorstellungen der Intellektuellen mit den Präferenzen einer Mehrheit zur Deckung gebracht, die sich diffus als ‚Mittelklasse' versteht; und diese Konvergenz fungiert in den meisten Mitgliedsstaaten der Union selbstverständlich als Verhandlungsrahmen der Politik, ganz unabhängig davon, ob sich eine jeweilige Regierung eher als ‚konservativ' oder eher als ‚sozial' versteht. Selbst Nicolas Sarkozy und Angela Merkel hätten in den fünfziger Jahren als Sozialdemokraten gelten können, so wie die Jugend der späten sechziger Jahre José Luis Zapatero oder Tony Blair als ‚Sklaven des Kapitals' verteufelt hätte."

Die Melancholie der Erfüllung
– und noch immer zu wenig Gerechtigkeit

Die Bürgerinnen und Bürger der Europäischen Union haben sich so sehr an das von ihren Staaten Erreichte gewöhnt, dass sie sich gar nicht mehr in die Sichtweise anderer hineinversetzen können. Viele, wenn nicht die meisten Europäer glauben, ihre eigenen Normen und Institutionen seien die einzig richtigen. Die Haltung konservativer Amerikaner gegen die von Präsident Obama durchgesetzte Reform des amerikanischen Gesundheitswesens ist ihnen zum Beispiel vollends unverständlich. Sie begreifen nicht, dass amerikanische Bürgerinnen und Bürger einen hohen Wert darin erblicken, dass dem Staat keine Eingriffe in die Individualsphäre zugestanden werden. Ja dass diese Amerikaner ihre eigene Unabhängigkeit vom Staat für viel wertvoller erachten als die Prognose eines langen Lebens aufgrund garantierter staatlicher Krankenversorgung.

In den modernen Staaten Europas greift im Gegensatz dazu immer mächtiger eine Lebenshaltung um sich, die zwei oft nicht in Einklang zu bringende Ziele zu vereinen sucht: möglichst intensive Daseinsfreude und möglichst hohe Sicherheit. Ich will essen, was mir mundet – aber bitte ohne freie Radikale. Ich will keine Tabus beim Sex – aber bitte immer mit Gummi. Ich will in die exotischsten Gegenden der Welt – aber bitte immer im vollklimatisierten Hotel. Ich will den freien Zugang zu den Universitäten – aber bitte nur zu den besten. Ich will ausgelassen Auto fahren, exzessiv Sport betreiben, zechen, schlemmen – aber bitte mit umfassender Krankenversicherung und optimaler Gesundheitsversorgung. Ich will das Angenehme und das Behagliche hier und jetzt – aber bitte ohne Tragik, ohne Angst, ohne Sehnsucht, ohne banges Hoffen auf eine ferne, unnahbare Zukunft.

Vor allem: Ich will, dass der Staat all jene Möglichkeiten schafft, mit denen sich das, was ich will, verwirklichen lässt – aber bitte so, dass möglichst alle Risiken ausgeschlossen sind.

Doch eines ist klar: Die Realisierung aller Erwartungen, die Bürgerinnen und Bürger von einem paternalistischen, fürsorglichen, sozialen Staat erhoffen, kostet immens viel Geld. Selbst dann, wenn die Erwartungen bescheidener ausfallen sollten, als eben angeklungen ist. Selbstverständlich können Staaten große Summen Geldes für Investitionen ausleihen. Doch auch diese müssen mit Zins und Zinseszins zurückgezahlt werden. Das Geld, mit dem der Staat seine guten Gaben gerecht zu verteilen vorgibt, stellt letztendlich niemand anderer als die Bürgerinnen und Bürger des Staates ebendiesem Staat zur Verfügung. Sie zahlen Steuern.

Wie sind die Steuern gerecht zu gestalten? Überlagert wird diese Frage von jener, wie der Staat die Steuern möglichst effektiv eintreiben kann. Denn bei sehr hohen Grenzsteuersätzen ist die Gefahr groß, dass die Hinterziehung von den einzelnen Steuerpflichtigen immer weniger als verwerfliche Handlung empfunden wird.

Schon der Preußenkönig Friedrich II. stellte den Grundsatz auf: „Eine Regierung muss sparsam sein, weil das Geld, das sie erhält, aus dem Blut und Schweiß ihres Volkes stammt. Es ist gerecht, dass jeder Einzelne dazu beiträgt, die Ausgaben des Staates tragen zu helfen. Aber es ist nicht gerecht, dass er die Hälfte seines jährlichen Einkommens mit dem Staate teilen muss."

Selbst in alten Zeiten gierte, vor allem um die Kriegskasse zu füllen, der Staat nach Geld. So hatten bereits damals Steuerexperten verordnet, dass die Bürger bei höherem Wohlstand auch überproportional höhere Steuern zu entrichten hätten, die sogenannte Progression. Wie aber stellte man den Wohlstand der Bürger fest? Eine scheinbar sehr einfache Methode bestand darin, die Anzahl der Fenster zu zählen, die bei den Bürgerhäusern nach außen zeigten. Die Gegenmaßnahme gewitzter Steuerpflichtiger bestand darin, Fenster eher in die Innenhöfe zu bauen und auf der Außenseite der Gebäude Blindfenster, also vermauerte Fensteröffnungen anzubringen. Ein anderes Verfahren bestand darin, die Größe der Dachflächen der Häuser als Maß für die zu entrichtende Steuer festzulegen. Dies traf besonders die Besitzer von Burgen und Schlössern. Viele von ihnen entschieden sich dazu, die von ihnen nicht mehr bewohnten, aber in ihrem Besitz befindlichen Burgen einfach abzudecken, um ihrer Steuerpflicht zu entkommen. Auf diese Weise sind die Burgruinen entstanden.

Natürlich wäre es sehr naheliegend, einfach nur Vermögen zu besteuern. Doch das Kapital ist bekanntlich scheu wie ein Reh

154

und flüchtet in Windeseile vor der Vollzugsgewalt des Staates. Allein mit Substanzsteuern ist Steuergerechtigkeit nicht zu erzielen. Es müssen Ertragssteuern wie die Einkommen-, Körperschafts- oder Gewerbesteuer hinzutreten. Und dazu noch die Umsatzsteuer, die bei jedem Akt einer Teilnahme am Warenaustausch eingehoben wird. Sowie viele andere Steuern: die Tabaksteuer – mit dem vorgeschobenen Ziel, der Gesundheit zu dienen; die Mineralölsteuer – mit dem vorgeschobenen Ziel, den Verkehr auf der Straße zugunsten der Schiene einzudämmen; sogar eine Luftsteuer gibt es, die für Tätigkeiten eingehoben wird, die über die „normale" Nutzung öffentlicher Verkehrsflächen hinausgehen, zum Beispiel das Errichten von Schautafeln, das Anbringen von Werbeflächen, das Aushängen von Waren auf der Straße.

Es lässt sich praktisch nicht vermeiden, dass Ungerechtigkeiten zutage treten. Zum Beispiel kann bei einer Ertragssteuer nur der wirtschaftliche Erfolg als Maßzahl herangezogen werden. Wenn der Erfolg mit einer vergleichsweise geringen Leistung erzielt worden ist, zahlt sich die Steuer leichter, als wenn den gleichen Erfolg eine außerordentliche, durch lange Zeit hindurch mit hohen Anstrengungen verbundene Leistung erbracht hat. Und das Gefühl der ungerechten Umverteilung steigert sich, wenn die hart am Erfolg Arbeitenden feststellen, dass ein Großteil des Steueraufkommens schamlosen Profiteuren des Systems zukommt. Zum Beispiel jenen – ob tatsächlichen oder nur scheinbaren, lässt sich schwer feststellen – Leistungsunwilligen, die alle sozialen Vergünstigungen des Staates raffiniert nützen und die unfreiwillige Unterstützung der Allgemeinheit erfahren.

Der Staat setzt sich im Idealfall das Ziel, die Besteuerung nach der wirtschaftlichen Leistungsfähigkeit auszurichten, den Verwaltungsaufwand gering zu halten und die Regeln möglichst verständlich zu formulieren. Die Wirklichkeit sieht leider anders aus. „Um eine Einkommensteuererklärung abgeben zu können", sagte einmal Albert Einstein, „muss man ein Philosoph sein. Für einen Mathematiker ist es zu schwierig." Oder, wie sein Kollege

Hermann Weyl schrieb: „Würde ein Archäologe fünftausend Jahre nach uns die heutigen Regeln zur Einkommensteuer zusammen mit einigen Errungenschaften der Technik und einigen mathematischen Büchern ausbuddeln, würde er die Steuergesetzgebung mit Sicherheit um viele Jahrhunderte älter schätzen, so verworren und zugleich primitiv ist sie, und er würde mit Gewissheit annehmen, sie sei vor Galileo und Viète in Kraft gewesen."

Welcher Weg führt zur Gerechtigkeit?

Vor allem setzt sich der Sozialstaat das Ziel, eine hohe und von den meisten als ungerecht empfundene Ungleichverteilung von Einkommen und Vermögen zu verringern. Dies gelingt am wirksamsten durch Transferleistungen. Allerdings ist es nur recht und billig, dass diese öffentlich vorgestellt werden. Für alle Steuerpflichtigen muss einsehbar sein, dass es sich dabei um Maßnahmen handelt, die der Fairness innerhalb der Gesellschaft dienen. Denn auch für Transferleistungen müssen finanzielle Mittel von den Steuerzahlern erbracht werden.

Eine andere, indirekte Möglichkeit, ungerecht empfundene Umverteilung zu mindern, besteht in dem Versuch, mithilfe der Steuern selbst Maßnahmen zu setzen. Wobei zuweilen beabsichtigte Wirkungen ausbleiben können. Nehmen wir zum Beispiel an, die Regierung erwägt eine Erhöhung der Grundsteuer. Sie ist nämlich die einzig wirksam erhöhbare Vermögenssteuer, weil sich Immobilien nicht ins Ausland verlagern lassen. Die Nachteile liegen auf der Hand: Entweder man setzt die Erhöhung sehr empfindlich an und trifft damit jene, die ihre kleinen Eigentumshäuser bauen oder bewohnen, sowie die Wohnungseigentümer sehr hart. Indirekt werden dadurch auch die Mieter belastet, weil Vermieter die höhere Steuer umgehend auf die Wohnungsinhaber umwälzen. Oder aber man macht großzügige Ausnahmen „für die Kleinen", dann bringt die Erhöhung nicht viel.

Aber weder direkte Transferleistungen noch die über den Umweg von Steuererhöhungen beabsichtigten Umverteilungsmaßnahmen stellen die einzigen Vorgehensweisen dar, um soziale Gerechtigkeit erzielen zu können. Vergleicht man die Sozialstaatsmodelle von Skandinavien und Kontinentaleuropa, erkennt man sehr deutlich: Wenn ein Staat sowohl möglichst viel als auch möglichst klug in Bildung und Ausbildung investiert und wenn er dafür sorgt, Schranken am Arbeitsmarkt wirksam abzubauen, verbessert er die Lebenschancen seiner Bürgerinnen und Bürger weit mehr, als wenn er im Nachhinein durch Sozialtransfers bereits bestehende Ungerechtigkeiten mühsam korrigieren muss.

Mit anderen Worten: Jeder Regierung ist dringend zu raten, einen Großteil des ihr zur Verfügung stehenden Geldes in Kindergärten, in Grund-, Mittel- und Hochschulen anzulegen, ferner in die Ausbildung und Förderung der Lehrerinnen und Lehrer. Selbst dann, wenn damit eine weitere Verschuldung des Staates in Kauf genommen werden müsste. Denn allein dadurch sorgt der Staat spürbar und dauernd für Heranwachsende, die gebildet und mit Kenntnissen so ausgerüstet sind, dass sie selbstbewusst und zielgerichtet ihr Schicksal in die Hand nehmen können. Nicht der allzu bemutternde Fürsorgestaat erzielt ein Maximum an Gerechtigkeit, sondern ein Staat, der für die wirtschaftliche, politische, soziale und kulturelle Eigenverantwortung seiner Bürgerinnen und Bürger sorgt.

Dass eine derart weit in die Zukunft blickende Entscheidung reiche Frucht trägt, wird man kaum innerhalb einer Wahlperiode von wenigen Jahren erkennen können. Darum ist neben dem Mut und der Entschlossenheit, diese Entscheidung zu fällen, auch ein gerüttelt Maß an Überzeugungskraft der Regierenden vonnöten, wollen sie die Öffentlichkeit von der Tragweite ihres Handelns überzeugen.

Gibt es ein Maß
für die Gerechtigkeit?

Wer meint, Gerechtigkeit ließe sich messen wie eine Länge oder
ein Gewicht, ist naiv. Aber ganz ohne Kenngrößen kann man
auch nicht politisch über Gerechtigkeit sprechen. Wie wollte man
denn zum Beispiel objektiv – wie oben angedeutet – die Sozialstaatsmodelle von Skandinavien und Kontinentaleuropa verglei-
chen, wenn keine Zahlen verfügbar wären?

Corrado Gini, italienischer Statistiker, Soziologe und Demo-
graph, entdeckte 1912, wie man eine Größe bestimmt, die als
Kennzahl für die Ungleichverteilung von Einkommen oder Vermögen dient. Vorbereitet wurde dies 1905 von dem amerikanischen Statistiker Max Otto Lorenz: Ein Koordinatensystem wird
nach rechts und nach oben von null bis eins, also von null bis
100 Prozent skaliert. Von links nach rechts denkt man sich die

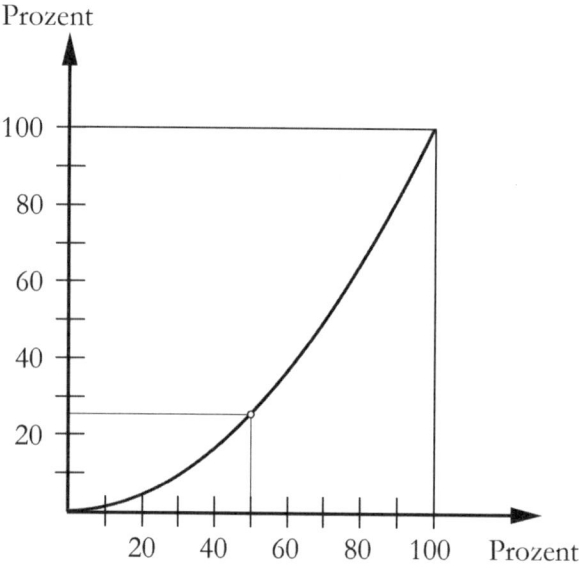

Beispiel einer Lorenz-Kurve

158

Haushalte des Staates aufgelistet, links mit den ärmsten beginnend und rechts mit den reichsten endend. Wenn zum Beispiel 50 Prozent aller Haushalte über mindestens 25 Prozent des gesamten von den Haushalten erwirtschafteten Einkommens verfügen, trägt man über dem waagrechten Wert 50 Prozent einen Punkt in der Höhe 25 Prozent ein. Stellt man sich vor, die entsprechenden Punkte werden über jeder der waagrechten Prozentzahlen eingezeichnet, erhält man in dem Quadrat, das unten und links von den beiden Skalen begrenzt ist, die nach Lorenz benannte Kurve. Aus der Lorenz-Kurve kann man folglich entnehmen, wie viele Prozent der Haushalte eines Staates, mit den Ärmsten der Armen beginnend und zu den immer Wohlhabenderen fortschreitend, über wie viele Prozent des erwirtschafteten Geldes verfügen.

Am besten versteht man die Lorenz-Kurve anhand von sehr einfachen Beispielen: In einem Marx-Engels-Land, in dem alle

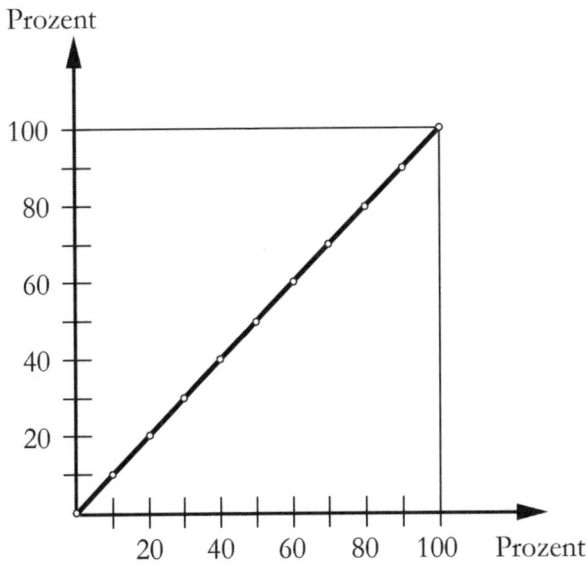

Lorenz-Kurve im Marx-Engels-Land

zehn in ihm befindlichen Haushalte exakt das gleiche Geld verdienen, herrscht wie in der kommunistischen Idealvorstellung völlige wirtschaftliche Gerechtigkeit. Es ist klar, dass in diesem Marx-Engels-Land ein Haushalt – er entspricht waagrecht zehn Prozent – über zehn Prozent des insgesamt erwirtschafteten Geldes verfügt und dass zum Beispiel sieben Haushalte – sie entsprechen waagrecht 70 Prozent – über 70 Prozent des insgesamt erwirtschafteten Geldes verfügen. Mit anderen Worten: So weit, wie man auf der waagrechten Achse nach rechts geht, so weit nach oben muss man an dieser Stelle auch den Punkt der Lorenz-Kurve eintragen. Hieraus folgt, dass im Marx-Engels-Land die Lorenz-Kurve die von links unten nach rechts oben führende Diagonale des Quadrats ist.

Im Krösus-Land hingegen beziehen neun der dort anwesenden zehn Haushalte jeweils ein Einkommen von 2.500 Euro, während der zehnte Haushalt des einzigen Plutokraten über ein Einkommen von 22.500 Euro verfügt. Das Gesamteinkommen aller Haushalte im Krösus-Land beläuft sich somit auf 45.000 Euro. Von null bis 90 Prozent sind von links nach rechts die armen Haushalte des Landes eingetragen: Jeder von ihnen verdient ein wenig mehr als fünf Prozent des Gesamteinkommens. Darum steigt in diesem Bereich die Lorenz-Kurve nur sehr langsam an: 20 Prozent der Haushalte, also zwei arme Haushalte, haben ja nur 5000 Euro, also knapp mehr als elf Prozent des Gesamteinkommens erwirtschaftet. Selbst 90 Prozent der Haushalte, also die neun armen Haushalte, erwirtschafteten insgesamt nur 22.500 Euro, also 50 Prozent des Gesamteinkommens. Aber zum Schluss kommt der Haushalt des Plutokraten hinzu, und die Lorenz-Kurve schnellt auf 100 Prozent.

Jede Lorenz-Kurve beginnt im Quadrat links unten, weil null Haushalte klarerweise nichts verdienen. Und sie muss immer im Quadrat rechts oben enden, denn 100 Prozent aller Haushalte verdienen 100 Prozent des gesamten von allen Haushalten erwirtschafteten Geldes. Weil wir uns die Haushalte von links nach

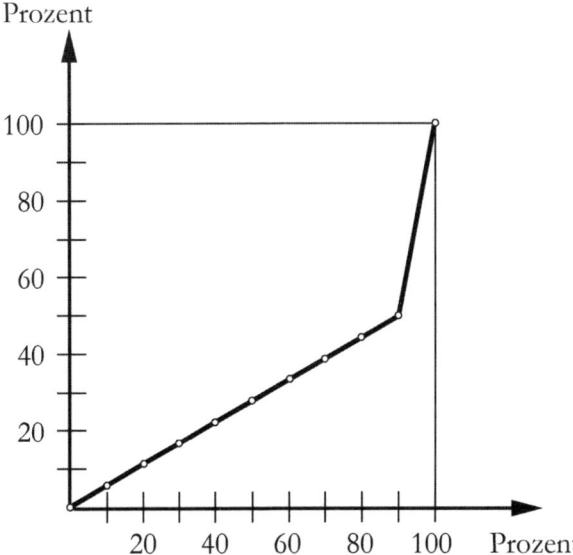

Prozent

Lorenz-Kurve im Krösus-Land

rechts vom ärmsten bis zum reichsten mit steigendem Wohlstand aufgelistet denken, wird die Lorenz-Kurve immer ansteigen und nach oben gekrümmt sein. Sie wird daher immer unterhalb der von links unten nach rechts oben weisenden Diagonale des Quadrats zu liegen kommen. Nur bei der strikten Gleichverteilung des Marx-Engels-Landes stimmt sie exakt mit dieser Diagonale überein.

Das Wesentliche an ihr aber ist: Je stärker sich die Kurve nach unten wölbt, umso größer ist die Ungleichheit in der Einkommensverteilung der Bevölkerung.

Bloß eine Zahl,
aber keine Garantie für Gerechtigkeit

Gini schlug vor, die Größe jener Fläche, die sich zwischen der Lorenz-Kurve und der Diagonalen erstreckt, als Maß für die

Ungleichheit in der Einkommensverteilung heranzuziehen. Er verglich diese Fläche mit der Gesamtfläche des rechts unterhalb der Diagonalen befindlichen gleichschenklig-rechtwinkligen Dreiecks, das die Diagonale als Hypotenuse hat. In diesem Dreieck bewegen sich alle denkbaren Lorenz-Kurven.

Grob gesprochen kann man sagen: Der Gini-Koeffizient ist ein Maß für die Ungleichheit bei der Einkommensverteilung in einem Staat. Der Gini-Koeffizient ist ein Zahlenwert zwischen null und eins. Je näher er bei null liegt, umso gleichverteilter ist das Gesamteinkommen. Je näher er bei eins liegt, umso weiter geht die Schere zwischen Arm und Reich auseinander. Skandinavische Staaten haben im Allgemeinen kleine Gini-Koeffizienten in der Größenordnung unter 0,3. In der Europäischen Union sind Gini-Koeffizienten zwischen 0,25 und 0,35 die Regel. In den Vereinigten Staaten beträgt der Gini-Koeffizient etwa 0,45. Län-

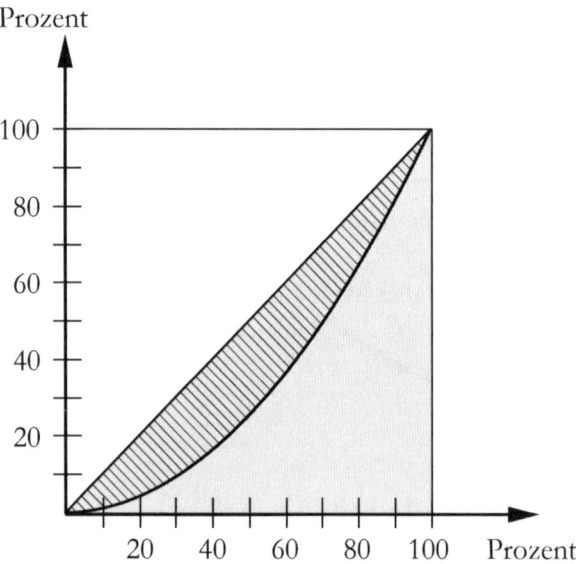

Der Gini-Koeffizient ist das Verhältnis der schraffierten zur grau unterlegten Fläche.

162

der wie Lesotho, Botswana oder Namibia mit Gini-Koeffizienten von mehr als 0,6 befinden sich am anderen Ende der Skala. Allerdings wäre es verfehlt, allein den Gini-Koeffizienten als Maßstab für die soziale Gerechtigkeit eines Staates heranzuziehen. Zumal verschiedene Einkommensverteilungen den gleichen Gini-Koeffizienten ergeben können:

Stellen wir dem Krösus-Land mit den neun armen Haushalten und dem einen Plutokratenhaushalt ein anderes Micky-Maus-Land gegenüber. In ihm befinden sich zehn Prozent des Gesamteinkommens gleichverteilt in der einen Hälfte der Bevölkerung, während die andere Hälfte der Bevölkerung, ebenfalls gleichverteilt, die restlichen 90 Prozent besitzt. Obwohl in dem Micky-Maus-Land die Schere zwischen Arm und Reich nicht so extrem auseinanderklafft wie im Krösus-Land, ist in beiden Staaten der Gini-Koeffizient gleich groß. Er beträgt in beiden Fällen 0,4.

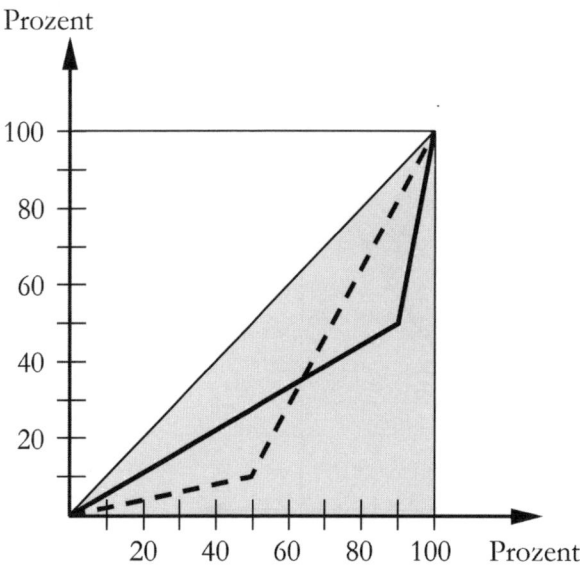

Zwei Lorenz-Kurven mit gleichem Gini-Koeffizienten

Eine Kennzahl allein ist einfach nicht aussagekräftig genug. Und selbst diese Kennzahl bezieht sich allein auf den materiellen Reichtum. Schließlich wäre es eine grob unzulässige Verkürzung des Begriffs „Gerechtigkeit", wenn man meinte, ihn bloß mit messbaren materiellen Gütern fassen zu können.

Gerechtigkeit und Gewissen

Il n'y a que deux sortes d'hommes:
les uns justes, qui se croient pécheurs;
les autres pécheurs, qui se croient justes.
Es gibt zwei Arten von Menschen:
Gerechte, die sich für sündig halten,
und Sünder, die sich für gerecht halten.
(Blaise Pascal, 1623–1662,
Mathematiker, Physiker und Philosoph)

Friedrich Nietzsche wird der eigenartige Satz zugeschrieben: „Im Grunde weiß jeder Mensch recht wohl, dass er nur einmal als ein Unikum auf der Welt ist, und dass kein noch so seltsamer Zufall zum zweiten Mal ein so wunderlich buntes Mancherlei zum Einerlei, wie er es ist, zusammenschütteln wird."

Warum ist Nietzsches Satz eigenartig? Weil Nietzsche sich die Mühe macht, eindringlich auf etwas hinzuweisen, was im Grunde ohnehin jeder weiß. Warum kommt er überhaupt auf diese Selbstverständlichkeit zu sprechen? Vielleicht deshalb, weil wir diese Binsenweisheit schon längst wieder vergessen haben?

Oder weil wir sie verdrängt haben? Weil wir das gar nicht sein wollen: ein Unikum?

Aufgehoben in einer Gemeinschaft, ein Gleiches unter Gleichen, darin mag man sich wohler fühlen. Doch um in dieser Gemeinschaft als eines ihrer vielen Glieder aufgenommen zu sein, muss in dieser Gemeinschaft so etwas wie Gerechtigkeit herrschen.

Ist Gerechtigkeit die Höhle, in der man sich vor seiner Einzigartigkeit verbergen kann?

Erwin Schrödinger
stellt völlig unphysikalische Fragen.

Erwin Schrödinger ist als einer der Väter der modernen Physik berühmt. Die von ihm entdeckte und nach ihm benannte Gleichung regelt die Struktur der Materie; sie beherrscht die Atomphysik und die gesamte Chemie. Weniger bekannt ist, dass Schrödinger der Deutung seiner eigenen Gleichung durch Max Born und die übrige Gilde der Quantenphysiker mit großer Skepsis gegenüberstand. Noch weniger bekannt ist, dass in Schrödingers eigener Lebensplanung gar nicht vorgesehen war, so prominent an der physikalischen Forschung beteiligt zu sein. Eigentlich wollte er, nachdem er vor dem Ersten Weltkrieg bei seinem verehrten Lehrer Fritz Hasenöhrl in Wien einen großen Vorlesungszyklus über Theoretische Physik gehört hatte, im Sinne seines Lehrers an einer kleinen Universität in der Provinz, vielleicht in Czernowitz, als Professor wirken und daneben seinen Interessen für Philosophie und Poesie nachgehen. „Ich darf nicht", bekannte er einmal, „den Eindruck hinterlassen, dass mich nur die Wissenschaft interessiert. Tatsächlich war seit allem Anfang mein Wunsch, Dichter zu sein. Aber ich habe bald erkannt, dass Poesie ein brotloses Geschäft ist. Die Wissenschaft hingegen bot mir eine geregelte Laufbahn."

Der Zusammenbruch der österreichisch-ungarischen Monarchie zerstörte Schrödingers Traum. Zum Glück, im Nachhinein betrachtet, für die moderne Physik. Trotzdem ließ er nie davon ab, über den Tellerrand seines Faches zu blicken: In dem 1944 erschienenen Buch „Was ist Leben?" sagte er – man würde meinen: wie ein Hellseher – die Entdeckung eines Moleküls voraus, das den Keim des Lebens in sich trägt: die berühmte DNS-Doppelhelix. Und in anderen Schriften, besonders lesenswert sind „Geist und Materie" und „Die Natur und die Griechen", ergeht er sich in Philosophie. Wobei er höchst ungewöhnliche Gedanken entwickelt.

Schrödinger war fasziniert von einer eigenartigen Erfahrung: Man betrachtet die Welt nicht wie ein außerirdischer Zaungast von ferne, sondern ist zugleich Beobachter und ein Baustein dieser Welt unter vielen. Mein menschlicher Körper ist, wie alle anderen körperlichen Gegenstände auch, den Gesetzen der Physik, der Chemie, der Biologie unterworfen. Doch ich bin in der Lage, ganz wie ich will, die Finger zu beugen oder zu strecken, den Kopf zu schütteln, die Beine zu bewegen, obwohl das „Ich" sicher nichts mit den Gesetzen der Physik, der Chemie oder der Biologie zu tun hat.

Wie ist das möglich? Schon René Descartes stellte sich diese Frage. Descartes meinte, dass die körperlose Seele auf geheimnisvolle Weise – er sprach von „Lebensgeistern" – mit dem ausgedehnten Körper verbunden sei. Doch Descartes wird bemerkt haben, dass er damit keine auch nur annähernd befriedigende Erklärung gefunden hat.

Noch mehr war Schrödinger fasziniert von einer ebenfalls eigenartigen Erfahrung: Begegnet man einem Menschen, nimmt man ihn vordergründig durch seine körperliche Erscheinung wahr. Aber wie selbstverständlich geht man davon aus, dass dieser Mensch ein ihm eigenes Ich besitzt. Das scheinbar nichts mit meinem Ich zu tun hat. Von dem man wie durch eine unüberbrückbare, bodenlose Kluft getrennt ist. Man kann sein eigenes Ich nicht mit dem eines anderen Menschen tauschen. In den Augen Schrödingers ist das ein sehr seltsamer Befund. Richtig verstehen kann er ihn nicht.

Oder darf man an ihm gar Zweifel hegen?

Eine bloß vorläufige Annahme führt zur Idee der Gerechtigkeit.

Lassen wir zunächst den Zweifel Schrödingers beiseite. Zwar ist es ziemlich einfältig, wenn man annimmt, in jedem lebendigen menschlichen Körper sei eine „ich" sagende Seele gefangen gehalten. Auf die man gewissermaßen zeigen könne, weil sie in dieser Gestalt eingeschlossen ist, vielleicht ein wenig oberhalb der Augen, irgendwo im Gehirn versteckt. Wenn wir uns vorerst nicht mit dem Zweifel Schrödingers auseinandersetzen wollen, bleibt nicht viel anderes übrig, als von dieser naiven Annahme auszugehen.

Dann aber ist meine eigene Seele eine unter vielen. Und ein Blick in den Spiegel scheint zu belehren: unter vielen Gleichartigen. Spiegelt doch, so meint man, der Körper die Seele wider.

Einer spricht zum anderen, ganz ähnlich wie Shylock in Shakespeares „Kaufmann von Venedig": „Ich bin wie du. Hab' ich nicht Augen? Hab' ich nicht Hände, Gliedmaßen, Werkzeuge, Sinne, Neigungen, Leidenschaften? Mit derselben Speise genährt, mit denselben Waffen verletzt, denselben Krankheiten unterworfen, mit denselben Mitteln geheilt, gewärmt und gekältet von eben dem Winter und Sommer als du? Wenn du mich stichst, blute ich nicht? Wenn du mich kitzelst, lache ich nicht? Wenn du mich vergiftest, sterbe ich nicht? Und wenn du mich beleidigst, soll ich mich nicht rächen? Bin ich dir in allen Dingen ähnlich, so will ich's dir auch darin gleich tun."

Das Ich, es scheint eines unter vielen zu sein. Und hat unter diesen vielen anderen seinen Platz zu finden. Es gilt, sich einzuordnen. Gerechtigkeit besteht darin, dass jedes der „ich" sagenden Subjekte angemessen und abgewogen in die Gesamtheit aller eingliedert ist.

Wie aber legt man das Maß fest? Wer hält die Waage der Gerechtigkeit?

Schon bei der Frage, ab wann man sicher sein kann, dass ein mir gegenübertretendes Wesen mit einem „Ich" versehen ist, scheiden sich die Geister. Manche Tierschützer lassen es nicht gelten, dass nur ein von einer menschlichen Mutter geborenes Geschöpf ein Ich besitzt. Ihrem Dafürhalten nach haben einige der höheren Tiere das fühlende und leidensfähige Ich durchaus mit Menschen gemeinsam.

Der große englische Sozialreformer des 19. Jahrhunderts Jeremy Bentham war jedenfalls davon überzeugt: „Die Franzosen haben bereits entdeckt, dass die dunkle Hautfarbe kein Grund dafür ist, jemanden schutzlos der Laune eines Peinigers auszuliefern. Es mag der Tag kommen, da man erkennt, dass die Zahl der Beine, der Haarwuchs oder das Ende des os sacrum" – gemeint ist das Kreuzbein, an dem bei Wirbeltieren der Schwanz anschließt – „genauso unzureichende Gründe sind, ein fühlendes Wesen demselben Schicksal zu überlassen. Was sonst ist es, das die unüberwindbare Trennlinie zieht? Ist es die Fähigkeit zu denken, oder vielleicht die Fähigkeit zu sprechen? Aber ein ausgewachsenes Pferd oder ein Hund sind unvergleichlich vernünftigere Lebewesen als ein Kind, das erst einen Tag, eine Woche oder selbst einen Monat alt ist. Und selbst wenn sie anders wären, was würde daraus folgen? Die Frage ist nämlich nicht: Können sie denken? Oder: Können sie sprechen? Die Frage ist: Können sie leiden?"

Die gleiche Auffassung vertritt gegenwärtig der australische Philosoph Peter Singer. Es gibt, so seine Überzeugung, keine moralische Rechtfertigung, das Leid eines Wesens, gleich welcher Natur es sei, nicht in Betracht zu ziehen. Höhere Tiere von diesem Gleichheitsprinzip auszuschließen sei so willkürlich, wie Menschen anderer Hautfarbe, Kultur, Religion oder Geschlecht auszunehmen.

Man stelle sich vor, auf einem Tisch befinden sich ein Klumpen Lehm, ein Kohlkopf, ein Wurm, ein Fisch, eine Maus, eine Katze und ein Schimpanse. Und jemand zerschneidet, mit einem scharfen Messer, all diese Objekte durch ihre Mitte. Würde er die Katze oder den Schimpansen – das weit aufgerissene Auge des sterbenden Tieres entsetzt auf seinen Schlächter gerichtet – mit der gleichen Gemütsruhe zerschneiden wie den Kohlkopf oder den Klumpen Lehm, man würde diesen grausamen Menschen für krankhaft gefühlskalt halten.

Wo aber wird, in Benthams Worten, die unüberwindbare Trennlinie zwischen dem mit einem Ich behafteten Wesen und dem seelenlosen Naturobjekt gezogen? Womöglich gibt es diese scharfe Trennlinie nicht.

Doch dies ist nur das erste Problem, dem man sich gegenübersieht, wenn man Gerechtigkeit zu fassen versucht.

Platon erprobt Gerechtigkeit
– und scheitert.

Beschränken wir uns auf die Gerechtigkeit, die zwischen Menschen herrschen soll. Einer der Ersten, die sich darüber Gedanken machten, war der im 4. vorchristlichen Jahrhundert lehrende Philosoph Platon. In seinem Buch „Politeia" („Der Staat") widmet er der Gerechtigkeit ein eigenes Kapitel: „Peri dikaiou" („Über das Gerechte"). Die Gerechtigkeit heißt nämlich griechisch *dikaiosyne*, abgeleitet vom Namen „Dike", den die Göttin der Gerechtigkeit trägt.

Aber Platon verweist bei seiner Vorstellung von Gerechtigkeit nicht auf die Götter. Dies taten die Denker vor ihm. Der Mensch ist bei Platon auf sich selbst gestellt. Er allein übernimmt Verantwortung für die Gerechtigkeit. Aber nicht jeder Mensch macht dies in Platons Staat im gleichen Umfang. Die volle Verantwortung für die Gerechtigkeit kann, so meint Platon, nur der König tragen. Und in Platons Staat ist der König ein Philosoph.

Dieser Philosophen-König ist besonnen, tapfer und weise. Um diese drei Tugenden im richtig ausgewogenen Maß zur Geltung bringen zu können, muss der Philosophen-König noch eine vierte Tugend besitzen: die Gerechtigkeit. Die Gerechtigkeit teilt, so sagt Platon, *jedem das Seine* zu. Damit ist zuerst gar nicht an eine Aufteilung von Gütern und Dienstleistungen gedacht, sondern an eine Aufteilung von Tätigkeitsbereichen. Der gerechte Philosophen-König weiß, wann er besonnen, wann er tapfer und wann er weise zu sein hat.

Erst danach überträgt Platon den Begriff der Gerechtigkeit auf das gesamte Staatswesen: Auch hier sorgt sie im Sinne des *Jedem-das-Seine* für die Aufteilung der Tätigkeitsbereiche: Allen Bürgern, die vor allem von Begehrlichkeiten getrieben sind, soll die Tugend der Besonnenheit eigen sein; und sie sollen Bauern, Handwerker oder Kaufleute werden. Allen Bürgern, die Tatkraft versprühen, soll die Tugend der Tapferkeit eigen sein; und sie sollen Soldaten werden. Allen Bürgern schließlich, die nach Vernunft streben, soll die Tugend der Weisheit eigen sein; und sie sollen Lehrer, im besten Fall Philosophen werden. Platons Staat ist, so glaubte er, ein gerechter Staat, weil er seinen Bürgern die ihnen angemessenen Stände zuweist: den Nährstand, den Wehrstand und den Lehrstand.

In jedem Menschen aber, so meint Platon, ist ein Bild eines Staates im Kleinen verborgen. Auch in ihm walten die drei Tugenden der Besonnenheit, der Tapferkeit und der Weisheit. Und der gerechte Mensch ist jener, der diese Tugenden im rechten Maß zur Geltung bringt.

Auf Einladung des Herrschers von Sizilien versuchte Platon, seine Staatsidee in die Realität umzusetzen. Das Experiment ging schief und endete kläglich. Offenbar bedachte der von einem allzu abgehobenen Menschenbild beflügelte Platon nicht, was Johann Nestroy so treffend beschrieb: „Der Mensch ist gut, aber die Leut' san a G'sindl."

Platons Schüler Aristoteles dachte weitaus realistischer. Er wusste, dass die Leute „a G'sindl", also durchaus auch böse sein können. Darum fügte er den Tugenden, die Platon genannt hatte, Verbote an: Die Tapferkeit verbietet dem Soldaten, seinen Posten zu verlassen. Die Besonnenheit verbietet dem Familienvater, die Ehe zu brechen und gewalttätig zu werden.

Seinem ausgeprägten Ordnungssinn entsprechend, bemühte sich Aristoteles, die Gerechtigkeit nach ihren verschiedenen Aspekten einzuteilen. Gerechtigkeit kann innerhalb von Institutionen verwirklicht werden: in Familien und Wohngemeinschaften genauso wie im Staat. Und Gerechtigkeit kann als abstrakter Begriff betrachtet werden. In diesem Fall unterscheidet Aristoteles zwischen einer Ordnungsgerechtigkeit, welche die Regeln des Marktes und die Gesetze des Strafrechts beherrscht, und einer Verteilungsgerechtigkeit, welche die Regeln dafür beherrscht, wie die Güter – materielle wie Geld, aber auch geistige wie Ehre – zu vergeben sind.

Sodann fragt Aristoteles nach dem rechten Maß der Gerechtigkeit. Denn es kann sowohl zu wenig wie auch zu viel Gerechtigkeit geben. Dies ist bei allen Tugenden der Fall, zum Beispiel bei der Tapferkeit: Zu wenig Tapferkeit empfinden wir als Feigheit, zu viel Tapferkeit als Waghalsigkeit. Und bei der Gerechtigkeit? Über zu wenig Gerechtigkeit wird geklagt, wenn blanke Willkür herrscht. Doch es gibt auch ein Zuviel an Gerechtigkeit: wenn alles überreguliert ist; wenn man wie ein Unmündiger behandelt wird, ans Gängelband des vermeintlich für alle Guten gefesselt.

Wer legt das rechte Maß der Gerechtigkeit fest? Welches Maß folgt dem Prinzip Platons: *Jedem das Seine?*

Jeremy Bentham misst Gerechtigkeit, indem er den Nutzen multipliziert.

Jedem das Seine. Der Lehrsatz Platons, zum Werbespruch erniedrigt, verkommt flugs zur leeren Parole. Der viele zustimmen können. Denn niemand weiß, was „das Seine" eines anderen ist. Also ist man auf Vermutungen angewiesen. Vermutungen, die viele nach ihrem eigenen Gutdünken anstellen. Was in Schreckensherrschaften dazu führen kann, dass einer unterdrückten Klasse von Menschen etwas aufgezwungen wird, was die herrschende Klasse „das Seine" jedes dieser Bedauerlichen nennt. Besonders niederträchtig verwirklicht wurde dies unter der Naziherrschaft. Am Eingang zum Lager Buchenwald stand, für alle dort Hineingetriebenen gut lesbar: Jedem das Seine.

Noch fehlt der Maßstab, wie jedes der „ich" sagenden Subjekte angemessen und abgewogen in die Gesamtheit aller eingliedert sein soll.

Jeremy Bentham entwickelte einen vernünftigen Vorschlag, der auf dem folgenden Grundsatz beruht: Man füge sich in seinem Tun und Lassen so in der Gemeinschaft ein, dass „das größtmögliche Maß an Glück entsteht". Bentham bewertet demnach das Tun und Lassen eines Menschen je nachdem, wie sehr dieses das Glück all derjenigen erhöhen oder vermindern mag, um deren Interessen es geht. Da er solches Tun und Lassen „nützlich" nannte, wird sein Vorschlag mit dem Wort „Utilitarismus" umschrieben.

Ein leicht zu Missverständnissen führender Begriff. Denn das englische Wort *utility* mag vielleicht den Eindruck erwecken, der Utilitarismus sei kaltherzig und materialistisch. Aber *utility* deckt sich nicht mit dem deutschen Begriff „Nützlichkeit", worunter nur die Zweckmäßigkeit verstanden wird. So besitzt ein schöner Blumenstrauß zwar *utility*, er ist aber nicht im herkömmlichen Sinne „nützlich". Der Nutzen im Sinne Benthams schafft für alle Wohlergehen, Vorteil, Freude.

Eine Gemeinschaft wird aus der Sicht Benthams gerecht verwaltet, wenn sie dieser utilitaristischen Ethik folgt.

Tatsächlich meinte Bentham, dass man das gerechte Tun und Lassen mithilfe einer Rechnung, dem *felicific calculus* oder *hedonistic calculus*, ermitteln kann. Im Deutschen spricht man, ein wenig unbeholfen, vom „Nutzenkalkül". In ihm fließen die folgenden Aspekte des Nutzens ein: wie stark er wirkt; wie lang er wirkt; wie sicher man seiner Wirkung sein kann; wie schnell die Wirkung eintritt. Vor allem aber: wie viele Menschen von der Wirkung betroffen sind; denn mit deren Anzahl muss man multiplizieren.

Damit wird Gerechtigkeit ein Fall für die Mathematik.

Überspitzt formuliert, könnte man sagen: Bevor ein Utilitarist handelt, setzt er sich an den Computer und berechnet für alle möglichen Handlungsalternativen den sich aus ihnen ergebenden Nutzen für alle Menschen in seiner Gemeinschaft. Jene Handlung ist die gerechte, bei der sich aus dem *felicific calculus* der maximale Nutzen ergibt.

Im Übrigen ist völlig unklar, wie die einzelnen Faktoren in Benthams „ethischer Rechnung" mit Zahlen zu bewerten sind. All dies bleibt sehr vage.

Und selbst wenn die Gesetze einer Gemeinschaft streng nach dem *felicific calculus* Regeln für das richtige Tun und Lassen erstellten: Nie weiß man, ob im konkreten Einzelfall diese Regeln so greifen, wie es die abstrakte Theorie vorsieht.

Das Brett des Karneades und ähnliche andere Fälle

Der im 2. vorchristlichen Jahrhundert in Athen lehrende Philosoph Karneades soll von einem Schiffbrüchigen erzählt haben, dem folgendes Schicksal zuteil wurde: Der Mann schwamm zusammen mit einem anderen, nachdem ihr Schiff in den Fluten untergegangen war, auf hoher See. Plötzlich entdeckten beide ein auf dem Meer treibendes Brett, vielleicht vom untergegangenen Wrack stammend. Weil es aber nur eine Person tragen konnte, tötete der Schiffbrüchige den anderen, um die rettende Planke für sich zu sichern. Er wurde gerettet und ihm wurde der Prozess gemacht. Wie, so fragt Karneades, soll der Richter urteilen?

Cicero greift dieses Beispiel auf und löst es ganz im Sinne des Utilitarismus: Wenn man vor der Wahl steht, welcher der beiden Schiffbrüchigen das Leben verdient, während der andere dem Untergang geweiht ist, dann soll derjenige bevorzugt werden, „der eher wert ist, um seiner eigenen Angelegenheiten oder um des Staates willen am Leben zu bleiben".

1884 ereignete sich auf hoher See ein Unglück, das die Tragik der Erzählung des Karneades sogar noch übertrifft: Aufgrund schlechten Wetters kenterte eine Jacht und die vierköpfige Mannschaft konnte sich auf dem Rettungsboot über Wasser halten. Nach zwölf Tagen, in denen sich die Mannschaft von zwei Speiserüben ernährte, und acht weiteren Tagen ohne Nahrung und Trinkwasser schlug der Kapitän vor, den Schiffsjungen zu opfern, um die anderen zu ernähren. So geschah es und die anschließend gerettete Mannschaft wurde in Falmouth wegen Mordes vor Gericht gestellt. Das Gericht verurteilte die Überlebenden, da keinem Menschen das Recht zustünde, über Tod und Leben anhand persönlich aufgestellter Kriterien zu entscheiden.

Ein strenges Urteil, das nach den Grundsätzen des Utilitarismus auch hätte anders ausfallen können. Denn schon 1842 entschied ein amerikanisches Gericht gegenteilig: Demnach sei Mord in einem Rettungsboot dann gerechtfertigt, wenn ein faires Verfahren, zum Beispiel eine Auslosung, das Opfer bestimmt. Oder, wie Cicero meinte, jene Person das Opfer ist, die am wenigsten „wert ist, um ihrer eigenen Angelegenheiten oder um des Staates willen am Leben zu bleiben".

Mit dem technischen Fortschritt gestalteten sich auch Entscheidungsprobleme dieser Art zunehmend vielfältiger. Zum Beispiel in der Medizin: Wie verfährt man bei großen Katastrophen und bei nur wenig zur Verfügung stehenden Hilfsmitteln mit dem Massenansturm an Verletzten? Wer soll zum Beispiel als Erster mit einem Hubschrauber in ein Krankenhaus geflogen werden?

Oder in der Luftfahrt: Darf man ein von Piraten gekapertes Passagierflugzeug abschießen? Der deutsche Bundesverfassungsgerichtshof lässt dies nicht zu. Denn es würde das im Grundgesetz verankerte Recht auf Leben verletzen und damit gegen die Menschenrechte verstoßen, wenn die unbeteiligten Passagiere tödlicher Gefahr ausgesetzt werden.

Oder bei der Terrorismusbekämpfung: Darf eine Geisel erschossen werden, um andere zu befreien? Dürfen einige Menschen zugunsten einer größeren Anzahl von Menschen geopfert werden?

Der im frühen 18. Jahrhundert lebende deutsche Dichter Ewald Christian von Kleist griff in seinem Gedicht „Die Freundschaft" die Erzählung des Karneades auf. Leander und Selin, zwei Freunde, sind nun die Schiffbrüchigen, die plötzlich die rettende Planke entdecken:

> Den beiden Freunden ward ein Brett zuteil;
> allein, es war zu leicht für seine Last.
> „Wir sinken", sprach Selin, „das Brett erträgt
> uns beide nicht, o Freund! Leb ewig wohl!
> Du musst erhalten sein, an dir verliert
> das Wohl der Welt zu viel, und ohne dich
> wär mir das Leben doch nur eine Qual."

Selin ertrinkt jedoch nicht, sondern wird an den Strand gespült, wo er Leander wiederfindet. In großer Dankbarkeit teilt dieser daraufhin seine Reichtümer.

Und lange waren sie das Wohl der Welt.

Peter Singer
verteidigt vehement den Utilitarismus.

Ganz auf der Linie Benthams argumentiert Peter Singer. Er tritt nicht nur wie Bentham für Tierrechte ein, er klassifiziert sogar das Töten anderer Lebewesen nach den individuellen Eigenschaften der Opfer. In seinen Augen kommt es bei der Frage, ob das Töten eines Lebewesens gerecht sei oder nicht, keineswegs darauf an, ob dieses Lebewesen ein Mensch sei oder ein Tier. Man habe stattdessen die individuellen Eigenschaften des Opfers zu berücksichtigen.

Weil es bei Säugetieren und Vögeln Singers Meinung nach eindeutige Hinweise darauf gibt, dass diese Schmerz empfinden können, wäre es Unrecht, diese Wesen zu töten. Der Nutzen, den die Gemeinschaft aus den Kadavern zieht, werde durch den beim Töten zugefügten Schmerz radikal abgewertet. Offensichtlich ist dieser Nutzen, so behauptet Singer, viel geringer als der Nutzen, den die Gemeinschaft – und die Tiere gehören Singers Meinung nach dieser Gemeinschaft an – erfährt, wenn alle ihr angehörigen Wesen am Leben bleiben.

Konsequent radikal argumentiert Singer, dass Eltern zusammen mit den zuständigen Ärzten über das Weiterleben eines kleinen Kindes entscheiden sollten, das an einer schweren unheilbaren Krankheit leidet und dessen Leben niemals auch nur minimale Befriedigung erfahren werde. Singer stellt eine kühle Nutzenmaximierungs-Kalkulation an: Im Vergleich zum Aufwand und zum Kummer, den ein derart krankes Kind bereitet, bedeutet dessen schmerzfrei herbeigeführter Tod den geringeren Schaden. Die Rechnung ist klar: Das Kind hat zu sterben.

Damit wird Singer zum lebenden Exempel des Cicero-Wortes „summum ius summa iniuria" – wer nach totalem Recht strebt, gerät ins totale Unrecht.

Gisela Hinsberger, Mutter von Sofie, einem mit einem offenen Rücken zur Welt gekommenen Mädchen, schildert in ihrem Buch „Weil es dich gibt" die Alltagsrealität von Familien mit behinderten Kindern: das fremdbestimmte Klinikdasein, die gespenstische Welt der Kinderintensivmedizin, solidarische und abwehrende Reaktionen des Umfelds, Momente existenzieller Angst um das Kind und intensiven Glücks mit dem Kind. Sie berichtet von einem Kind, das sich behindert und schwerstkrank seines Lebens freut. Sie erzählt von sich als einer Frau, der die Frage nach dem Existenzrecht ihres Kindes aufgedrängt wird. Vor allem zweifelt sie an der Wunschvorstellung der Utilitaristen, es gäbe einen *felicific calculus*, eine mathematische Berechnung des Glücks.

„Ich liege auf der Couch", schreibt Hinsberger, „und lese in der ‚Praktischen Ethik' von Peter Singer: ‚Sofern der Tod eines behinderten Säuglings zur Geburt eines anderen Säuglings mit besseren Aussichten auf ein glückliches Leben führt, dann ist die Gesamtsumme des Glücks größer, wenn der behinderte Säugling getötet wird.' Ich klappe das Buch zu. Die Gesamtsumme des Glücks.

Die Würde des Menschen ist unantastbar, und sobald wir sie an Bedingungen knüpfen, schneiden wir uns ins eigene Fleisch. Denn wenn wir Menschen mit geistigen Behinderungen die Würde absprechen, können wir sie dann nicht auch gleich den Dummen aberkennen? Ab welchem IQ sollten wir sie zugestehen? Ab 70, 90 oder doch besser erst ab 110?

Wenn wir rollenden Menschen die Würde absprechen" – Sofie war auf den Rollstuhl angewiesen – „wäre es da nicht konsequent, sie den Hinkenden auch zu entziehen? Und wenn wir sie dementen Menschen absprechen, sollten wir sie nicht auch jenen aberkennen, die umständlich und vergesslich sind?"

Entindividualisierung
und Gerechtigkeit als ihr Placebo

Trotz all dieser ungelösten und unlösbaren Dilemmata bekennt sich heutzutage fast jeder zum Utilitarismus. Denn er verspricht „der größten Zahl das größte Glück". Das sei doch der Inbegriff von Gerechtigkeit. Welchen Stellenwert man selbst in dieser „größten Zahl" besitzt, bleibt nebensächlich.

Man hört und liest zwar immer wieder von der fortschreitenden Individualisierung. Aber in Wahrheit findet der gegenteilige Prozess statt. Nur weil viele Menschen allein wohnen, völlig verschiedene Slogans auf ihre T-Shirts drucken lassen und sich ungebunden fühlen, heißt das noch lange nicht, sie seien individuell. Über diese Scheinhandlungen gelagert ist der in die andere Richtung zielende Trend: weg von der Einzelperson. Das Ich verliert sich im Anonymen: Ich bin mein Handy. Ich bin mein

Klingelton. Ich bin mein Outfit. Ich bin mein Auto. Ich bin mein Urlaub. Ich bin die Liste meiner Facebook-Freunde. Ich bin, weil ich in Google bin.

Ich bin eine der vielen Münzen im großen Geldspeicher des „Humankapitals".

Die fantastischen technologischen Errungenschaften erlauben es jeder Person, ihr Ich nach außen zu verlagern, hinein in das namenlose Gemenge. Und viele machen es gern, weil ihnen genau das als Wegweiser unseres großen „Zeitalters der Selbstfindung" vorgegaukelt wird.

Entindividualisierung ist das Motiv, das Menschen dazu bringt, sich dem Rausch des als „Musik" getarnten Lärms hinzugeben. Ein Event wird scheinbar nur dann als attraktiv wahrgenommen, wenn es „schrill" ist. Ein Wort, das noch vor Jahrzehnten Befremden, keinesfalls Zustimmung hervorgerufen hat, steht nun für das Verheißungsvolle. Frei nach Descartes: „Ich bin schräg, ich bin schrill, also bin ich." Und im Umkehrschluss: Nur im Gedröhn ist Existenz zumutbar.

Es scheint schwerzufallen, das Leise zu ertragen – weil es den Horizont der eigenen Existenz allzu intensiv erweitert, die Belanglosigkeit des Hier und Jetzt fühlen lässt. Zwar ahnt man die Kraft, die das Leise, die Stille gar, vermitteln kann. Dem „Ich bin dann mal weg" des Hape Kerkeling folgte das „Ich bin dann mal offline" des Christoph Koch. Doch die meisten scheinen sich eher dafür zu entscheiden, ihre Ohren so lang den penetranten Reizen auszusetzen, bis sie nicht nur ihr Gehör, sondern auch ihr Ich voll und ganz verlieren.

Das Eigenartigste dabei: Niemand wird dazu gezwungen. Freiwillig lässt man sein Ich so in der Anonymität aufgehen, bis es sich von keinem der anderen mehr unterscheidet. Vor Jahrzehnten mussten Diktaturen und Schreckensherrschaften die brutale Gewalt ihrer Schergen und das Schüren der Angst bemühen, um den Menschen ihr Ich zu rauben. Jetzt ereignet sich das anscheinend wie von selbst.

Vielleicht, weil man damit zugleich eine Last abwirft: die der Verantwortung. Nicht ich als Mutter oder Vater stehe dafür ein, dass meine Kinder eine sinnerfüllte Zukunft vor sich haben; das soll gefälligst die Gesellschaft tun. Nicht ich als Schülerin oder Schüler habe mich um mein Wissen zu bemühen; das ist die Aufgabe der Schule. Nicht ich als Lehrkraft habe durch mein Wissen und meinen Einsatz auf die Kinder zu wirken; stattdessen gibt es den PISA-Test. Nicht ich als unternehmerische Persönlichkeit habe meine Firma durch die Fährnisse der Wirtschaft zu lenken wie ein guter Kapitän sein Schiff; die Dossiers der Beratungsfirmen sind dafür als Ersatz teuer genug. Die Zahl der Beispiele ist Legion.

So darf man sich nicht wundern, wenn man erfährt, dass ein Autofahrer mitten im Autobahntunnel bei regem Verkehr plötzlich reversierte und als Geisterfahrer die falsche Richtung einschlug. Als er – wie durch ein Wunder, ohne Schaden angerichtet zu haben – von der Polizei angehalten und befragt wurde, was ihn zu dieser Wahnsinnstat getrieben habe, gab er zur Antwort: „Das Navigationssystem hat gesagt, ich solle wenden."

Ich bin mein Navi.

Verliert sich das Ich in der Anonymität, verliert sich die moralische Verpflichtung des Einzelnen im Rufen nach Gerechtigkeit.

Denn der Ruf nach Gerechtigkeit ist wie ein Wundermittel: Er macht es dem Menschen leicht, seine Einmaligkeit ohne das Gefühl eines Verlusts vollständig aufzugeben.

Eine radikale Abkehr vom Utilitarismus

Kehren wir noch einmal zum Gedicht „Die Freundschaft" des Ewald Christian von Kleist zurück. Wenn Selin zu Leander sagt: „Du musst erhalten sein, an dir verliert das Wohl der Welt zu viel", klingt dies wie ein utilitaristisches Argument: gleichsam als ob Selin einen *felicific calculus* durchgeführt hätte und zum Schluss gekommen wäre, dem Gesamtnutzen der Weltgemeinschaft diene das Fortleben Leanders mehr als das eigene. Aber dies ist ganz und gar nicht der Fall. Denn die „Welt", die Selin meint, ist nicht die anonyme Welt „da draußen", sondern es ist seine eigene, Selins Welt. Denn nur so kann man den zweiten Teil von Selins Satz, „und ohne dich wär mir das Leben doch nur eine Qual", verstehen.

Leanders Welt hingegen ist nicht Selins Welt:

„Nein", sprach Leander, „nein, ich sterb' oh Freund!"
Allein Selin verließ zu schnell das Brett
und übergab getrost dem nassen Grab
der Wasserwogen sich.

Dass, wie Kleist fortfuhr, „die Vorsehung, die über alles wacht" Selin aufgrund seiner Großmut rettete und die beiden einander wiederfanden, sollte die Leser des 18. Jahrhunderts erbauen. Uns Heutigen ist ein so schwärmerischer Schluss fremd; wer glaubt schon an die irdische Gerechtigkeit?

Aber darauf kommt es im Kern nicht an. Sondern darauf, dass die „Welt" im Schlusssatz des Gedichts – „Und lange waren sie das Wohl der Welt" – jeweils der beiden Freunde eigene Welt ist: Selin ist das Wohl von Leanders Welt, und Leander ist das Wohl von Selins Welt. Und eine Welt ohne Selin und Leander gibt es für die beiden nicht.

Erinnern wir uns an die naive Annahme, die zu Beginn des Kapitels getroffen wurde: In jedem lebendigen menschlichen Körper sei eine „ich" sagende Seele gefangen gehalten. Auf die man gewissermaßen zeigen könne, weil sie in dieser Gestalt eingeschlossen ist, vielleicht ein wenig oberhalb der Augen, irgendwo im Gehirn versteckt. Diese Vorstellung ist, wie Schrödinger meinte, zu albern, als dass man sie für bare Münze nehmen könne. Die fundamentale Erfahrung unseres Daseins widerspricht ihr: Das Ich ist einmalig. Die Idee, man könne es wechseln wie ein Hemd, gleichsam im Ich eines anderen völlig aufgehen, führt den Begriff des „Ich" als solches ad absurdum.

Darum wollen wir die naive, zu Beginn des Kapitels getroffene Annahme als allzu töricht verwerfen. Und damit verliert zugleich der Utilitarismus, der vom größten Nutzen der vielen gleichartigen „ich" sagenden Wesen ausgeht, sein Fundament. Wir folgen Schrödinger, der die Einmaligkeit des Ich betont. Aus ihr folgt, dass die Welt, die das Ich erfährt, auf dieses eine „ich" sagende Bewusstsein zugeschnitten ist.

Das ganze Universum wird mit der Geburt eines Menschen, eines „ich" sagenden Wesens, erschaffen. Beim ersten Schrei noch ein Tohuwabohu, erst langsam an der sorgenden Brust der Mutter sich entwickelnd und im Lauf des Lebens sich mit immer mehr Erfahrungen, mehr Einsichten, aber auch immer mehr Rätseln füllend. In der Kommunikation mit diesem Menschen, in den ihm zugedachten Taten und in den an sein Ohr gelangenden Erzählungen wird seine Welt beeinflusst und verändert. Aber kein anderer kann diese Welt, die das Leben dieses einen Menschen bedeutet, in der Gänze auf sich nehmen, gleichsam aufbewahren. Sie gehört, der Sirius in unerreichbarer Ferne genauso wie der Fingernagel am eigenen rechten Daumen, vollends diesem einen Einzelnen. Und sie vergeht unwiederbringlich, wenn dieser Einzelne stirbt.

Darum erschüttert der Tod eines Menschen. Selbst wenn es ein Unbekannter war. Oder gar ein Feind. Weil mit dem Tod eine ganze Welt vergeht.

Darum entzückt die Geburt eines Menschen. Weil wir wissen, dass eine neue Welt entsteht.

Ich verfüge über meine Welt
und bin ihr zugleich ausgeliefert.

Jeder Mensch hat seine ihm eigene Welt. Über manches in ihr kann er unumschränkt verfügen. Manchem in ihr ist er bedingungslos ausgeliefert. Zwischen diesen beiden Extremen erstreckt sich eine weite Klaviatur von Zwischentönen. Ich verfüge unumschränkt über die Gedanken, die ich entwickle, über die Fantasien, die ich spinne. Ich fühle mich gesund, wenn ich über meinen Körper nach Belieben verfügen kann. Ich betreibe Sport, um die Verfügbarkeit über meinen Körper zu steigern. Die Vorstellung, dass die Verfügungsgewalt über den eigenen Körper mächtig sei, verlockt zur Annahme, dass sich das Ich *in* diesem Körper befinde. Und weil meine Fantasien und Gedanken nur mir „gehören", glaubt man das Ich in dem Organ verorten zu können, das für das Denken zuständig ist. Daher kommt die Illusion, das Ich sei ein wenig oberhalb der Augen, irgendwo im Gehirn verborgen.

Zuweilen aber zeigt man auf seine Brust, wenn man „ich" sagt. Weil man von alters her im Herzen den Ort der Gefühle vermutet, über die man verfügt oder denen man ausgeliefert ist.

In Wahrheit hat das Ich keinen Ort.

Ich verfüge weiter über die Kleider, die ich trage, über die Speisen und die Getränke, die ich zu mir nehme, über die Wohnung, in der ich hause, über das Rad oder das Auto, das ich fahre, über all die Geräte, von der Waschmaschine bis zum Handy, die ich ein- und ausschalte. Ich verfüge über alles, was ich besitze.

Manches von dem, worüber ich verfüge, erachte ich als wertvoll. Und dies umso mehr, je mehr ich mich damit identifiziere. Der Büchernarr findet sich in seinen Folianten, die Archäologin in ihren Grabungen.

Zugleich bin ich meinen Träumen ausgeliefert, auch manchen Ideen und Einfällen, die auf mich einstürmen, und ich weiß nicht, woher. Ich bin der Hinfälligkeit meines Körpers ausgeliefert, der Tatsache, dass er älter und gebrechlicher wird, dass er von Krankheit befallen werden kann und schließlich einmal zerbrechen wird. Ich bin der Natur ausgeliefert, mit dem Wetter beginnend und mit Lawinen, Felsstürzen, Erdbeben endend. Ich bin dem ewigen Kreislauf der Gestirne ausgeliefert, dem Auf- und Untergang der Sonne, dem Scheinen des Mondes, dem Wandern der Sonne, des Mondes und der Planeten entlang des Sternenhimmels. Die trügerische Astrologie lebt davon, dass ich mich sogar in diesem kosmischen Schauspiel zu finden hoffe, über das ich wahrlich nie und nimmer verfügen kann.

Ich war als Neugeborener, als Säugling, als Kind ausgeliefert. Und ich werde als Sterbender, einerlei ob betagt oder allzu früh, wieder ausgeliefert sein.

Ich bin in eine Gemeinschaft von Menschen eingebunden. Über einige von ihnen glaube ich verfügen zu können: als Mutter oder Vater über die Kinder, als Lehrerin über die Schüler, als General über die Soldaten, als Unternehmerin über die Angestellten, als Politiker über die Zuträger der Macht. Doch bin ich in der Position dessen, über den ein anderer verfügt, fühle ich mich ihm ausgeliefert: der Angeklagte der Richterin, der Gefangene dem Wärter, die Bettlerin der Passantin, der hilf- und sprachlos Kranke der Ärztin, der arme Schuldner dem reichen Jedermann.

Oft aber begegne ich Menschen, über die ich nicht verfügen möchte und denen ich mich nicht ausgeliefert fühle. Ich sehe sie auf gleicher Augenhöhe und weiß mein Ich ihnen gegenüber zu zähmen. Hierauf gründet die Tugend der Höflichkeit.

Einigen der Menschen, denen man begegnet, fühlt man sich so sehr verbunden, dass die Beziehung weit über Höflichkeit hinausgeht: Man könnte über sie verfügen, tut dies aber nicht, sondern ist allein bestrebt, ihnen das erdenklich Beste zukommen zu lassen. Man könnte ihnen ausgeliefert sein, weiß aber, dass dies nicht so ist, weil man sich bei ihnen gut aufgehoben fühlt. In der Gemeinschaft mit ihnen ist das „Ich" in ein „Wir" eingebettet. Hierauf gründen die Tugenden der Freundschaft, der Zuneigung und der Liebe.

Ob ich will oder nicht: In jedem Augenblick meines Daseins, das zwischen den Polen des unumschränkt Verfügen-Könnens und des bedingungslos Ausgeliefert-Seins schwebt, bin ich mir dieser meiner Existenz bewusst und gebe mir selbst darüber Rechenschaft. „Bin ich gerecht?" lautet die Frage. Und die Antwort gibt allein das Gewissen.

Wie gelingt Gewissensbildung?

„Gewissen ist das Bewusstsein eines inneren Gerichtshofes im Menschen", sagt der deutsche Philosoph Immanuel Kant. Wie lauten die Gesetze, nach denen dieser innere Gerichtshof waltet? Kant selbst antwortet darauf mit seinem kategorischen Imperativ: „Handle nur nach derjenigen Maxime, durch die du zugleich wollen kannst, dass sie ein allgemeines Gesetz werde." Mit anderen Worten: Dein Handeln ist gut und gerecht, wenn es durch Regeln bestimmt ist, von denen du wünschst, dass sie für alle Menschen verbindlich seien.

Aber wie lauten die Regeln, von denen wir wünschen, sie seien allgemein verbindlich? Auf diese entscheidende Frage gibt Kant keine Antwort. Darum ist der kategorische Imperativ eine leere Formel.

Vorbild für Kants kategorischen Imperativ war ein moralischer Grundsatz, der den Namen „Goldene Regel" trägt. In den Mahnungen des Tobias an seinen Sohn steht der Spruch: „Was du nicht willst, dass man dir tue, das tu einem andern auch nicht." Ins Positive gewendet lässt Matthäus bei der Bergpredigt Jesus sagen: „Alles nun, was ihr wollt, das euch die Leute tun sollen, das tut ihr ihnen auch."

Allerdings führt diese Regel, versucht man sie in die Praxis umzusetzen, in lächerliche Widersprüche. Niemand, zum Beispiel, möchte bestraft werden. Folgt man ernsthaft der Goldenen Regel, dürfte man niemanden bestrafen. Hans Kelsen nennt ein anderes, noch widersinnigeres Beispiel: „Jemand mag gar nichts dagegen haben, dass andere ihn belügen, da er sich – mit Recht oder Unrecht – für klug genug hält, die Wahrheit ausfindig zu machen und sich so gegen den Lügner zu schützen. Dann aber ist ihm, nach der Goldenen Regel, erlaubt zu lügen. Wird diese wörtlich genommen, muss sie zur Auflösung aller Moral und allen Rechtes führen."

Wie man es drehen und wenden mag: Allgemein verbindliche Grundsätze zur Bildung des Gewissens klingen nur vordergründig gut, überzeugen jedoch bei tieferem Nachdenken nicht. Wie könnten sie auch? Setzen die allgemein verbindlichen Grundsätze doch eine objektiv vorhandene Welt voraus, die dem Ich vorgelagert ist. Doch eine solche vom Ich unabhängige Welt gibt es nicht.

Tatsächlich bildet sich das Gewissen eines Menschen im Lauf seiner Erziehung. Das Kind erfährt die Zuneigung und die Strenge der Mutter, des Vaters. Schnell begreift es, wie es über Erwachsene verfügen kann: Es ruft sie, es verstört durch Weinen, es belohnt durch Lächeln. Ebenso schnell fühlt es, was es bedeutet, Erwachsenen ausgeliefert zu sein.

Das Kind hört Geschichten: Märchen und Sagen von guten Feen und bösen Zauberern. All dies prägt sich tief in ihm ein. Es eignet sich die Welt an, so gut es ihm gelingt: indem es Rollen spielt und sich mit jemand anderem identifiziert.

Das Kind kann, und ich kann noch immer das Gewissen anhand der „großen Erzählungen" bilden, die das Gemüt tief bewegen: Das kann die Bibel genauso sein wie die Epen des Homer, Shakespeares „Hamlet" genauso wie Goethes „Faust". Große Erzählungen können ellenlang sein, wie Musils „Mann ohne Eigenschaften", können aber auch kurz sein, nicht einmal eine Seite umfassen, wie Kafkas „Kaiserliche Botschaft".

Das Kind kann, und ich kann noch immer das Gewissen in der echten oder auch nur literarischen Begegnung mit maßgebenden Menschen bilden, die als Vorbilder prägen. Karl Jaspers nennt vier: Sokrates, Jesus, Buddha, Konfuzius. Doch die Auswahl ist subjektiv und die Palette der Möglichkeiten bunt. Sie mag historische Persönlichkeiten umfassen wie Gandhi, legendäre wie Antigone, erfundene wie die von Audrey Hepburn hinreißend verkörperte Gabrielle van der Mal in Fred Zinnemanns Film „The Nun's Story" („Die Geschichte einer Nonne"), aber auch nur dem Einzelnen als Ideal dienende und der Öffentlichkeit völlig unbekannte Menschen. Wie hätten diese Leitsterne in einer prekären Lage entschieden, welches Urteil hätten sie über eine zweischneidige Handlung gefällt? Fragen wie diese rühren an das Gewissen.

Sich in die Position eines anderen hineinversetzen zu können, bedeutet natürlich nicht, dass man dabei sein eigenes Ich aufgäbe, es mit dem des anderen tauschte. Das kann niemand. Es bedeutet vielmehr eine Erweiterung des Horizonts des eigenen Ich. Ein Verstehen, dass nicht alles „ich" ist, und deshalb trotzdem nicht fremd sein muss.

In diesem Sinn hörten die Engländer des frühen 17. Jahrhunderts Shylocks Worte, diesmal genau so, wie sie Shakespeare ihm in den Mund legte: „Ich bin ein Jude. Hat nicht ein Jude Augen? Hat nicht ein Jude Hände, Gliedmaßen, Werkzeuge, Sinne, Neigungen, Leidenschaften? Mit derselben Speise genährt, mit denselben Waffen verletzt, denselben Krankheiten unterworfen, mit denselben Mitteln geheilt, gewärmt und gekältet von eben dem Winter und Sommer als ein Christ? Wenn ihr uns stecht, bluten wir nicht? Wenn ihr uns kitzelt, lachen wir nicht? Wenn ihr uns vergiftet, sterben wir nicht? Und wenn ihr uns beleidigt, sollen wir uns nicht rächen? Sind wir euch in allen Dingen ähnlich, so wollen wir's euch auch darin gleich tun."

Der im Theater gebannt Lauschende versteht Shylock, kann sich ganz in seine Rolle hineinversetzen, wird gleichsam in diesem kurzen Augenblick zum Juden. Und dies in einem England, wo fast niemand auch nur einen Juden kannte. Denn die wenigen Juden, die damals in Britannien lebten, tarnten sich als Marranen: Sie ließen sich zwar taufen, blieben aber in ihrem Herzen und im Geheimen dem Judentum treu.

Es sind nicht abstrakte Leitsätze, die das Gewissen formen. Es sind persönliche Erfahrungen, prägende Leitbilder und die Fähigkeit, sich in die Rollen anderer zu versetzen, die dem Gewissen als Richtschnur dienen.

Das Gewissen ist die einzige Instanz wahrer Gerechtigkeit.

Der Erste, der unentwegt von der Unerbittlichkeit des Gewissens sprach, war Sokrates, Platons Lehrer: In ihm, so behauptete er, waltet ein „Daimonion", eine innere Stimme spricht zu ihm, die ihn immer und immer wieder warnt. Diese Stimme verschafft sich mit Gewalt Gehör, sie spricht das Ich an, sie verursacht im Angerufenen Schmerz und Aufruhr. Sokrates gehorcht bedingungslos seinem Daimonion, um dessentwillen ihn die anderen verlachen.

Denn das Gewissen bedrängt. Und gerade dann, wenn ich es nicht wahrhaben will, fühle ich die andrängende Macht des Gewissens besonders. Es sagt sich nicht an. Es ist plötzlich da, bohrt und setzt zu. Es gibt zu verstehen, dass es mit meiner Handlung nicht einverstanden ist. Es zielt nicht auf ein Wort oder auf eine Tat ab, sondern ist der Spiegel der gegenwärtigen Verfassung, in die ich durch meinen Gedanken, durch mein Wort, durch meine Tat gebracht worden bin.

Thomas von Aquin, der bedeutende mittelalterliche Kirchenlehrer, formulierte theoretisch, woran Sokrates praktisch sein ganzes Leben hindurch festhielt: Das Gewissen ist die letzte Instanz, nach der ich mich zu richten habe. Über alle Gesetze und Dogmen – der heilige Thomas betont: auch über die von der Kirche verkündeten Gesetze – muss ich mich hinwegsetzen, wenn es mein Gewissen verlangt.

Zwar kann man keine abstrakten Leitsätze definieren, die mein Gewissen formen. Aber ich weiß: Das Gewissen meldet sich, wenn ich bei all dem, worüber ich verfüge, nicht behutsam bin. Das Gewissen meldet sich, wenn ich bei all dem, dem ich mich ausgeliefert fühle, nicht gelassen bleibe. Das Gewissen meldet sich, wenn ich jenen, die mein Ich in ein Wir einzuweben erlauben, nicht herzlich begegne.

Meldet sich das Gewissen, stehe ich mit meinem Wort, meiner Tat vor zwei Möglichkeiten: Entweder versuche ich mich vor meinem Gewissen reinzuwaschen, die Verantwortung abzuwälzen, indem ich zu mir sage: „Ich kann ja eigentlich gar nichts dafür, dass es so geschehen ist. Nicht ich bin schuld, es waren die Umstände. Ich habe gar nicht anders handeln können", und was mir noch an ähnlichen Ausreden einfällt. Oder aber ich sehe den Fehler ein, stehe zu ihm, schäme mich, bereue ihn und versuche zu sühnen. Ebendies ist es, was das Gewissen bewirken will.

Doch Behutsamkeit, Gelassenheit, Herzlichkeit sind fremd gewordene Tugenden. „Scham", „Reue", „Sühne" sind Wörter, die kaum jemand noch verwendet, nur mehr wenige verstehen.

Das Gewissen ist unmodern geworden.

Es mag modern sein, die fundamentale Erfahrung der Einmaligkeit des Ich für überholt zu halten. Denker des Existenzialismus wie Albert Camus oder Jean Anouilh haben ausgedient. Es ist bequemer und klingt wissenschaftlich, sein Ich nicht in einem lebendigen Wir, sondern in einem toten funktionalen Gefüge aufgehen zu lassen, das durch materielle Umstände bestimmt wird. Wer sein Ich für unrettbar verloren hält, für den ist das Gewissen eine pure Einbildung, eine lästige Täuschung, eigentlich eine Form von Krankheit. Oder, wie Adolf Hitler in seinen Tischreden gespottet hat, „eine jüdische Erfindung. Es ist wie die Beschneidung eine Verstümmelung des menschlichen Wesens."

Dann aber wird das Sprechen von Gerechtigkeit zum leeren Gerede.

Gerechtigkeit und Gnade

Gerechtigkeit ist nur in der Hölle.
Im Himmel ist Gnade.
(Gertrud von le Fort, 1876–1971,
Novellistin und Lyrikerin)

„Gerechtigkeit" ist, so schön es auch klingen mag, ein kaltes
Wort. Ein Kampfbegriff. Ein Gaukelbild, das die Gier derer rechtfertigen soll, die lauthals Gerechtigkeit fordern.

„Ungerechtigkeit" hingegen ist ein feuriges Wort. Sie wird
manifest empfunden. Man empört sich über sie. Gegen eine ungerechte Verteilung von Gaben und Gütern bäumt man sich auf.
Weil man Verweigerung erspürt: Das einem anscheinend Zu-
stehende wird einem vorenthalten.

Doch was steht einem grundsätzlich zu? Nackt und hilflos
wird man geboren. Keiner kann die selbstlose Zuneigung der
Mutter zu ihrem Neugeborenen erzwingen, weil sie „gerecht" sei.
Das Kind, dessen Mutter es an Liebe fehlen lässt, mag zwar
brüllen, aber es schreit nicht nach Gerechtigkeit. Die Kategorie
der Gerechtigkeit greift hier viel zu kurz.

Wie Gerechtigkeit in allen entscheidenden Phasen des Daseins
zu kurz greift.

Eine überforderte Mutter
und eine gerechte Amme

Patrick Süskind erzählt in seinem Meisterroman „Das Parfum"
von einer Mutter der schrecklichsten Art: Am Fischmarkt beim

Cimetière des Innocents, dem Friedhof in der Nähe des Hôtel-Dieu, des Spitals von Paris, „am allerstinkendsten Ort des gesamten Königreichs", steht sie an einem schwülen Julitag des Jahres 1738, hochschwanger in der brütenden Hitze inmitten von Fischköpfen und totem Getier und schuppt Weißlinge, deren fauliger Geruch den der Leichen des nahen Friedhofs übertüncht. Sie will das Kind in ihrem Bauch, den später auf den Namen Jean-Baptiste Grenouille Getauften, nicht. Sie wollte auch schon die vier Kinder nicht, die sie zuvor geboren hat, hockend an ihrer Fischbude, und so hat sie diese, gleich nachdem sie ihren Leib verlassen hatten, im Gekröse der umliegenden Fischleichen erstickt, worauf die Kinderkörper unbemerkt in die Seine geworfen wurden oder auf den Misthaufen des Marktes beim Friedhof landeten. Sie, die noch jung, erst Mitte zwanzig ist, will für sich selber leben, vielleicht noch fünf oder zehn Jahre, träumt davon, „vielleicht sogar einmal zu heiraten und wirkliche Kinder zu bekommen als ehrenwerte Frau eines verwitweten Handwerkers oder so". Denn sie empfindet sich noch als ganz hübsch, hat fast alle Zähne im Mund, einige Büschel Haare auf dem Kopf und ist, abgesehen von ihrer Syphilis, ihrer Gicht und ihrer leichten Schwindsucht, nicht ernsthaft krank. In diesem Augenblick, als sie so denkt, setzen die Presswehen ein. Sie hockt sich unter ihren Schlachttisch und nabelt das neugeborene Ding flugs mit dem Fischmesser ab. Plötzlich aber, die Gluthitze dieses 17. Juli ist wohl daran schuld, fällt sie in Ohnmacht.

Als sie wieder zu sich kommt, will sich die Blutverschmierte, das Messer noch in ihrer Hand, vor der herangeeilten gaffenden Menge rasch davonmachen. Doch, so erzählt Süskind, „da fängt, wider Erwarten, die Geburt unter dem Schlachttisch zu schreien an. Man schaut nach, entdeckt unter einem Schwarm Fliegen und zwischen Gekröse und abgeschlagenen Fischköpfen das Neugeborene, zerrt es heraus. Von Amts wegen wird es einer Amme gegeben, die Mutter festgenommen. Und weil sie geständig ist und ohne weiteres zugibt, dass sie das Ding bestimmt würde haben verrecken lassen, wie sie es im Übrigen schon mit den vier anderen getan habe, macht man ihr den Prozess, verurteilt sie wegen mehrfachen Kindermords und schlägt ihr ein paar Wochen später auf der Place de Grève den Kopf ab."

Das Kind aber wird von einer Amme zur nächsten weitergereicht. Keine will es bei sich behalten: Es saugt sie aus. Alle Ammen wittern in ihm ein bedrohliches Scheusal. Erst als es zur Pflegerin Gaillard gelangt, findet es Unterschlupf. Denn Madame Gaillard ist eine Frau, der jedes Gefühl für menschliche Wärme und menschliche Kälte und überhaupt jede Leidenschaft fremd ist. Sie kennt weder Zärtlichkeit noch Abscheu, weder Freude noch Verzweiflung. „Auf der anderen Seite", so schildert sie Süskind, „oder vielleicht gerade wegen ihrer vollkommenen Emotionslosigkeit, besaß Madame Gaillard einen gnadenlosen Ordnungs- und Gerechtigkeitssinn. Sie bevorzugte keines der ihr anvertrauten Kinder und benachteiligte keines. Sie verabreichte drei Mahlzeiten am Tag und keinen kleinsten Happen mehr. Sie windelte die Kleinen dreimal am Tag und nur bis zum zweiten Geburtstag. Wer danach noch in die Hose schiss, erhielt eine vorwurfslose Ohrfeige und eine Mahlzeit weniger. Exakt die Hälfte des Kostgelds verwandte sie für die Zöglinge, exakt die Hälfte behielt sie für sich. Sie versuchte in billigen Zeiten nicht, ihren Gewinn zu erhöhen; aber sie legte in harten Zeiten nicht einen einzigen Sol zu, auch nicht, wenn es auf Leben und Tod ging. Das Geschäft hätte sich sonst für sie nicht mehr gelohnt. Sie brauchte das Geld. Sie hatte sich das ganz genau ausgerechnet. Im Alter wollte sie sich eine Rente kaufen und darüber hinaus noch so viel besitzen, dass sie es sich leisten konnte, zuhause zu sterben und nicht im Hôtel-Dieu zu verrecken wie ihr Mann. Sein Tod selbst hatte sie kaltgelassen. Aber ihr graute vor diesem öffentlichen gemeinsamen Sterben mit Hunderten von fremden Menschen."

Wobei, wie wir später erfahren, ihre Rechnung nicht aufgeht: Sie wird schlicht zu alt. In den Wirren der Revolution schwinden ihre gesamten Ersparnisse, und als sie, über 90-jährig, an einer dämonischen Halsgeschwulst, die ihr das Reden und somit auch jede Möglichkeit zum Protest verwehrt, zugrunde geht, wird sie in einen von Hunderten Todkranken vollgepferchten Saal des Hôtel-Dieu verbannt und muss dort in einem Gemeinschaftsbett mit „fünf anderen alten wildfremden Weibern, körperdicht Leib an Leib" gedrängt ihr Leben aushauchen. Natürlich ahnte sie, als sie mit eiseskalter Korrektheit den kleinen Grenouille aufzog, noch nichts von diesem ihr bevorstehenden bösen Schicksal. „Sie hätte womöglich ihren Glauben an die Gerechtigkeit verloren und damit an den einzigen ihr begreiflichen Sinn des Lebens", so Patrick Süskind.

Ein Verhängnis,
wenn Gerechtigkeit Geborgenheit ersetzt

Was aus den ihr anvertrauten Waisen geworden ist – wir wissen es nicht. Ziemlich sicher sind sie zu ähnlich emotional verkrüppelten Wesen herangewachsen, wie es ihre Amme und Erzieherin war, ohne Sinn für Zuneigung, ja nicht einmal für Hass, im trostlosen Zustand einer abgestumpften Gleichgültigkeit verharrend. Denn sie wurden von Madame Gaillard regelrecht verschachert: an Betriebe, die für gefährliche, lebensbedrohende Arbeiten in den Steinbrüchen, auf hoher See, an den Hammerwerken oder an den vielen anderen grausamen Arbeitsstätten Leute brauchten, die für wenig Geld und mit der Aussicht auf ein kurzes Leben bis zur Erschöpfung schufteten.

Jean-Baptiste Grenouille jedenfalls wird mit acht Jahren an den Gerber Grimal verkauft. Er überlebt dank seiner Zähigkeit und Widerstandskraft wider alle Erwartungen die ihm von Grimal aufgehalste Drecksarbeit, die sonst kaum jemand lange verrichten kann. Er wird noch viele andere überleben, die seinen Weg kreuzen. Aber er lebt ganz und gar nicht gemütvoll, sondern bloß gierig. Er hat keine Hemmungen zu täuschen, zu betrügen, zu rauben, zu quälen, zu morden. Denn er kennt keine morali-schen Begriffe. Die Gerechtigkeit, die ihm im Haus der Madame Gaillard widerfuhr, verhindert nicht, dass er sich zu einem Mas-senmörder, einem monströsen Ungeheuer entwickelt. Patrick Süskind vergleicht ihn mit einem „Zeck", jenem hinterhältigen Insekt, das so lang auf seine Chance lauert, bis es ahnt, dass sich ihm ein Mensch nähert. Dann hängt es sich an alles, was den Menschen streift, und krabbelt viele Stunden lang am Menschen-körper umher, bis es eine passende Einstichstelle, eine feuchte, warme und gut durchblutete, dünne Haut gefunden hat. Wonach es sich gierig weit über seine natürliche Körpergröße hinaus mit dem Menschenblut vollsaugt und erst nach Beendigung der Blut-mahlzeit vom Wirt abfällt. Und was dem Zeck das Blut, ist für Grenouille der Duft der Menschen, der ihn magisch anzieht und ihn über Leichen schreiten lässt. Über diese animalische Begierde kommt er nicht hinaus. So, dass man Patrick Süskinds Vergleich des Menschen Grenouille mit einem Insekt wie selbstverständ-lich zu akzeptieren gewillt ist und dabei glatt vergisst, wie sehr die politisch korrekte Sprache den Vergleich von Menschen mit Parasiten verpönt.

Denn in der Tat fällt es schwer, die Süskind'sche Kunstfigur des Jean-Baptiste Grenouille – das französische *grenouille* be-deutet, nebenbei bemerkt, „Frosch", wie auch ein *gaillard* ein „Kerl" ist – als Menschen zu akzeptieren, als ein Wesen, dem man auf Augenhöhe begegnen möchte.

Madame Gaillard ließ im Umgang mit den ihr Anvertrauten nur ihren Sinn für Ordnung und Gerechtigkeit walten. Zu mehr war sie nicht fähig. Wie wenig man damit erreicht, lehrt die Ge-schichte vom Stauffer Friedrich II., dem vielleicht eigenartigsten aller Kaiser des Heiligen Römischen Reiches, eine Ausnahme-erscheinung des 13. Jahrhunderts, den seine Zeitgenossen „stupor mundi", das Erstaunen der Welt, nannten. Denn er sprach meh-rere Sprachen, entwickelte modern anmutende politische Kon-zepte, um sein Kaisertum abzusichern, und er interessierte sich außerordentlich für die Ereignisse in der Natur, vor allem für das Verhalten der Vögel, insbesondere der von ihm geliebten Falken. In seinem Bestreben, die Ursprache der Menschheit zu finden, jene Sprache, die vor dem Bau des Turms zu Babel alle Menschen verstanden, ordnete er einen für heutige Ohren gespenstisch klingenden Versuch mit knapp nach ihrer Geburt ihren Müttern entrissenen Säuglingen an. Der Chronist Salimbene von Parma berichtet darüber mit folgenden Worten: „Seine Idee war, mit einem Experiment zu entdecken, welche Art Sprache und Sprechweise Menschen nach ihrem Heranwachsen hätten, wenn sie vorher mit niemandem sprächen. Und deshalb befal er den Ammen, sie sollten den Kindern Milch geben, sie baden und waschen, aber in keiner Weise mit ihnen schön tun und zu ihnen sprechen. Er wollte nämlich erforschen, ob sie die hebräische Sprache sprächen, als die älteste, oder griechisch oder lateinisch oder arabisch oder aber die Sprache der Mütter, die sie geboren hatten. Aber er mühte sich vergebens, weil die Kinder alle starben. Denn sie vermochten nicht zu leben ohne die Koseworte ihrer Ammen."

Nicht das Suchen der Ursprache interessiert uns in diesem Zusammenhang, sondern die Tatsache, dass ein, ganz im Sinne der Madame Gaillard, bloß „gerechtes" Behandeln der Säuglinge – objektiv gesehen fehlte es ihnen an nichts, um leben und heranwachsen zu können: sie hatten genügend Nahrung, waren geschützt und wurden sauber gehalten, alle in der gleichen korrekten Weise – nicht ausreicht, um als Mensch leben zu können.

Kinder rufen nach Gerechtigkeit, doch sie wollen mehr.

Selbst wenn, wie es in alten Zeiten gang und gäbe war, Eltern ihre Kinder aus dem Grund in die Welt setzten, weil diese ihre Versorgung im Alter sicherstellen sollten, selbst wenn dies das einzige

Motiv dafür wäre, so war, ist und bleibt es dennoch die haarsträubende Ausnahme, dass man den eigenen Kindern nur mit dem kalten Gerechtigkeitssinn der Madame Gaillard begegnet. Es scheint im Wesen des Menschen angelegt, die eigenen Kinder mit einem Übermaß an Zuneigung zu erziehen, in sie alle nur denkbare Hoffnung zu setzen, ihnen alles Glück dieser Welt zu wünschen, mehr, als einem selbst widerfahren ist.

Gleichwohl hört man Geschwister immer wieder untereinander streiten und sich bei ihrer Mutter, ihrem Vater, bei den Eltern beschweren, sie fühlten sich ungerecht behandelt. Weil die Schwester oder der Bruder mehr von dem erhalten hätten, was man selber gern wollte. Oder weil ihnen zu wenig Beachtung geschenkt würde. Der Gerechtigkeitssinn unter Geschwistern ist wohl einer der am subtilsten von ihnen herangebildeten, und dies bereits in frühen Jahren.

Nur wenn man das kalte Herz der Madame Gaillard sein Eigen nennt, kann man dem Vorwurf von Geschwisterkindern entgehen, man bevorzuge den Bruder oder die Schwester. Oder des einzigen Kindes, das zwar keine Geschwister kennt, aber genauso im Vergleich mit Gleichaltrigen die Empörung gegen ein vermeintlich ungerechtes Verhalten eines seiner Elternteile oder seiner beiden Eltern empfinden lernt. Tatsächlich ist die kindliche Klage, ungerecht behandelt zu werden, fast unvermeidlich. Sie ertönt auch dann, wenn man sich – was, wie wir hoffen, in den meisten Fällen so sein wird – um eine gleiche Verteilung der Zuwendung, des Wohlwollens, der Hingabe und aller Geschenke nach bestem Wissen und Gewissen bemüht. Und als betroffener Elternteil ist man am besten beraten, diese Klage mit Gelassenheit und Gleichmut zu ertragen. Das gelingt am ehesten, wenn man weiß, dass sie einem subjektiven Empfinden entspringt und jeder objektiven Tatsache entbehrt.

Denn es gibt kein objektives Maß, daher auch keine strengen Größenvergleiche elterlicher Zuwendung, elterlichen Wohlwollens, elterlicher Hingabe, elterlicher Aufgeschlossenheit, elterlicher Gunst, elterlicher Warmherzigkeit, elterlicher Liebe. Aus diesem Grund greift hier, in der Beziehung zwischen Kindern und ihren Müttern und Vätern, die Kategorie der Gerechtigkeit viel zu kurz.

In der persönlichen Begegnung greift Gerechtigkeit zu kurz.

Wenn Kinder in der Schule ihre Lehrerinnen und Lehrer kennenlernen, wissen sie, dass ihnen diese bei allem Wohlwollen, das sie den ihnen Anvertrauten entgegenbringen, ganz anders gegenübertreten als ihre Mütter oder ihre Väter. Umso mehr fordern sie von den Lehrerinnen und Lehrern Gerechtigkeit ein, wie auch ihre Eltern die Tugend der Gerechtigkeit bei den Lehrkräften ihrer Kinder erwarten. „Streng, aber gerecht", hört man oft, wenn das Lob auf eine Lehrerin oder auf einen Lehrer gesungen wird. Sicher stimmt es, dass sich jede Lehrkraft darum bemühen muss, jeder ihrer Schülerinnen und jedem ihrer Schüler mit dem gleichen Einfühlungsvermögen und der gleichen Empfindsamkeit zu begegnen, sich auf ihre oder seine individuellen Neigungen und Eignungen einzulassen. Sicher stimmt es, dass der Kern erfolgreichen Lehrens und Erziehens darin besteht, dass man die Persönlichkeit jeder und jedes Einzelnen der Kinder und Jugendlichen ernst nimmt. Doch all dies ist nur die Basis dessen, worauf ein gelungener Unterricht aufbaut. Würde er sich darauf beschränken, wäre er vielleicht gerecht, aber nicht viel mehr. Und das ist zu wenig. Es genügt schlicht und einfach nicht, dass eine Lehrkraft „streng, aber gerecht" ist. Sie muss weitaus mehr leisten, um im Kopf und im Herzen der Kinder und jungen Menschen einen guten und bleibenden Eindruck zu hinterlassen.

Als Beleg dafür sei die pointierte Erinnerung Hans Raimunds, eines österreichischen Poeten und Schriftstellers, an einen ihm unvergessenen, wunderbaren Lehrer des Theresianums, seiner ehemaligen Schule, zitiert: „Der Chemielehrer, ein fleißiger Literat und begeisterter Kammermusiker, der im Chemieunterricht Kafka interpretierte; da ich in Chemie völlig unbegabt war, verpflichtete er mich, gegen die Pauschalnote ‚Befriedigend', die letzten beiden Jahre mit ihm Kammermusik zu spielen." Dieser eine Satz genügt, um zu erkennen, dass diese großartige Lehrerpersönlichkeit unendlich viel mehr war als „streng, aber gerecht". Ja sie war im strengen Sinne sogar schrankenlos ungerecht. Denn wie kommt Hans Raimund dazu, nur weil er glanzvoll Klavier spielen konnte, ohne blasse Ahnung von Chemie in diesem Fach die Note „Befriedigend" zu erhalten?

Doch Franz Richter, so der Name dieses Chemieprofessors, wurde von allen seinen Schülern verehrt und geschätzt. Keiner hat ihm diese Willkür dem pianistischen Talent Raimund gegenüber nur im mindesten krummgenommen. Wie man ihm auch jede andere seiner Marotten verzieh, weil alle wussten, dass er in jedem seiner Schüler ein verborgenes Talent, und sei dieses auch meilenweit von der Chemie entfernt, aufzuspüren trachtete. Und dem Fach Chemie gegenüber hat er sich, auch wenn er seufzend allzu gütig die Noten verschenkte, sicher auch nicht versündigt. Denn alle wussten, dass sein souveränes Beherrschen der Wissenschaft ihn eher zum Universitäts- als zum Gymnasiallehrer prädestiniert hätte und ihm keiner seiner Kollegen an der Schule das Wasser reichen konnte. Auch hier, in dieser Beziehung zwischen einem grandiosen Lehrer und seinen Schülern, greift die Kategorie der Gerechtigkeit viel zu kurz.

Und eklatant greift die Kategorie der Gerechtigkeit zu kurz, wenn von der Beziehung zwischen Verliebten die Rede ist. Dem widerspricht nicht die Tatsache, dass es immer schon Eheverträge gegeben hat. Denn solange die Liebe nicht erloschen ist – der „Tod", auf den sich die berühmte Floskel „bis dass der Tod euch scheidet" bezieht, ist ja der Tod der Liebe –, solange also die Liebe lebt, beruft sich keiner der beiden Partner auf die Worte dieses Pakts. Dies mag der Grund dafür sein, dass zum Beispiel die herrlich gestalteten Ketubbot, die traditionellen jüdischen Eheverträge, von Kalligraphen in aramäischer Sprache geschrieben und von darauf spezialisierten Künstlern aufwendig gestaltet sind: Solange die Liebe lebt und die Ehe besteht, ist die Ketubba Symbol und Kunstwerk. Denn dann versteht es sich von selbst, dass der Ehemann, wie es im orthodoxen Vertrag lautet, seiner Frau Unterstützung, Ernährung, gesundes Leben und Freude zu sichern trachtet. Nur wenn die Liebe stirbt und die Ehe zerbricht, kann man aus der Ketubba die Vereinbarungen für die finanzielle Absicherung der Frau entnehmen. Aber dafür wäre die prachtvolle künstlerische Gestaltung des Schriftstücks nicht notwendig. Ein simpler Akt beim Notar genügte.

In all den entscheidenden Ankerpunkten unserer Existenz, in denen wir auf bereitwilliges Wohlwollen, auf herzliche Fürsorge, auf selbstloses Interesse, auf hochherzige Zuwendung, auf innige Liebe hoffen, spielt die Gerechtigkeit keine Rolle. Wer schenkt und prompt ein gleichwertiges Gegengeschenk erwartet, hat sein Geschenk bereits entwertet. Wer nach der Morgengabe die Gegengabe einfordert, hat seine eheliche Liebe schon nach einer Nacht zerbrochen.

Zwei Gegenspieler: Gerechtigkeit und Glück

Das eigenartigste Paradoxon der Gerechtigkeit aber ist, dass sich keiner über die Konstruktion der institutionalisierten Ungerechtigkeit par excellence empört: das Glücksspiel.

Seitdem Pierre-Joseph Proudhon in einer Schrift aus dem Jahr 1840 das berühmte Wort „Eigentum ist Diebstahl" verkündete, bemühten sich die seinen radikalen Ideen verpflichteten Sozialromantiker um Gesellschaftssysteme, in denen eine kompromisslose Umverteilung die Ungleichheiten der Einkommen und Vermögen einebnen soll. Unbeirrbar wurde von ihren Gegnern erwidert, dass eine von oben verordnete Umverteilung mit dem Ziel, die Schere zwischen Arm und Reich zu schließen, den Markt künstlich verzerrt, die Leistungswilligen ungerecht bestraft und die Behäbigen ungerecht belohnt. Doch beiden Positionen widerspricht das, was das Glücksspiel leistet. Das Glücksspiel schafft einen auf wenige Personen konzentrierten massiven Reichtum, auf jene „Märchenprinzen", die das große Los gezogen haben. So bewirkt das Glücksspiel das genaue Gegenteil einer gegen die Schere zwischen Arm und Reich gerichteten Umverteilung. Aber das Glücksspiel belohnt nicht nach Verdienst. Nur wenn Rick in seinem Café in Casablanca dem Croupier zunickt, rollt die Kugel im Roulette in den Fächer jener Nummer, auf die jene mit bangem Herzen spielenden Emigranten gesetzt haben, denen die Zuseher des Films den Gewinn gönnen. Aber in der Wirklichkeit hat die Göttin des Glücks genauso verbundene Augen wie die Göttin der Gerechtigkeit. Diese, weil sie ohne Ansehen der Person ihr Urteil spricht, und jene, weil sie blind die überreichen Gaben verteilt.

Niemand, auch nicht der Tischlergeselle aus Neunkirchen, hält es für ungerecht, dass nicht er, sondern die Bäuerin aus Hartberg bei der letzten Lottoziehung die sechs richtigen Zahlen getippt hat. Er zerreißt bloß den Schein mit den von ihm angekreuzten Nieten, seufzt darüber, dass der Zufall ihm auch diesmal nicht gewogen war, und kauft sich demütig einen neuen Schein für die nächste Ziehung. Denn obwohl er weiß, dass die Wahrscheinlichkeit dafür lächerlich gering ist: Niemand kann ihm versichern, dass nie die Meldung um die Welt gehen wird, ein junger Handwerker aus Neunkirchen habe als Einziger den Haupttreffer errungen und die vielen Millionen gewonnen.

Einst, in alter Zeit, hatte das Glück noch eine Adresse. Es war die Gunst der Götter. Wenn man Glück hatte, wusste man, dass einem die Götter gewogen waren. Doch auch damals hatte das Glück nichts mit Gerechtigkeit zu tun, denn die Götter sind berüchtigt launisch. Nur die geschäftstüchtigen Priester gaben vor zu wissen, wie man sie mit Opfern und Geschenken umzustimmen vermag. Doch das Glück, von dem die vielen heute sprechen, ist ein gänzlich anderes als jenes der frühen Hochkulturen, denn inzwischen ist der Himmel von den Göttern geleert. Mögen sie damals so launisch gewesen sein, wie man heute den Zufall blind nennt: Den Göttern konnte man Tempel und Statuen errichten, Opfer darbringen und sie mit Gebeten umzustimmen versuchen, ihnen vertrauen und zu ihnen flehen. Aber kein Aberglaube reicht so weit, dass man dem Zufall huldigte. Man errichtet für ihn keinen Altar, vor dem man betet und tanzt, er wird nicht wie ein Idol verehrt, man erzählt sich über ihn keine Legenden.

Und trotzdem blüht und gedeiht das Glücksspielgeschäft. Denn die ihm Verfallenen haben die Hoffnung auf der enttäuschen Seele letzte Illusion, die Gerechtigkeit, verloren. Es zahlt sich einfach nicht aus, auf sie zu setzen. Da setzt man besser auf den Zufall und hofft auf sein Glück.

Albert Camus
hofft auf das kleine Glück.

Allerdings besteht dieses Glück, selbst wenn es mit dem Gewinn eines ungeheuren Reichtums verbunden ist, angesichts des seelenlosen Alls, in dem wir umherirren, bestenfalls aus einzelnen kurzen freudigen Momenten im Lauf einer endlichen, hinfälligen Existenz, kleinen Inseln vergleichbar, verstreut in der Ödnis eines unendlichen Ozeans trostloser Beliebigkeit. Albert Camus kannte nur dieses Glück, das er das „kleine Glück" nannte. Zwar sei es erstrebenswert, denn es sei das einzige, wonach wir suchten. Doch im Grunde sei das Trachten nach den wenigen glücklich zu nennenden Augenblicken angesichts der Leere der Welt nichts anderes als eine heroische, aber aussichtslose Revolte gegen das Absurde. Meursault, der Held in Camus' Erzählung „L'Étranger" („Der Fremde") steht dafür ein. Er erlebt die Welt als Abfolge unzusammenhängender zufälliger Ereignisse: den Tod der Mutter zu Beginn des Romans genauso wie die kurze Liebesaffäre danach und den grotesken Mord, den er ohne Motiv und ohne Anlass begeht. Meursault ist ein Fremder, weil sein gleichgültiges und teilnahmsloses Verhalten verstört: Der Untersuchungsrichter vor dem Mordprozess kann nicht verstehen, dass Meursault buchstäblich an nichts glaubt, dass Glück in Meursaults Augen einfach nur bedeutet, den Alltag routiniert, ohne grundlegende Änderungen bewältigen zu können. Die ihm eigene Apathie deutet Meursault als konsequenten Lebensansatz angesichts der Gleichgültigkeit der Welt.

Doch ist damit das letzte Wort gesprochen?

Schon Jahrhunderte vor Camus hatte sein Landsmann Blaise Pascal diese so verstörend klingende existenzielle Befindlichkeit angesprochen, jedoch nicht die gleiche Konsequenz wie Camus gezogen. Vielleicht lag das daran, dass Pascal im Grunde seines Herzens Mathematiker war. Man sagt dieser Gilde ja nach, dass sie imstande sei, die Welt exakt zu beschreiben. Doch dies stimmt nur, wenn man sich darüber einig ist, was man unter der „Welt" versteht: Wenn es die Welt sein sollte, von der wir annehmen, sie sei unserem Dasein vorgelagert, sie umhülle unser Dasein und bestünde auch nach unserem Dasein weiter, gleichsam als Bühne, auf der wir unseren kurzen Auftritt absolvieren, dann ist dies sicher falsch. Denn dieser Welt ist nicht nur Gerechtigkeit fremd, sie ist sogar unberechenbar, ihr kann selbst die Mathematik nichts anhaben. Wenn es hingegen die Welt ist, die wir wahrnehmen, dann mag es stimmen. Denn Wahrnehmung ist etwas ganz anderes, als bloß Sinneseindrücke zu empfangen. Wahrnehmung besteht darin, aus dem Chaos der auf unsere Sinne einstürmenden Daten einen Kosmos zu formen. Indem man fast alle Daten verwirft und nur die wenig übrig gebliebenen in ein Schema ordnet. Erst mit dem Prozess der Wahrnehmung hebt Existenz an.

An Beispiel des Sternenhimmels lässt sich am klarsten verdeutlichen, was damit gemeint ist: Die Sterne sind am Himmelsgewölbe a priori, so darf man annehmen, zufällig, chaotisch verstreut. Und dennoch haben seit Bestehen menschlicher Kultur alle Bewunderer des Sternenzelts bestimmte Gruppen von Sternen zu Sternbildern zusammengefasst: den Großen und den Kleinen Bären, Schwan und Hund, Andromeda und Kassiopeia, die zwölf Sternbilder entlang der Ekliptik. Nur so nehmen wir den gestirnten Himmel wahr. Wir können gar nicht anders.

Darum war es nicht die Welt selbst, sondern die Wahrnehmung der Welt, die große Wissenschaftler veranlasst hat, mathematische Modelle des Weltgeschehens zu entwickeln. Küstenbewohner erfahren den steten Wandel von Ebbe und Flut, das Pendel der Uhr schwingt hin und her, das Herz des Menschen schlägt – all dies wird von der Mathematik abstrahiert, indem sie das Modell der harmonischen Schwingung entwirft. Dieses gründet auf einem gedanklichen Entwurf, dem sich die sinnlich erfahrene Wirklichkeit annähert, aber nie völlig in ihm verschmilzt: Die Gezeiten gehorchen nur ungefähr dem Gesetz des harmonischen Schwingens, auch das Pendel der Uhr wird bereits durch die Reibung an der Luft davon abgehalten, dem präzisen Gesetz der Sinusschwingung zu folgen, und würde das Herz des Menschen im exakten mathematischen Takt schlagen, bedeutete dies höchste Lebensgefahr. Die Differenz zwischen dem mathematischen Entwurf der wahrgenommenen Welt und der unberechenbaren Realität bleibt unüberwindbar.

Das große Glück
– wie kann man es fassen?

Dennoch existieren Refugien, die es uns erlauben, im Chaos der Realität zumindest vorläufig Sicherheit zu erlangen: Ursachen für bestehende Sachverhalte zu erahnen und leidlich verlässliche Prognosen zu erstellen. Die Struktur des Sonnensystems als Ganzes ist völlig undurchschaubar, aber wir sind davon überzeugt, dass noch für viele Generationen der Rhythmus der Sonnenauf- und Sonnenuntergänge wird bestehen bleiben. Das Wetter bleibt auf lange Sicht unkalkulierbar, aber Prognosen für die nächsten Tage werden mit wachsender Leistung der Computer immer solider. Und seit der Zeit des Archimedes sorgen Ingenieure dafür, dass die Refugien von Sicherheit und Verlässlichkeit in unserem Dasein größer werden. Eine Brücke darf einfach nicht „zufällig" einstürzen. Einst haben die Brückenbauer buchstäblich mit dem Einsatz der eigenen Existenz für die Verlässlichkeit ihrer Berechnungen garantiert: Nach Fertigstellung des Werkes stellten sie sich darunter und ließen die schwersten der erlaubten Lasten über ihre Brücke rollen. Denn sie waren überzeugt: In der von ihnen mit Zirkel und Lineal abgesteckten Welt kann man sich auf die Mathematik verlassen.

Wir wollen aber nicht allein bei Sternen, beim Wetter und bei Brücken Vertrauen schöpfen, wir wollen es auch in anderen Dimensionen des Daseins. In der Wirtschaft, in der Politik, im sozialen Gefüge. Nur Naive wünschen sich totale Sicherheit, glauben, Gerechtigkeit sei konstruierbar. Wir aber wissen, dass man auch dort, wie in den Gebieten der Naturwissenschaft, nur von sicheren Refugien träumen darf. Wirtschaft, Geschichte, Gesellschaft sind im Großen noch unberechenbarer als komplexe mechanische, chemische oder biologische Systeme. Doch in überschaubaren Teilbereichen darf man Voraussagen treffen, weil man über sie Bescheid weiß, weil sie sich durch rationale Modelle näherungsweise erfassen lassen. Deshalb darf man Versprechen geben, Vertrauen einfordern, Hoffnungen wecken. Und genau diese kleinen Nischen ermöglichen, im Gegensatz zu Camus' kleinem Glück, das große Glück.

Worin besteht dieses? Nicht darin, bei einem Geschäft den Erfolg zu erzielen, bei einer Wahl den Sieg zu ergattern, bei einer Versammlung die Ehrbezeugung der Anwesenden zu erfahren. All dies fällt noch unter die Rubrik des kleinen Glücks, das auch Meursault nicht fremd war. Das große Glück hingegen bereiten wir vor, indem wir, so gut es eben geht, jemandem, der auf uns zählt, zur Seite stehen und nach bestem Wissen und Gewissen Sicherheit und Zukunft versprechen. Und das große Glück erfahren wir, wenn wir erleben, dass das Versprechen, welches wir gegeben haben, gehalten wurde, dass das Vertrauen, welches uns entgegengebracht wurde, gerechtfertigt war, dass die Hoffnungen, die in uns gesetzt wurden, Erfüllung fanden. Kurz: Das große Glück erleben wir, wenn wir einer Person, die uns vertraut, das kleine Glück bereiten oder bereiten helfen, welches diese so sehnlich erwartet. Und allein weil wir die Welt, die wir wahrnehmen, zumindest in groben Zügen verstehen können, dürfen wir Versprechen geben, Vertrauen beanspruchen, Hoffnungen setzen. In einer chaotisch allein vom blinden Zufall regierten Welt wäre es verantwortungslos.

Glücklich allein ist die Seele, die liebt, sagt Goethe. Ein wunderbares Wort. Denn Goethe teilt uns darin mit, dass nicht die Seele, die geliebt wird, das große Glück erfährt. Geliebt zu werden, ist sicher sehr schön, aber es ist ein kleines Glück. Doch allein die Seele, die liebt, hat Anteil am großen Glück.

Nicht der Säugling, der lacht, erlebt das große Glück, sondern die Mutter, die sich freut, dass sie ihr Kind zum Lachen brachte.

Die kluge Erfindung
einer letzten Gerechtigkeit

Die Augenblicke des kleinen Glücks vergehen genauso, wie die allein vom blinden Zufall regierte Welt verschwinden, ins Nichts versinken wird. Wie aber ist es mit dem großen Glück bestellt? Ist auch dieses hinfällig und vergänglich? Der nüchterne Nihilist mag so denken. Doch eine andere Antwort hierauf kann am besten über den Umweg der Erfindung einer letzten, einer himmlischen Gerechtigkeit gegeben werden.

Die erste Hochkultur der Menschheit in Ägypten vertraute blind auf die Weisungen des Pharao, des unumschränkten Herrschers. Aber den hohen Beamten Ägyptens, die zugleich priesterliche Funktionen innehatten, war klar, dass man auch die Macht des Pharao in Schranken weisen muss. Sodass er nicht willkürlich regiert und das Land ins Chaos stürzt. Wie kann man sich darauf verlassen, dass der Pharao gerecht regiert?

Die klugen ägyptischen Priester lehrten, dass auch über dem Pharao ein endgültiges und letztes Gesetz herrscht, das sie Maat nannten. Ein vielschichtiges Wort, das zugleich Ordnung, Wahrheit und Gerechtigkeit bedeutet. Maat symbolisiert die Gottheit, vor der sich sogar der Pharao verantworten muss. Nach seinem Hinscheiden aus dieser Welt, so lehrten es die Priester, gelangt der Pharao vor das Totengericht. Das Herz des Pharao wird gegen die Straußenfeder gewogen, die Maat als Schmuck auf ihrem Kopf trägt und die als Zeichen für Wahrheit und Ordnung dient. Erst das Urteil der Maat öffnet die Tür in das himmlische Reich für den Pharao, dessen gute Taten beim Abwägen vor dem Totengericht den Ausschlag gaben.

Dieser geheimnisvolle Mythos, der dazu diente, die Macht des Pharao zu zähmen und eine solide, auf Gerechtigkeit bauende Gesellschaft für lange Zeit zu erhalten, ist die Quelle für alle Erzählungen von einem himmlischen, einem letzten, endgültigen Gericht.

Die Idee einer himmlischen Gerechtigkeit beherrschte alle Hochkulturen der Antike.

So unterschieden auch die Römer zwischen einer irdischen und einer göttlichen Gerechtigkeit. Die irdische Gerechtigkeit nannten sie Iustitia. Von diesem Wort stammen das italienische *giustizia*, das französische und englische *justice*, das spanische *justicia* ab, die in ihren Sprachen Gerechtigkeit bedeuten. Dem englischen Philosophen und Mitbegründer des Utilitarismus John Stuart Mill zufolge entspringt das lateinische Wort *iustitia* dem Zeitwort *iussi* („ich habe verfügt"), die Perfektform von *iubeo*

(„ich lege fest"). Demnach fußt die irdische Gerechtigkeit auf Festlegungen, getroffen von Menschen, die das Recht setzten. Neben der Iustitia kannten die Römer das göttliche Recht, das sie Fas nannten. Es ist ein uraltes Wort. Spricht man es aus – „aussprechen" heißt lateinisch *fari* –, hört man gleichsam den Hauch der göttlichen Stimme. Denn Fas ist das göttliche Wort, die göttliche Satzung, das göttliche Gebot. Vor der bunten Götterwelt mit dem Schwerenöter Jupiter, der ewig eifersüchtigen Juno, der zickigen Minerva, der auf ihre Schönheit eingebildeten Venus und vielen anderen Bewohnern des Olymp, vor diesem an *soap operas* erinnernden Intrigantenstadl der sogenannten Unsterblichen hatten die Römer wenig Respekt. Aber dem geheimnisvollen Fas brachten sie Achtung entgegen. Denn dahinter verbarg sich eine himmlische Gerechtigkeit, die keine irdische Gesetzgebung verrücken konnte.

Der Schrecken, die Farce und der Verlust des Jüngsten Gerichts

Im Christentum wurde die ägyptische Erfindung des Totengerichts ebenfalls aufgenommen und zum Bild des Jüngsten Gerichts verfestigt. Unter allen künstlerischen Darstellungen ist die Michelangelos in der Sixtinischen Kapelle die berühmteste und gewaltigste. Aus ihr erkennt man, wie eindringlich die Menschen verschüchtert wurden, vor dem endgültigen Richterspruch Gottes zitterten. Denn der rigorose Kirchenlehrer Augustinus verkündete in seinen vom pechschwarzen Pessimismus durchsetzten Predigten, dass es nur den wenigsten gelingen wird, ins himmlische Reich zu gelangen, vielleicht zwei oder drei pro Jahrhundert. Alle anderen, also praktisch wir alle, werden seiner Meinung nach zur *massa damnata* gehören, vor dem Angesicht Gottes verdammt sein.

„Was will mein Gott von mir?", fragt der plötzlich mit dem Tod konfrontierte Jedermann. Und der Tod in Hofmannsthals

Bühnenwerk antwortet: „Das will ich dich weisen. Abrechnung will er halten mit dir." Ginge es mit rechten Dingen zu, wäre es um den Jedermann geschehen. Doch das Drama ist von geradezu blamabler Einfältigkeit. Die zuvor pathetisch verkündete Abrechnung wird schließlich so sehr mit „Rechenfehlern" gespickt, dass sich zum Ende alles in Wohlgefallen und süßlicher Frömmelei auflöst. Wie konnte sich Hofmannsthal diesen unerquicklichen Kitsch erlauben? Warum wird er immer noch, Jahr für Jahr, mit bewundernswerter Hingabe von den Schauspielerinnen und Schauspielern dargeboten und vom begeisterten Publikum beklatscht?

Weil weder Hofmannsthal noch irgendein anderer vernünftiger Mensch der Moderne die Idee des Jüngsten Gerichts ernst nimmt. Weil das Drama des Jedermann einfach nur ein Spiel ist, das sich verbietet, für bare Münze genommen zu werden. Auch kein seriöser Vertreter der Kirche würde heute an die grausamen Vorstellungen des heiligen Augustinus erinnern. Drohpredigten vom Endgericht Gottes sind nicht mehr in Mode.

Und in der Tat: Irgendwann, wenigstens nach dem Tod, muss es mit der Abrechnung ein Ende haben.

Abrechnung wird unser ganzes Leben lang gehalten. Mit Lob und Tadel der Eltern beginnend, über Prüfungen und Noten in der Schule, über Belobigungen und Schelten des Arbeitgebers, über Evaluationen und Feedbacks weiterführend bis hin zu unliebsamen Strafmandaten und aufreibenden Gerichtsverfahren, zu Selbstvorwürfen und der Kritik anderer. Ganz zu schweigen von den Abrechnungen, mit denen einen das Finanzamt Jahr für Jahr verfolgt. Mit Abrechnungen werden wir unentwegt belästigt. Die Abrechnung des Jüngsten Gerichts mag eine kluge Erfindung gewesen sein, um mit dieser ultimativen Drohung Herrscher im Zaum zu halten. Doch nicht einmal damals hat sie immer ihren Zweck erfüllt, denn besonders ruchlose Despoten glaubten einfach nicht daran. Das Jüngste Gericht Michelangelos ist die Darstellung eines Albtraums, kein Verweis auf die Zukunft. Der Jedermann Hofmannsthals ist eine einzige Peinlichkeit.

Doch trotz allem: Ein Gefühl des Verlusts bleibt zurück, wenn die Idee des Jüngsten Gerichts als Erfindung entlarvt ist. Wenigstens zwölf Jahre habe er anständig gelebt, erklärte am Tag der bedingungslosen Kapitulation des nationalsozialistischen Deutschland Hermann Göring in provokanter Pose vor Journalisten. Das „anständig" in diesem Satz muss man sich auf der Zunge zergehen lassen: Von welchem Anstand ist die Rede, wenn der Reichsmarschall das Wort „anständig" in den Mund nimmt? Dafür, dass ihm jeder Anstand, jede Moral abging und er rücksichtslos ein Verbrechen nach dem anderen beging, wurde ihm schließlich der Prozess gemacht. Wobei er sich der Vollstreckung des Urteils durch Selbstmord entzog. Die irdische Gerechtigkeit konnte angesichts seiner Taten keine Genugtuung leisten.

Wenn himmelschreiendes Unrecht geschah, wenn entsetzliche Verbrechen verübt wurden, dürfen die Täter wohl die Strafen der irdischen Gerechtigkeit fürchten. Doch keine dieser Strafen kann je das Leid, welches Unrecht und Verbrechen hervorgerufen haben, lindern, gar vergessen machen. Früher, als man noch an die himmlische Gerechtigkeit glaubte, konnte man sich mit dieser Illusion zu trösten versuchen. Aber ohne diese bleibt ein Gefühl der bitteren Leere und der schmerzlichen Schalheit zurück.

Origenes findet in der Gnade die himmlische Gerechtigkeit.

Der ziemlich genau 100 Jahre vor Augustinus lebende christliche Gelehrte Origenes entwarf ein anderes Bild der himmlischen Gerechtigkeit als das des Jüngsten Gerichts. Es war der Kirche so fremd, dass sie Origenes im Unterschied zu Augustinus nie in den Stand eines Kirchenlehrers erhob, seine Lehre sogar verwarf. Denn die himmlische Gerechtigkeit des Origenes kommt ohne Verdammung und ohne Hölle aus.

Welche Ahnung von der himmlischen Gerechtigkeit hat Origenes?

Vielleicht ist die himmlische Gerechtigkeit wie Godot, dieser eigenartige Unbekannte im Drama Samuel Becketts, den keiner kennt, der nie kommt und auf den alle warten. Das Absurde ist der Kern von Becketts Aussage: Selbst wenn es Godot nicht gibt, gibt es ihn doch, weil wir auf ihn warten.

Vielleicht ist die himmlische Gerechtigkeit wie das Gesetz, von dem Franz Kafka in seiner berühmten Parabel „Vor dem Gesetz" erzählt, zu dem ein „Mann vom Lande" strebt. Aber ein Türhüter hält ihn zeitlebens davon ab, durch die Türe zum Gesetz zu treten. Sodass das verhängnisvoll vergebliche Warten das Gesetz scheinbar immer unerreichbarer werden lässt. Bis schließlich, als die Augen des sterbenden Mannes vom Lande zu brechen drohen, im Dunkel ein Glanz in seine Seele dringt, „der unverlöschlich aus der Türe des Gesetzes bricht".

Bei der himmlischen Gerechtigkeit ist, so glaubt Origenes, der unverlöschliche Glanz, der vom Ewigen kommend in die Seele des Menschen dringt, die Gnade. Denn aus dem Wort des Paulus, dass Gott herrschen werde über alles und in allem, liest Origenes die Botschaft, dass es endgültig eine „Apokatastasis panton" geben werde, einen universellen Gnadenakt, bei dem nicht abgerechnet, nicht gerichtet, sondern bei dem erlöst wird. In der Apokatastasis panton vollendet sich das große Glück zur Glückseligkeit.

Was aber ist mit der Vergeltung des Unrechts, das irdisch nie gesühnt wurde? Wie darf man sich eine Erlösung des Jean-Baptiste Grenouille, der sein ganzes Leben reuelos und verrucht wie ein Zeck verbrachte, vorstellen? Die Antwort lautet, dass es angesichts der himmlischen Gerechtigkeit auf diesen anderen wie überhaupt auf die ganze vergängliche Welt nicht ankommt, sondern nur auf das Heil der einen, nämlich der eigenen Seele und auf ihr großes Glück.

Franz Kafka brachte dies in seiner Parabel wunderbar zum Ausdruck. Als der Mann vom Lande sterbend den unverlöschlichen Glanz aus der Türe des Gesetzes erblickt, ruft er ein letztes Mal den Türhüter, um ihm eine Frage zu stellen. „‚Was willst du denn jetzt noch wissen?‘, fragt der Türhüter, ‚du bist unersättlich.‘ ‚Alle streben doch nach dem Gesetz‘, sagt der Mann, ‚wieso kommt es, dass in den vielen Jahren niemand außer mir Einlass verlangt hat?‘ Der Türhüter erkennt, dass der Mann schon an seinem Ende ist, und, um sein vergehendes Gehör noch zu erreichen, brüllt er ihn an: ‚Hier konnte niemand sonst Einlass erhalten, denn dieser Eingang war nur für dich bestimmt. Ich gehe jetzt und schließe ihn.‘“

Danksagung

Jedes Buch hat mindestens eine gute Seite:
die letzte.

(nach John Osborne, 1929–1994,
Schauspieler und Dramatiker)

Es war ein Wagnis von Hannes Steiner, dem erfolgreichsten Verleger Österreichs, mir zuzutrauen, einen Essay über den Begriff „Gerechtigkeit" zu verfassen. Hans Magnus Enzensberger nennt bekanntlich den Essay die heikelste Gattung der Literatur. Verleger fassen ihn gewöhnlich mit spitzen Fingern an, weil er eine Art Nomade in Papierform ist. Kaum ein Buchhändler weiß, in welchem Regal die Essaybände beheimatet sein sollen. Umso mehr danke ich Hannes Steiner für sein Vertrauen, seinen Zuspruch und sein Engagement, ebenso dem Team des Ecowin Verlags, vor allem Claudia Dehne, Florian Pötzelsberger, Christine Niedermaier, Claudia Steiner. Gedankt sei dem höchst engagierten Büro für Presse- und Öffentlichkeitsarbeit, vor allem Barbara Brunner und Nadine Ratzenberger, sowie der Agentur für Medienarbeit, namentlich Gerlinde Freis, wie auch Thomas Kratky, Andreas Berger und allen anderen, die bei der Gestaltung des Buches mitwirkten, für die überaus professionelle Betreuung.

Ratschläge, Kritik, Zuspruch und Widerspruch erfuhr ich im Lauf des Schreibens von vielen. Besonders seien hervorgehoben: Christa Beiling, Rudolf Burger, Michael Fleischhacker, Johann Fontanesi, Erhard Fürst, Martin Haidinger, Maximilian Hardegg, Lukas Hartig, Benedikt Kommenda, Gabriel Lansky, Rainer Münz, Heinrich Neisser, Christian S. Ortner, Gerald Schantin, Hans Sperl. *Gratias multas ago* dem verlässlichen,

213

freundlich kritischen und überaus korrekten Lektor des Ecowin Verlags Josef Rabl.

Den stärksten Rückhalt erfuhr ich in bewährter Weise von meiner Frau Bianca. Immer wieder setzten wir uns mit den Themen des Buches auseinander. Ihr Feingefühl, ihre klare Gedankenführung und ihr unbestechlicher Sinn für das Wesentliche halfen mir über manche Klippe beim Schreiben hinweg.

Dank schulde ich den Vertreterinnen und Vertretern des Buchhandels, die das Buch in die richtigen Regale zu legen verstehen. Und mein besonderer Dank gilt all jenen, die zu diesem Buch greifen, es lesen und mit mir Gedanken über die Gerechtigkeit teilen.

Literaturverzeichnis

Karl Acham: Analytische Geschichtsphilosophie. Eine kritische Einführung. Alber, Freiburg 1974

Robert Alexy: Recht, Vernunft, Diskurs: Studien zur Rechtsphilosophie. Suhrkamp, Frankfurt am Main 1995

Jonathan Alter: The Defining Moment: FDR's Hundred Days and the Triumph of Hope. Simon & Schuster, New York 2007

Yoram Amiel, Frank Cowell: Thinking about Inequality. Personal Judgment and Income Distributions. Cambridge University Press, Cambridge 1999

Gerhard Anders: Widersprüche im Taylor-Prozess. Neue Zürcher Zeitung, 11.08.2010

Emil Angehrn: Geschichtsphilosophie. Kohlhammer, Stuttgart 1991

Aristoteles: Nikomachische Ethik. Rowohlt, Reinbek 2006

Aristoteles: Politik. Deutscher Taschenbuch Verlag, München 1973

Jan Assmann: Maat. Gerechtigkeit und Unsterblichkeit im Alten Ägypten. Beck, München 2006

Aurelius Augustinus: Vom Gottesstaat. Deutscher Taschenbuch Verlag, München 2007

Louis Bachelier: Théorie de la Spéculation, Annales scientifiques de l'École Normale Supérieure Sér. 3, Bd. 17 (1900), S. 21–86

Simone de Beauvoir: Das andere Geschlecht. Sitte und Sexus der Frau. Rowohlt, Reinbek 1968

Carl Becker: The Declaration of Independence: A Study in the History of Political Ideas. Harcort, Brace and Co., New York 1922

Jens Beckert: Unverdientes Vermögen. Soziologie des Erbrechts. Campus, Frankfurt am Main 2004

Samuel Beckett: Warten auf Godot, En attendant Godot, Waiting for Godot. Suhrkamp, Frankfurt am Main 1971

Jeremy Bentham: An Introduction to the Principles of Morals and Legislation. Oxford University Press, Oxford 1970

Jeremy Bentham: The Principles of Morals and Legislation. Prometheus, New York 1988

Helmut Berding (Herausgeber): Mythos und Nation. Studien zur Entwicklung des kollektiven Bewußtseins in der Neuzeit. Suhrkamp, Frankfurt am Main 1996

Richard B. Bernstein: Thomas Jefferson. Oxford University Press, New York 2003

Björn Beutler: Strafbarkeit der Folter zu Vernehmungszwecken. Unter besonderer Berücksichtigung des Verfassungs- und Völkerrechts. Peter Lang, Frankfurt am Main 2006

Reinhold Bichler: Herodots Welt. Akademie Verlag, Berlin 2001

Fritz Blaich: Der Schwarze Freitag. Inflation und Wirtschaftskrise. Deutscher Taschenbuch Verlag, München 1990

Gisela Bock: Frauen in der europäischen Geschichte. Vom Mittelalter bis zur Gegenwart. Beck, München 2000

Franz Böhm: Die Idee des Ordo im Denken Walter Euckens, in: ORDO – Jahrbuch für die Ordnung von Wirtschaft und Gesellschaft, Bd. 3, 1950

Marcel Bohnert: Zum Umgang mit belasteter Vergangenheit im postgenozidalen Ruanda. S. Roderer-Verlag, Regensburg 2008

Robert Bolt: A Man For All Seasons. Vintage Books, New York 1962

Klaus Brinkbäumer, Marc Hujer, Peter Müller, Gregor Peter Schmitz, Thomas Schulz: Die verzweifelten Staaten von Amerika: Eine Nation verliert ihren Optimismus. Der Spiegel, 30.10.2010

Rudolf Burger: Kleine Geschichte der Vergangenheit. Styria, Graz 2004

Rudolf Burger: Re-Theologisierung der Politik? Zu Klampen, Springe 2005

Rudolf Burger: Schluss mit dem Dekor. Die Presse, 12.06.2010

Karl Heinz Burmeister: Olympe de Gouges. Die Rechte der Frau 1791. Stämpfli, Bern 1999

Tommaso Campanella: Die Sonnenstadt (herausgegeben und übersetzt von Jürgen Ferner). Reclam, Ditzingen 2008

Albert Camus: Der Fremde. Rowohlt, Reinbek 1997

Volker Caysa (Herausgeber): Auf der Suche nach dem Citoyen. Peter Lang, Bern 1997

Cicero: De officiis. Vom pflichtgemäßen Handeln. Reclam, Stuttgart 2007

Adam Cohen: Nothing to Fear: FDR's Inner Circle and the Hundred Days That Created Modern America. Penguin, New York 2009

Mike Dash: Tulpenwahn. Die verrückteste Spekulation der Geschichte. Claassen, München 1999

Klaus Dicke, Klaus-Michael Kodalle (Herausgeber): Republik und Weltbürgerrecht: Kantische Anregungen zur Theorie politischer Ordnung nach dem Ende des Ost-West-Konflikts. Böhlau, Weimar 1998

Johann Gustav Droysen: Grundriss der Historik. Niemeyer, Halle 1925

Ronald Dworkin: Bürgerrechte ernstgenommen. Suhrkamp, Frankfurt am Main 1990

Stefanie Ehmsen: Der Marsch der Frauenbewegung durch die Institutionen: Die Vereinigten Staaten und die Bundesrepublik im Vergleich. Westfälisches Dampfboot, Münster 2008

Felix Ekardt: Das Prinzip Nachhaltigkeit. Generationengerechtigkeit und globale Gerechtigkeit. Beck, München 2005

Urs Paul Engeler: Das Unwort ist „gerecht". Die Weltwoche, 21.10.2010

William Ferroggiaro: The US and the Genocide in Rwanda 1994. A National Security Archive Briefing Book, The National Security Archive 2001

Karl H. Fell, Bernhard Jans (Herausgeber): Familienwahlrecht – pro und contra. Vektor-Verlag, Grafschaft 1996

Detlef Fetchenhauer, Nils Goldschmidt, Stefan Hradil, Stefan Liebig: Warum ist Gerechtigkeit wichtig? Roman Herzog Institut, München 2010

Heinz von Foerster: Wissen und Gewissen: Versuch einer Brücke. Suhrkamp, Frankfurt am Main 1993

Burton W. Folsom, Jr.: New Deal or Raw Deal?: How FDR's Economic Legacy Has Damaged America. Threshold Editions, New York 2008

Francis Fukuyama: Das Ende der Geschichte. Kindler, Reinbek 1992

James K. Galbraith: Lehren des New Deal: Was wir von Roosevelt lernen können. Blätter für deutsche und internationale Politik 07/2009, S. 48–56

John Kenneth Galbraith: A Short History of Financial Euphoria. Penguin, New York 1990

Volker Gerhardt: Immanuel Kants Entwurf „Zum ewigen Frieden": eine Theorie der Politik. Wissenschaftliche Buchgesellschaft, Darmstadt 1995

Jack L. Goldsmith, Eric A. Posner: The Limits of International Law. Oxford University Press, New York 2005

Stefan Gosepath: Gleiche Gerechtigkeit. Grundlage eines liberalen Egalitarismus. Suhrkamp, Frankfurt am Main 2004

Olympe de Gouges: Les droits de la femme – Die Rechte der Frau und andere Schriften (herausgegeben von Gabriela Wachter). Parthas, Berlin 2006

Ulrich Grober: Die Entdeckung der Nachhaltigkeit. Kulturgeschichte eines Begriffs. Kunstmann, München 2010

Hans Ulrich Gumbrecht: Europa als Lebensform. Neue Zürcher Zeitung, 02.06.2010

Friedrich August von Hayek: Die Anmaßung von Wissen. Mohr Siebeck, Tübingen 1996

Georg Wilhelm Friedrich Hegel: Vorlesungen über die Philosophie der Geschichte. Reclam, Stuttgart 1997

Gisela Hinsberger: Sofie. Die Presse, 18.08.2007

Thomas Hobbes: Leviathan, oder Stoff, Form und Gewalt eines kirchlichen und bürgerlichen Staates. Suhrkamp, Frankfurt am Main 1966

Ulrich Im Hof: Mythos Schweiz, Identität – Nation – Geschichte 1291–1991. Verlag Neue Zürcher Zeitung, Zürich 1991

Otfried Höffe: Gerechtigkeit. Eine philosophische Einführung. Beck, München 2007

Otfried Höffe (Herausgeber): Immanuel Kant, zum ewigen Frieden. Berlin, Akademie Verlag 2004

Hugo von Hofmannsthal: Jedermann. Das Spiel vom Sterben des reichen Mannes. Deutscher Taschenbuch Verlag, München 2004

Elisabeth Holzleithner: Gerechtigkeit. Facultas, Wien 2009

Ludger Honnefelder: Was soll ich tun, wer will ich sein? Berlin University Press, Berlin 2007

David Hume: Über Moral. Suhrkamp, Frankfurt am Main 2007

Walter Jens: Zur Antike. Kindler, München 1978

Franz Kafka: Die Erzählungen. Fischer, Frankfurt am Main 1997

Immanuel Kant: Grundlegung zur Metaphysik der Sitten. Reclam, Ditzingen 1998

Hans Kelsen: Reine Rechtslehre (herausgegeben und eingeleitet von Matthias Jestaedt). Mohr Siebeck, Tübingen 2008

Hans Kelsen: Was ist Gerechtigkeit? (Nachwort von Robert Walter). Reclam, Stuttgart 2000

John Maynard Keynes: On Air. Der Weltökonom am Mikrofon der BBC (zusammengestellt und übersetzt von Michael Hein). Murmann, Hamburg 2008

Charles P. Kindleberger, Robert Aliber: Manias, Panics, and Crashes. A History of Financial Crises. Wiley, Hoboken 2005

Klaudia Knabel, Dietmar Rieger, Stephanie Wodianka (Herausgeber): Nationale Mythen – kollektive Symbole. Funktionen, Konstruktionen und Medien der Erinnerung. Vandenhoeck & Ruprecht, Göttingen 2005

Erich Kocina: Expertin: „Durchmischte Klassen wecken Neugier." Die Presse, 21.07.2010

Walter Krämer, Götz Trenkler: Das Beste aus dem Lexikon der populären Irrtümer. Piper, München 2004

Helga Kuhse, Peter Singer: Muß dieses Kind am Leben bleiben? Das Problem schwerstgeschädigter Neugeborener. Harald Fischer, Erlangen 1993

Hans Küng: Große christliche Denker. Piper, München 1994

Gustav Adolf Lehmann: Perikles. Staatsmann und Stratege im klassischen Athen. Beck, München 2008

Konrad Paul Liessmann: Karl Marx *1818 †1989. Man stirbt nur zweimal. Sonderzahl, Wien 1992

John Locke: Zwei Abhandlungen über die Regierung. Suhrkamp, Frankfurt am Main 1977

Karl Mannheim: Essays on the Sociology of Culture. Routledge Chapman & Hall, London 1956

Odo Marquard: Schwierigkeiten mit der Geschichtsphilosophie. Suhrkamp, Frankfurt am Main 2002

Karl Marx: Ökonomisch-philosophische Manuskripte. Suhrkamp, Frankfurt am Main 2009

Ingeborg Maus: Zur Aufklärung der Demokratietheorie. Suhrkamp, Frankfurt am Main 1992

Dennis L. Meadows, Donella H. Meadows, Erich Zahn: Die Grenzen des Wachstums. Bericht des Club of Rome zur Lage der Menschheit. Deutsche Verlags-Anstalt, München 1972

Christian Meier: Das Gebot zu vergessen und die Unabweisbarkeit des Erinnerns. Siedler, München 2010

Johannes Messner: Das Naturrecht. Handbuch der Gesellschaftsethik, Staatsethik und Wirtschaftsethik. Duncker & Humblot, Berlin 1984

John Stuart Mill: Der Utilitarismus. Reclam, Stuttgart 1976

John Stuart Mill: Über die Freiheit. Reclam, Stuttgart 1974

Wolfgang J. Mommsen (Herausgeber): Leopold von Ranke und die moderne Geschichtswissenschaft. Klett-Cotta, Stuttgart 1988

Thomas Morus: Utopia (übersetzt von Jacques Laager). Manesse, Zürich 2004

Karl Mosler, Friedrich Schmid: Beschreibende Statistik und Wirtschaftsstatistik. Springer, Heidelberg 2009

Josef Mourek: Conscientia nobis instat. Jahresbericht der Theresianischen Akademie 1960/61, S. 7–17

Henrik Müller: Ablasshandel im großen Stil. Der Spiegel, 07.08.2010

Jost Müller-Neuhof: Gäfgen-Urteil. Ein Fall von Selbstjustiz. Der Tagesspiegel, 02.06.2010

Herfried Münkler, Marcus Llanque (Herausgeber): Konzeptionen der Gerechtigkeit. Kulturvergleich – Ideengeschichte – Moderne Debatte. Nomos, Baden-Baden 1999

Barbara J. Nelson, Najma Chowdhury: Women and Politics Worldwide. Yale University Press, New Haven 1994

Friedrich Nietzsche: Unzeitgemässe Betrachtungen. Zweites Stück: Vom Nutzen und Nachtheil der Historie für das Leben. E. W. Fritzsch, Leipzig 1874

Dieter Nohlen: Wahlrecht und Parteisystem. Leske + Budrich, Opladen 2000

Robert Nozick: Anarchie, Staat, Utopia. Olzog, München 2006

Origenes: Vier Bücher von den Prinzipien. Wissenschaftliche Buchgesellschaft, Darmstadt 1993

Christian Ortner: Rente sich, wer kann. Wiener Zeitung, 10.07.2010

Christian Ortner: Soll Bill Gates ÖBB-Chef werden? Die Presse, 30.07.2010

George Orwell: Animal Farm. Klett, Stuttgart 1999

John Allen Paulos: Das einzig Gewisse ist das Ungewisse. Streifzüge durch die unberechenbare Welt der Mathematik. Campus, Frankfurt 2004

Richard Pipes: Die russische Revolution. Band 1: Der Zerfall des Zarenreiches. Rowohlt, Berlin 1999

Platon: Politeia. Der Staat. Artemis & Winkler, Düsseldorf 2000

Platon: Werke (herausgegeben von Ernst Heitsch und Carl Werner Müller). Vandenhoeck & Ruprecht, Göttingen 1993 ff.

Karl Popper: Das Elend des Historizismus. Mohr Siebeck, Tübingen 2003

Karl Popper: Die offene Gesellschaft und ihre Feinde. 2 Bände. Mohr Siebeck, Thüringen 2003

Jim Powell: FDR's Folly: How Roosevelt and His New Deal Prolonged the Great Depression. Crown Forum, New York 2003

Hans-Jürgen Ramser: Verteilungstheorie. Springer, Heidelberg 1987

Leopold von Ranke: Englische Geschichte. Duncker & Humblot, Berlin 1859

Leopold von Ranke: Geschichte der romanischen und germanischen Völker. Reimer, Leipzig 1824

Hermann Rauschning: Gespräche mit Hitler. Europa Verlag, Zürich 2005

John Rawls: Eine Theorie der Gerechtigkeit (übersetzt von Hermann Vetter). Suhrkamp, Frankfurt am Main 1979

Jan Philipp Reemtsma: Folter im Rechtsstaat? Hamburger Edition, Hamburg 2005

Jan Philipp Reemtsma: Im Keller. Hamburger Edition HIS, Hamburg 1997

Wolfgang Reinhard: Geschichte des modernen Staates. Beck, München 2007

Hartmut Rosenau: Allversöhnung: Ein transzendentaltheologischer Grundlegungsversuch. De Gruyter, Berlin 1993

Jean-Jacques Rousseau: Discours sur l'origine et les fondements de l'inégalité parmi les hommes. Fernand Nathan, Paris 2009

Jörg Rüpke: Kalender und Öffentlichkeit. Die Geschichte der Repräsentation und religiösen Qualifikation von Zeit in Rom. De Gruyter, Berlin 1995

Arnold Claudio Schärer: Und es gab Tell doch: Neue Forschungsergebnisse zur Gründungsgeschichte der Eidgenossenschaft. Harlekin-Verlag, Luzern 1986

Alexander Schlegel: Die Identität der Person. Eine Auseinandersetzung mit Peter Singer. Herder, Freiburg 2007

Wilhelm Schmidt-Biggemann: Blaise Pascal. Beck, München 1999

Herbert Schnädelbach: Geschichtsphilosophie nach Hegel. Die Probleme des Historismus. Karl Alber, Freiburg 1996

Ivo Schneider: Archimedes. Ingenieur, Naturwissenschaftler und Mathematiker. Wissenschaftliche Buchgesellschaft, Darmstadt 1979

Eberhard Schockenhoff: Wie gewiss ist das Gewissen? Eine ethische Orientierung. Herder, Freiburg 2003

Nina Schönrock: Vom Naturrecht zu den Naturgesetzen und die Rolle der Naturgesetze im Leviathan bei Thomas Hobbes. Grin, Norderstedt 2007

Erwin Schrödinger: Mein Leben, meine Weltansicht. Deutscher Taschenbuch Verlag, München 1985

Erwin Schrödinger: Was ist ein Naturgesetz? Oldenbourg, München 2008

Joseph A. Schumpeter: Kapitalismus, Sozialismus und Demokratie (übersetzt von Susanne Preiswerk). Francke, Bern 1946

Friedrich Seck (Herausgeber): Wilhelm Schickard: 1592–1635; Astronom, Geograph, Orientalist, Erfinder der Rechenmaschine. Mohr, Tübingen 1978

Amartya Sen: Die Idee der Gerechtigkeit. Beck, München 2010

Amartya Sen: On Economic Inequality. Oxford University Press, Oxford 1997

Anne Marlene Simon-Holtorf: Geschichte des Familienwahlrechts in Frankreich. Peter Lang, Frankfurt am Main 2004

Peter Singer: Animal Liberation. Die Befreiung der Tiere. Rowohlt, Reinbek 1996

Peter Singer: Praktische Ethik. Reclam, Stuttgart 1984

Robert Spaemann: Personen. Versuche über den Unterschied zwischen „etwas" und „jemand". Klett-Cotta, Stuttgart 1996

Oswald Spengler: Der Untergang des Abendlandes: Umrisse einer Morphologie der Weltgeschichte. Albatros, Düsseldorf 2007

Betsey Stevenson, Justin Wolfers: Marriage and Divorce: Changes and Driving Forces. Journal of Economic Perspectives, Vol. 21, Nr. 2 (2007), S. 27–52

Gerald Stourzh: Wege zur Grundrechtsdemokratie. Studien zur Begriffs- und Institutionengeschichte des liberalen Verfassungsstaates. Böhlau, Wien 1989

Gaius Suetonius Tranquillus: De vita caesarum – Die Kaiserviten, lateinisch und deutsch (übersetzt und herausgegeben von Hans Martinet). Artemis & Winkler, Düsseldorf 1997

Alec Stone Sweet: Governing With Judges. Constitutional Politics in Europe. Oxford University Press, Oxford 2000

George Szpiro: Die verflixte Mathematik der Demokratie. Springer, Heidelberg 2010

Lester C. Thurow: The Zero-sum Society. Basic Books, New York 1980

Arnold J. Toynbee: Der Gang der Weltgeschichte. Europa Verlag, Zürich 1979

Giambattista Vico: Die neue Wissenschaft. Über die gemeinschaftliche Natur der Völker. De Gruyter, Berlin 2000

Klaus Vondung: Das wilhelminische Bildungsbürgertum. Zur Sozialgeschichte seiner Ideen. Vandenhoeck & Ruprecht, Göttingen 1998

Georg Wagenländer: Zur strafrechtlichen Beurteilung der Rettungsfolter. Duncker & Humblot, Berlin 2006

Michael Walzer: Sphären der Gerechtigkeit. Ein Plädoyer für Pluralität und Gleichheit. Campus, Frankfurt am Main 2006

Max Weber: Die protestantische Ethik und der „Geist" des Kapitalismus. Athenäum, Bodenheim 1993

Ursula Weidenfeld: Bildungsbürger: Die erbitterten Gegner. Der Tagesspiegel, 31.01.2010

Mike Weimann: Wahlrecht für Kinder. Eine Streitschrift. Beltz, Weinheim 2002

Hans Welzel: Die Naturrechtslehre Samuel Pufendorfs. De Gruyter, Berlin 1958

Uwe Wesel: Geschichte des Rechts. Von den Frühformen bis zum Vertrag von Maastricht. Beck, München 1997

Michael Wild: Die Gleichheit der Wahl. Dogmengeschichtliche und systematische Darstellung. Duncker & Humblot, Berlin 2003

Paolo Zacchia: Die Beseelung des menschlichen Fötus. Böhlau, Köln 2002

Personenregister

Das Leben, die Mathematik und Sie.

Taschner, Rudolf
„RECHNEN MIT GOTT
UND DER WELT"
240 Seiten, EUR 22,00
ISBN: 978-3-902404-78-7

»*Und ob Gott nun würfelt oder doch nur rechnet – wie beiläufig, aber punkt-
genau streift Taschner auch die tiefen Fragen der Mathematik (...).*«

Frankfurter Allgemeine Zeitung

Es geht um alles.
Es geht um den Fußball und um die Religion, um das Licht und um den Klang,
um den Himmel und die Schöpfung, um die Wirtschaft und die Moral, um das
Leben und um die Kunst.
Die Achse, um die sich all das dreht, ist die Mathematik. Behauptet jedenfalls
Rudolf Taschner, der als mitreißender wie inspirierender Mathematiker in
diesem Buch nicht von seiner Wissenschaft selbst berichtet, sondern aus mathe-
matischer Sicht staunend auf die Welt blickt.
Und alle Leserinnen und Leser zum gleichen Staunen verführen möchte.

Spannend.

Kann das schon alles gewesen sein?

Salcher, Andreas
„MEINE LETZTE STUNDE"
256 Seiten, EUR 21,90
ISBN: 978-3-902404-96-1

»Andreas Salcher ist ein kühner Innovator, der Neues erschafft und Bestehendes neu zusammenfügt. Er ist furchtlos, wenn es um die Visionen für die Zukunft geht. Er ist umsichtig, wenn es darum geht, Menschen zusammenzubringen. Er ist rastlos darin, die Welt zu verbessern.«

Alan M. Webber, langjähriger Chefredakteur der »Harvard Business Review«

Unser Leben leben wir nur ein einziges Mal. Es gibt keine Chance, es das nächste Mal besser zu machen. Wirklich leben heißt, immer wieder den Versuch zu wagen, nach unseren eigenen Maßstäben zu leben. Es ist nie zu spät, die Reise zu seinen Möglichkeiten anzutreten. Es ist kein Buch über den Tod, sondern über das Leben. Über jeden einzelnen der Tage, die noch vor uns liegen. Über unsere Träume und Wünsche, denen wir oftmals keine Chance auf Erfüllung geben. Über vermeintlich erstrebenswerte Ziele, die uns im Nachhinein bewusst werden lassen, dass wir auf dem Weg dorthin viel Bedeutsameres einfach übersehen haben. Es ist ein Begleiter für die vielen noch ungeschriebenen, weißen Seiten Ihres Lebens.